マス・コミュニケーション研究

（新聞学評論・改題）

92

特集　新潟のメディア文化
　　　──ローカル・コンテンツの危機と可能性

JN217124

日本マス・コミュニケーション学会

2018

目　　次

■ **特集　新潟のメディア文化**
　　　──ローカル・コンテンツの危機と可能性

地域の映像とは何か
　　──ローカル局のドキュメンタリー映像の文化的,
　　　社会的文脈とその問題 ……………………………原田　健一… 3
コンテンツを資源とした地域振興の可能性…………公野　勉… 23
新潟におけるマンガ・アニメ事業の現状考察
　　──地方からの挑戦 …………………………………坂田　文彦… 41
地域の危機と文化 …………………………………………古賀　豊… 47

■ **論文**

地上波民間放送局における番組審議会の現状と課題[®]
　　──審議委員の構成と運営実態に着目して………小川　明子… 67
社会理論とメディア研究[®]
　　──ニクラス・ルーマンのマスメディア理論の
　　　再解釈 ………………………………………………梅田　拓也… 87
デジタルゲーム経験論再考[®]
　　──AVG・RPG での「消えない恐怖」を
　　　手がかりに …………………………………………鍵本　優…105
「表現の自由」と新聞の役割[®]
　　──ムハンマドの風刺画掲載をめぐって…………佐藤　潤司…125
アーカイヴ化されたテレビ番組が描くビキニ事件[®]‥松下　峻也…145
青森県下北郡佐井村における初期テレビ受容[®] ………太田美奈子…165
社会を変える映画論の射程[®]
　　──映画評論家・岩崎昶の「大衆」観を中心に…花田　史彦…183

■ **2017年度春季研究発表会　ワークショップ報告** ………………203
　1　若者とメディアの50年
　　　──語りの分析からみえてくるもの ‥‥記録　守弘　仁志

2　オリンピック／戦争の記憶
　　——オリンピックをめぐる語りの変容‥記録　石川　徳幸
3　放送番組確定表から探る「上方」放送文化の成立
　　——JOBK のメディア史研究に向けて‥記録　後藤　美緒
4　「表象の文脈化」に何ができるか
　　——韓国公共放送の「8・15」ドキュメンタリー
　　　　と「歴史認識」の分析から‥‥‥‥‥記録　伊藤　高史
5　メディアとしての空間と公共性
　　——建築・インフラ・デザイン‥‥‥‥記録　村田麻里子
6　「アニメ・マンガ・ジャーナリズムの
　　接点を考える」‥‥‥‥‥‥‥‥‥‥‥記録　茨木　正治
7　テレビドキュメンタリーの質を測る物差し
　　——音声の種別分量から‥‥‥‥‥‥‥記録　松山　秀明
8　臨時災害放送局から考える
　　地域ジャーナリズム‥‥‥‥‥‥‥‥‥記録　笹田　佳宏
9　大学のジャーナリズム教育とメディアの
　　現場との接点
　　——専修大学人文・ジャーナリズム学科
　　　のカリキュラム編成と出版現場の
　　　経験から‥‥‥‥‥‥‥‥‥‥‥‥‥記録　阿部　圭介
10　"Post-Truth" とジャーナリズム
　　「偽ニュース」から現代のネットメディア
　　を考える‥‥‥‥‥‥‥‥‥‥‥‥‥‥記録　関谷　直也
11　インターネット社会において再び「マス」
　　を考える‥‥‥‥‥‥‥‥‥‥‥‥‥‥記録　山口　　仁
12　警察取材記者の過重労働と市民の知る権利
　　‥‥‥‥‥‥‥‥‥‥‥‥‥‥‥‥‥‥記録　山際　永三

■『マス・コミュニケーション研究』投稿規程‥‥‥‥‥‥227
■『マス・コミュニケーション研究』執筆要領‥‥‥‥‥229
■ 英文抄録‥‥‥‥‥‥‥‥‥‥‥‥‥‥‥‥‥‥‥‥234

新潟のメディア文化
——ローカル・コンテンツの危機と可能性

地域の映像とは何か
——ローカル局のドキュメンタリー映像の文化的，社会的文脈とその問題

原 田 健 一（新潟大学，「にいがた地域映像アーカイブ」主宰）

1．はじめに　地域と映像メディア

　地域メディアとは「一定の地域社会をカバレッジとするコミュニケーション・メディア」であり，地域社会とは空間的，あるいは，地理的な範囲を前提とした「そこに生活する人びとの共通性，共同性，連帯性といった特性を含んだ実体である」（竹内 1989：3-4）という竹内郁郎の定義は正しい。また，地域社会に対応する言葉としてコミュニティをあてているのも間違っていない。しかし，地域と映像メディアとの関係を考える時，こうした正しい定義は往々にしてどこか現実とそぐわないものがあり，ただ間違っていないだけの定義という印象が残る。

　マス・コミュニケーション，あるいは，マス・メディアが地域性を超えた共同性である「想像の共同体」と密接な関係をもち，国民国家の形成に結びついていたことはすでに指摘されている（Anderson 1991＝1997）。そうしたマス・メディアの1つとして，近代になって現れた写真や映画，テレビ，レコード，テープといった映像メディア（音声メディアを含む）がこうした一翼をになっていたことは確かである。しかし，一方で，こうした映像メディアが人びとの日常生活に普及し，私たちの心の底にまで到達し，実際の地域での人と人との微妙な関係性の襞を写し出し，あるいは，さらに記憶の外部装置として，人びとの日常生活の感情や感覚を活発化し，個人の意識や記憶の世界を拡張してきたことを忘れてはな

3

らない。つまり，映像「メディア」は一方で地域性を越えようとナショナルに，あるいはグローバルに空間的に拡大しようとし，もう一方で，地域性に深く関わり人びとの共同性を媒介し，社会的記憶として内面化してきた。こうした事態は，メディア一般の特質ともいえるが，「地域」という具体的な現実を前にしたとき，映像というもののアンビバレントなあり方，ローカルであると同時にナショナルでもありグローバルにもなりうる様態がより一層，重要な問題としてみえてくる。

　本論では，特にローカル局のドキュメンタリー番組に焦点をあて，こうした問題を明らかにしたい。

２．地域の映像の実際

　ところで，私たち新潟大学地域映像アーカイブ研究センターでは，2008年から新潟「地域」の映像・音源などの発掘作業を始め，約10年になる。当初は，「新潟」という具体的な「地域」から，日常生活のなかの映像のあり方を捉えることで，実際に映像メディアがいかに社会に普及し，社会のなかへ組み込まれ，どう機能しているのかを問題にしたいと思っていたことから始まった。ここで，これまでの調査の全体の概要をみておこう。新潟における写真の普及は早く，写真館ではなく自らのカメラで撮影し現像した写真が，1866（慶応２）年頃，南魚沼市六日町の今成家から湿板写真が発見されている（原田 2013）[1]。その後，南魚沼市では，明治，大正と梅沢家，高橋家と多くのガラス乾板が発掘されることになる。これらの写真が重要なのは，通常，パーソナルな家族を撮ったものという先験的な前提と異なり，村の青年団や仲間といったなんらかの共同性をもった中間的なコミュニケーションの領域のものが多いという点にある。また，映画では1919（大正８）年，加茂市の印刷業を営む中林甚七が東京シネマに製作させた動画が最初となる[2]。この場合の印刷業は，新聞等の販売を兼ねたもので，地域において映画と活字メディアの普及が一緒になっていたことを明らかにする事例である。明治から大正にかけて，マス・メディアの中心は新聞，雑誌，書籍などの活字メディアが中心であったことは間違いないが，映像も並行するように普及していたのである。さらに，こうした多くの映像が，中山間地域から普及しているという事実は，映像，あるいはメディアの普及が都市化とパラレルなものだとする先験的な前提を再検討させるものでもある。近代において，中山間地域では生糸など商業的な農業を営み，それらが外国との貿易と密接に関わるなど，情報の流通経路に

おける結節点となっており，当時の社会，経済的文脈と映像メディアの普及の文脈は重なっていたのである（原田 2013）。

しかし，戦後，こうした映像に教育，広報，観光，あるいは日々の娯楽としての社会的意味があることが認識されると，もう少し違った展開が出てくる。占領軍の社会政策とも絡んだ小中学校や公民館を中心に映画やスライド，短波教育放送，あるいはテレビの普及にも関係した視聴覚ライブラリーの仕事は教育的な側面を代表しているものである（原田 2012）。また，新潟県庁の観光課に所属し，県内の各地を16mmフィルムの動画と写真とを同時並行的に撮影し続けた中俣正義の仕事は県の広報や観光に関わる代表的なものといってよい（原田 2013）。あるいは，金山町の村で村びとを約70年にわたって写真と動画で撮り続けている角田勝之助の映像は，ある意味で村の写真館としての役割や，日々の楽しみの場として機能していたことを明らかにする事例といってよい（原田 2015）。

残された映像からみると，マス・コミュニケーションだけでなく，こうした中間的なコミュニケーションといえる地域のコミュニティや，学校，農協，会社などの機関や組織の製作した映像や音の役割は大きなものがある。また，こうした映像の蓄積は，地域の時間の軌跡として，社会的記憶の外部装置として大きな意味をもってきたことも間違いない[3]。

ところで，放送メディアは，新潟においてラジオ放送は1931（昭和6）年11月11日に日本放送協会新潟放送局が本放送を始め，1958（昭和33）年に NHK と BSN でテレビ放送が始まっている。しかし，地域の映像メディアの状況が大きく変わったのは，1980年代に入ってからで，地域情報化政策によって，地方局（ローカル局）や，CATV（ケーブルテレビ）などが多く作られたところからとなる。

3．地域メディア研究の実際

こうした地域メディアの状況に対して，研究はどう展開してきたのだろうか。1970年代以降，日本における地域メディア研究を牽引してきた田村紀雄は，地域メディアの研究はメディア産業の側からではなく，その主体である地域の住民の側から問題にすべきであるとした（田村 2003）。その研究枠組みとして援用されたのが奥田道大のコミュニティ・モデル，通称「奥田モデル」である。奥田モデルは，ローカル・メディアの問題を「地域社会なり地域性を，全体社会の大きな流れである都市化，近代化の過程から」捉えるべきだとし，これまでの地域社会

であるムラ共同体がこうした都市化と対峙した位置づけにあることから，「都市化の論理と対峙しない地域社会の概念」として「コミュニティ」を想定すべきだとした（奥田 1968：126-129）。

　奥田はこの「コミュニティ」概念を明確にすべく行動体系における主体化－客体化と，意識体系における普遍化－特殊化を設定しこの２つの軸を交差させ４象限に図式化している。４つの象限は，それぞれ①「地域共同体」モデル，②「伝統型アノミー」モデル，③「個我」モデル，④「コミュニティ」モデルとした。各モデルが想定するものは，①「地域共同体」では村落の旧部落や都市の旧町内などの伝統型地域社会であり，②「伝統型アノミー」では都市，農村部にみられる解体化地域で，かつての結びつきが弱体化した地域社会であり，③では都市化の過程において起こるさまざまな問題を住民ひとりひとりが処理，解決しようとする社会であり，④では，さらにそこから新たなコミュニティ形成を行おうとする社会となる。この場合のコミュニティは住民運動などを意識した運動的なものであった（奥田 1971：138-142）。

　この奥田モデルは，それまでの社会学（特に都市社会学）の理論をふまえていたこと，また，コミュニティの意識の展開過程を理解するのに適切なモデルであったこと，さらに，当時の日本の地域社会の変化・変動に対して問題提起をした地域主義や，住民運動としての「参加型コミュニティ」論に適合していたこともあり，メディア研究においても受けいれられることになった（大石 1992）。

　地域メディア研究において，林進は1976年の甲府市の調査をもとに，「戦後日本社会で，テレビを中心とするマス・コミュニケーションと電話に代表されるパーソナル・コミュニケーションが，社会的コミュニケーションのそれぞれの領域で大きく発展したのであるが，その中間的領域では特定のメディアに代表されるような，めざましい発展はなかった。しかし，昭和40年代以降，多様な中間領域のメディア－中間メディア（intermediate media）の発展があった。ローカル新聞，コミュニティ・ペーパー，フリーペーパーなどの地域新聞，各種の行政広報メディアや集会施設，企業のPR誌や組織の機関紙・誌，有線放送やCATV，サークル誌やタウン誌，住民運動の機関誌などのいわゆるミニコミ・メディア等，各種各レベルのメディアが増大し，開発されてきた」（林 1978：12-13）と，新たな「コミュニティ」をつなぐものとしての中間的コミュニケーションの重要性を問題にしている。

　当時の地域メディア研究においては，1970年代に展開された情報化政策や，さ

らには1980年代の地域情報化政策によって展開された行政主導のコミュニティ形成に対して，住民運動をふまえた「参加型コミュニティ」論が重視され，そうした期待を担う中間的コミュニケーションのメディアとして，双方向性を重視するCATVやコミュニティFMなどが注目されることになった。今日，地域メディア研究において，「コミュニティ」という言葉はこうした文脈のなかで語られる。また，現在，地域メディア研究の中心的な課題もこうした運動的な展開にある。

　ここでの問題は，現在のメディア研究，あるいは，地域メディア研究が基本的には，1970年代以降，地域共同体の伝統的な関係性から新たな共同性である地域コミュニティへと地域社会が変化をしたことを受け，それまで市町村がもっていた歴史性を括弧に入れて研究してきたことにある。そのために，地域の伝統的なコミュニティ・レベルにある映像が，大量にあるにもかかわらず問題化されることがなかったことだ。

4．忘却されたローカル局と，新しいドキュメンタリー映画の流れ

　しかしながら，地域メディア研究におけるこうした研究のあり方は，地域の伝統的な共同体や組織のコミュニティを媒介としている映像だけを括弧に入れているわけではない。常識に類することであるが，1980年代以降の地域情報化政策の展開のなかで，CATVだけでなく，ローカル局も各地で次々と開局した。新潟においては，BSN（新潟放送）が1958年12月より，NST（新潟総合テレビ）が1968年12月より，TeNY（テレビ新潟放送網）が1981年4月より，新潟テレビ21UXが1983年10月よりテレビ放送を開始している。最も新しい局でも30年以上経過している。しかし，こうしたローカル局は，CATVのように問題にされることがない。

　なぜなら，ローカル局は基本的に県域であり，「制作される番組やニュースで取り上げられるのは県庁所在地に由来する情報が多く」，「市町村レベルでのコミュニティに関連する情報を提供して，その形成に寄与することが難しい」（大谷 2011：33）からだ。また，ローカル局はキー局によるニュースネットワークに組み込まれており，自主製作番組の放送時間比率は低くく，10%を割るものが大半である。つまり，ローカル局の大半はキー局，つまりは東京などの中央の番組を流しているだけであり，地域メディアとしては県紙（地方紙）の代補の役割しかない，研究者には極めて魅力に乏しい，研究の対象になりにくいものになっている。

それでは，本当に各地域にあるローカル局では研究するに値するような重要な現象は起きていないのだろうか。メディア研究ではほとんど問題にされないが，近年，ドキュメンタリー映画の領域においては，各地方テレビ局が20年〜30年の継続した長期の取材，撮影期間のドキュメンタリー映画を製作し高い評価を得ており注目されている。2016年のキネマ旬報文化映画ベスト・テンの１位となった『ふたりの桃源郷』（佐々木聰監督 山口放送製作）は山口県岩国市美和町の山奥に暮らす田中寅夫・フサコ夫妻の普段の日常生活を25年にわたって追いかけたドキュメンタリー映画である。また，５位の『クワイ河に虹をかけた男』（満田康弘監督 KSB 瀬戸内海放送）は太平洋戦争下，ミャンマーとタイとの間の泰緬鉄道建設の犠牲者に対する贖罪と和解に生涯を捧げた永瀬隆を20年にわたって撮影したものであった。新潟においても TeNY が製作した『夢は牛のお医者さん』（2014年 時田美昭監督）が2014年キネマ旬報文化映画ベスト・テン３位になり，他にもさまざまな賞を受賞している。内容は1987年から27年にわたって小学生であった高橋知美が獣医師になり地域で活躍するようになるまでを撮ったものである。これまでの映画のドキュメンタリーの撮影期間が長くても５年程度であることを考えると，これは興味深い現象といえる。こうした長期の取材によるドキュメンタリーが NHK の地方局で実現せず，ローカル局で実現している現実は，重要な問題といえる。

　ここで実際の現場の局面からみてみよう。多くのローカル局では，こうしたドキュメンタリーは当初はニュースの５〜10分程度の小さな特集から始まり，ローカル局での30分あるいは60分のドキュメンタリーとなり，次には全国ネットのドキュメンタリー番組－日本テレビ放送網（以下，日テレ）の場合は NNN ドキュメント（『ふたりの桃源郷』『夢は牛のお医者さん』），テレビ朝日の場合はテレメンタリー（『クワイ河に虹をかけた男』），フジテレビジョンの場合は FNS ドキュメンタリー大賞などにオンエアされる。こうしたことが10〜20年にわたって繰り返され，最終的に長編のドキュメンタリー映画となる。

　ここでローカル局における製作の実際をみておこう。ローカル局における自主製作番組は，総務省の指示のもと全体の約10％を目途にしている。大雑把な見積でいえば１日約２時間程度であり，その大半は毎日のニュース番組やワイドショーとなる。その製作体制であるが，報道部と制作部に分かれ，報道は新聞と同じように警察への取材と，県政クラブに入り新潟県庁や新潟市役所などへの取材を通して，日々のニュースを社員が中心となって製作する。一方，制作は午前中や

夕方のワイドショー，スポーツやエンターテインメントな番組を外部スタッフと一緒に製作するのが，一般的といってよい。

　次に，報道部においてどういった過程でこうしたドキュメンタリーが作られているのかをたどっておこう。通常，ニュース番組は政治・経済や事件・事故についてのストレート・ニュースと，生活情報などの企画・特集ニュースに分かれる。ところで，ストレート・ニュースは，NHKと（新潟においては）民放4社で大きく違うことはない。どちらかというと，各放送局の特色がでるのは，企画・特集ニュースといえる。その意味では，放送局にとっては他の局との違いを見せる所ともいえる。

　こうした企画・特集ニュースにおいてもストレート・ニュースと同様に，プロデューサーやデスクの了解のもと，記者であるディレクターの取材から始まることになる。そして，撮影された映像をもとにニュース番組のなかでどう取り上げるか検討されるだけでなく，放映された後でも反省会などにおいて意見が交わされる。いけそうなテーマ・対象，あるいは人物がいれば，継続的な取材が行われ，5〜10分程度の特集となる。さらに，こうした特集が継続されるかは，記者，デスク，プロデューサーの合議のもと最終的な判断はプロデューサーが行うことになる。当然，特集の出来，不出来を見ての判断となるが，テーマ・対象が継続するにあたいするものであるのかどうか，さらには，記者の実績や，テーマ・対象に対する熱意なども含めさまざまなことが勘案されることになる。[4]

　ここで問題となるのは，いけそうなテーマ・対象，あるいは人物だと判断され特集が継続されるとき，途中で記者であるディレクターが代わる場合である。ディレクターが個人的に他のディレクターに引き継ぎを頼む場合もあるが，通常はデスクが預かり，他のディテクターにふることになる。当然のことながら，ドキュメンタリーはストレート・ニュースとは違いディレクター，あるいはプロデューサーの取材対象者との関係が重要であり，人間関係が新たに築けなければ製作は難しいものとなる。また，内容に対するアプローチもディレクター，あるいはプロデューサーによって違ってくる。

　研究的にみて重要なのは，製作主体が個人ではなく作業チームとして，集団的な製作体制にあることだ。映像の創造性を担保するのは，個人の作家性に帰着するというより，報道部のチームの集団の自律性にある。何を映像で生み出し，表現し，社会に報道するのか，記者，デスク，プロデューサーによる判断であり，またその内容についての責任も，最終的には報道部のものとなる。

ところで，実際の番組内容をみると，こうしたドキュメンタリーとなるような題材はメインのストレート・ニュースが日々の重要事項を追っているのに対し，そこでは扱えない事後のさまざまな問題を扱ったものとなる。しかし，10年あるいは100年という長い時間の経過のなかで考えたとき，地域の社会のあり方を理解しようとする場合や，日常生活における人びとの思いや感情というものを映像から見出そうとした場合，こうした企画・特集ニュースは重要な意味をもつものとなる。つまり，時間の経過のなかで価値は逆転する。

　さらに，これらの映像は，ニュースの小さな特集からローカル局でのドキュメンタリー番組，さらには全国ネットのドキュメンタリー番組へと展開することを通して，さまざまな社会的要請を受けながら，社会的意味を加上させ，その内容を変容させながら残っていく。ここで，具体的な番組を事例としながら，変容する過程を考えたい。

5．ローカル局とキー局をつなぐもの——NNN ドキュメント

　ニュースの小さな特集からローカル局でのドキュメンタリー番組へと拡大する時に，どういった社会的文脈のなかで映像が製作され，さらにはそれがローカル局からキー局へと展開するにあたって，その社会的位相をどう変えながら番組が生成されていくのだろうか。ここでは，その過程をみるために，TeNY のドキュメンタリー番組が日テレの NNN ドキュメントになる時にどういったメカニズムがはたらき，その意味内容を微妙に変えていくのかをみてみたい。ここではまず，NNN ドキュメントの概要をみてみる。

　NNN ドキュメントは1970年1月4日午後11時45分に放映された「ドキュメント'70」が最初となる。第1回は「シリーズ・70年代への潮流(1)　岸・池田・佐藤〜安保から安保へ」で，その後，「スチューデント・パワー」「空から見た"繁栄ニッポン"」などが続く。当時の時代状況が色濃く反映した番組といってよい。番組はスタジオをベースにし，山口崇，寺田農，仲谷昇らがいて，内容を進行するものであった。これが変わるのは1973年からで，現在のようにドキュメンタリーだけが放映されるようになり，1974年には NNN（Nippon News Network）が番組タイトルにつき，日テレ系列のローカル局からの製作参加が始まる（中島 2003：208-209）。

　現在，NNN 系列29局の各社が参加し，企画書を持ち寄った年2回の全国会議

が開かれる。だいたい1回の会議で100本以上の企画書があつまるので，200本を越えることになる。年約50回の放送として約4分の1の企画のみが通ることになる。選択の基準は，おおよそ1つ目にはNNNであるがゆえの地方発信であること，2つ目には年約50本全体で2017年なら2017年が分かるような内容になるようなものとしている。時間枠としては30分と55分があるが，55分は年約10本程度である。なお，現在，視聴率は関東地域で2.5〜3％である。決して大きな視聴率ではないが，その内容を考えた時，全国規模で放映されていることの意味は大きい。また，ローカル局にとっては，地域から発信できる場として重要な時間枠といえる。[(5)]

　ところで，NNNドキュメントにおいて，キー局である日テレのプロデューサーが実際の局面においてどう関わっているのだろう。もちろん，関わり方はその内容によるのだろうが，基本的には，ローカル局の意思を尊重して行っているという。話し合いの局面において，往々にして問題になるのは，膨大な素材をディレクターが整理しきれていない場合だという。[(6)] こうした場合，当然ながら，思いきった編集が必要だという助言となる。

　しかし，2011年に担当プロデューサーであった日笠昭彦によると，もう少し，内容に立ち入った助言もしている。それは，テレビ金沢の『ドラゴンとしんのすけ〜母が子にのこす明日〜』（2015年 テレビ金沢）の場合だが，この番組では重度の知的障害と自閉症の傾向がある松本伸之介（19）を，母親がスナックで育てている。母聖子は，早くに長男を亡くしたこともあり，伸之介を育てるために我慢強く向き合おうとしている。そんな伸之介はスナックで絵を描きながら，徐々に成長していく。日笠はこのドキュメントを締めくくるために，母聖子へのインタビューが必要と考えた。そこで，ディレクターである石道智穂に「もしも，あと1時間しか生きられないとしたら，母親として伸之介君に何をしてやりたいか？」と母聖子に問いかけないかと持ちかけたという。石道は20代後半で独身であったこともあり，躊躇したという。しかし，その後，「自分の母親と話をしたり，聖子さんの内面に思いをはせながら十分な準備をし」インタビューを行った。母聖子の答えは「『私はきっと，1時間ずっとあの子を抱きしめていると思います』『いつもそばにいるんだよっていう安心感を持たせてやりたい』。それは，幼いわが子を失うという苦難を乗り越えた母親としての覚悟であり，強さだった。いいインタビューだった。番組が締まった」（日笠 2011：6）と書いている。明らかに実際の製作に深く関わった事例である。ドキュメンタリーという現場を考えたとき，こうした関与の幅は当然ともいえる。

6．事件としての映像——糸魚川大火

　ここで，TeNY の３つのドキュメンタリー番組を取り上げながら，ローカルから全国ネットへと番組が変わっていく過程をできるだけ追ってみよう。最初に扱うのは大きな事件，災害におけるドキュメンタリー番組である。ニュースにおける中心であり，ドキュメンタリーに扱われることの比較的多い領域である。

　ここで扱う糸魚川大火は2016年12月22日10時20分頃，糸魚川市大町の中華料理店上海軒から失火し，折からの強風によって飛び火し，火元から海岸にむかって147棟を焼失させ，最終的に鎮火したのは翌23日16時30分の大火であった。当然のことながら，各放送局はその大火の様子をニュースなどで生中継し放送した。こうした大規模災害ではよくある報道のスタイルといってよい。

　TeNY によるドキュメンタリー（以下 TeNY 版とする）『糸魚川大火の警鐘〜あれから１か月　復興への針路〜』は，2017年１月21日（土）16：00〜16：55の55分番組で製作された。その内容は，最初の火がでてからその後の大火の過程が約20分，鎮火後，過去の糸魚川大火の歴史，大火になった原因，行政の対応などが約12分，この後，加賀の井酒造の再建の様子などが約５分，さらに1976年の酒田大火の事例をもとにどう復興・復旧したのか，また同じような家屋密集地である東京都墨田区の事例などが紹介され，今後の糸魚川市の課題について約５分，さらに焼失した加賀の井酒造，割烹鶴来家などの復興を目指した動きとなっている。この内容は，災害社会学の災害過程のサイクルに照らすとほぼ緊急段階，応急段階と進み，最後の２つは復旧・復興段階の問題を扱っているといえる。

　当然のことながら，放送メディアとしては災害の最初の緊急段階はもっとも動

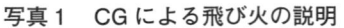

写真１　CG による飛び火の説明　　**写真２　瓦のすき間から火だねが入る**

出典：NNN 版『大火の街からの警鐘』より

きのあるところであり，かつ，人々の注目を集めるところである以上，ニュースなどでも多く扱われ，この番組でも大きなウエィトを占める。次に，被災者と行政の対応など応急段階も同様に報道がされやすいところといえる。しかし，行政の対応も一定の方向性がみえてきた復旧・復興の段階になると，その過程は劇的ではなく，またゆるやかで見えにくい。また，視覚化しにくい場面が多いため，報道はされにくい。この番組では大火後１カ月ということもあり復旧・復興の過程にまだ厚みがないが，加賀の井酒造の再建を中心にまとめられている。なお，この番組放映後も，ニュースでは継続的に加賀の井酒造の様子が取材されている。今後，何年かかけて，糸魚川大火からの復興というテーマで番組がつくられる可能性はある。

　ところで，この番組のさらに１カ月後，NNN ドキュメント（以下 NNN 版とする）に『大火の街からの警鐘〜検証・糸魚川大規模火災〜』として２月27日（月）０：55〜１：25の30分番組が製作され放映された。TeNY はドキュメンタリーの特番製作後，NNN ドキュメントでの放映の提案をし，日テレはそれを受け，内容的に時間をおかずに放映した方がよいと判断し，全国会議を通さずに企画を通している。55分から30分へと時間を圧縮するにあたって，TeNY と日テレのプロデューサーとディレクターによって話し合いが行われ内容の絞り込みをした結果，全国放送するにあたって地域の特殊性が色濃く顕れる，他の地域の人々にとっては分かりにくい復旧・復興段階は削られ，大火の原因となった強風による飛び火によってなぜ拡大したのか，家屋の構造の問題からひもとき，また，地方において消防力の不足がなぜ起きるのか，法制上の問題から解くなど，問題を一般化している。単なるニュースの特集にならないように，大火になった背景を丁寧に明らかにするという工夫である。こうした過程で飛び火のメカニズムを CG 映像によって再現するなど，新たな撮影が行われている。全体的に，NNN 版はまとまりがよく成功しているといってよい。なお，両番組ともディレクター：柳井宏次郎・須山司，プロデューサー：芝至，チーフプロデュサー：竹野和治である。

7．地域文化としての映像——花街と芸妓

　次に，地域の文化を扱ったドキュメンタリーをみてみよう。新潟湊は江戸中期から明治中期にかけて北前船が代表する北海道と大阪を結びつける日本海の交通の要としてあっただけでなく，信濃川と阿賀野川の内陸の水系とも密接に関わっ

て発展してきた。これらの水路は，陸路である長野，関東，会津を結びつけ，海・川・陸の交通の要・中継地として繁栄した。新潟湊はこうした人と物とが行き交う場所として繁栄し，文化を発展させ花街を形成した。この新潟の花街に，江戸時代，歌舞伎の振付師であった市山七十郎が移り住み，家元として新潟の芸妓や，地元の多くの子女にその踊りを教えることになった。現在，こうした日本舞踊の家元は東京，京都，大阪，名古屋の４都市を拠点にしており，それ以外の地域では新潟の市山流だけである。

　繁栄した花街の文化を体現する芸妓は，その後，花街の衰退とともに後継者もいなくなった。新潟ではこうした文化を継承すべく，全国に先駆けて1987年12月に地元企業約80社が出資して芸妓の養成と派遣する株式会社柳都振興株式会社を設立した。柳都振興は20年を経たが，必ずしもその芸妓が増えているわけではない。多くの会社と同じように，柳都振興も新人を募集するための採用活動をしなければならない。2016年12月30日（土）9：00〜9：30に放映されたTeNY版『社員は芸妓〜つなげ古町花柳界の伝統〜』は，こうした柳都振興の朱鷺メッセでの合同企業説明会などの採用活動を中心に製作された。内容は柳都振興の一森政子のさまざまな採用活動を追いながら，入社６年目の芸妓小夏さんの毎日や，小夏さんに踊りを教える市山七十世，柳都振興の裏方である支配人の棚橋幸など古町の文化を支える人びとがどういう思いで伝統を継承しようとしているのかを描いていく。そして２年ぶりに初めて大学卒の女性・遠山綾音が入社することになる。全体的に，新潟の文化を継承しようとする人びとの思いが伝わる内容となっている。

　このドキュメンタリーは，NNN版『社員は芸妓〜花柳界の就活日記〜』として2017年３月13日（月）0：55〜1：25に放映された。その内容はどちらも30分番組であったこともあり，構成を大きく変えていないが，若干の変更がある。市山七十世の部分を削り，新潟の古町の成り立ちが加わり，全体的にナレーションによる説明を多くし分かりやすくしている。NNN版の過剰ともいえる丁寧なナレーションは，新潟における芸妓文化という慣れない地域情報に対する全国向けのための注釈作業といえる。また，2017年１月以降の新人２人の芸妓としての稽古のようすなどが加わり，より現在進行形の内容になっている。全国放送ということを考えた追加ともいえるが，そのことで，内容的には柳都振興の一森政子や市山七十世，棚橋幸などの思いより，大卒の若い女性が芸妓を志す点がより強調される形になっている。一人の女性のライフヒストリーという観点は，全国向けに

したときの一般化といえる。日テレ側からの要請かどうかは不明にしても，ここにはローカルからナショナルな放映となることで，製作側のなかで内容の重点が変わっていることになる。

　ところで，TeNY版とNNN版を番組として，フローとしてみたとき異なることがある。テレビ・ドキュメンタリーの研究においてその番組がローカルなのか全国ネットなのか，放映される日時やCMなどは考慮されることはない。しかし，その内容によっては，こうした放映のコンテクストは問題にされる必要がある。TeNY版『社員は芸妓』では，放映が年末という時期であったこともあるが，新春用のCMとして「新潟古町芸妓　芸を磨き古町花柳界のおもてなしの心を伝え継ぐ　私たちは古町芸妓を応援しております」に古町に関連する12社が名を連ね，番組中8回流された。

　これが興味深いのは，ドキュメンタリー番組を製作する報道部だけでなく，スポンサーとそれをつなぐ営業部との，三者の関係が，それぞれの独立した意思を持ちながら，ある均衡したバランスの上でこの広告が成り立っていることにある。当然のことだが，報道の自律性は確保されなければならないが，民間放送として商業性を排するものではない。営業部はこうした報道のジャーナリズム性を尊重しながら，さまざまなスポンサーの理解を得つつ，地域社会のなかでどう放送が生きていくのかを考える必要もある。営業において思想が求められる現場といってよい。

　この場合，TeNY版『社員は芸妓』はCMも一つの社会的な繋がりを有しており，重要な構成要素となっている。地域のドキュメンタリーを扱う場合，ただ単に番組内容だけを問題にすると，こうした放送が含む社会的ダイナミズムの全体像を見逃すことになる。地域のドキュメンタリーを支持する母胎は地域文化そのものになければ，これを継続し維持し続けることはできない。なお，両番組ともディレクター：須山司，プロデューサー：竹野和治である。TeNY版の視聴率は9.7％であった。

8．社会問題としての映像——限界集落

　これまでの2つの事例は，比較的，実際の現実と報道される内容とに誤差の少ないものであった。しかし，小さな村，ローカルな場所にナショナルな社会問題が意識されたとき，多くの新聞，放送メディアの各社が押し寄せたとき，村の日

常生活から見えるものと，マス・コミュニケーションが見せる世界との間には乖離が顕れる。ここでは十日町市池谷集落をめぐるテレビ・ドキュメンタリーを取り上げてみよう。

　池谷集落で活動する市民団体「十日町市地域おこし実行委員会」は2011年度「地域づくり総務大臣表彰」を受けた。2004年10月23日に起きた中越地震から，池谷集落の人びとがNPO団体と協力し，都会のボランティアを受け入れ，さらには集落に若者たちが移住したことが，「過疎地再生モデル」として評価されたからである。この受賞の背景には2011年3月11日の東日本大震災以後，復興に向けた地域再生モデルが必要とされたことがある。

　2011年6月27日（月）0：55〜1：25に放映されたNNNドキュメント『大地のリレー〜"被災地"に移住する若者たち〜』（ディレクター：倉島実，プロデューサー：羽田朗）も，こうした文脈の中で「3.11大震災シリーズ7」として製作されたものである。内容は池谷集落に移住した3人の若者，多田朋孔一家，小佐田美佳，坂下可奈子のうち2010年2月に引っ越してきた多田一家と，2011年4月に引っ越しすることになった小佐田を中心に描いたものである。このドキュメンタリーの主人公が移住を受け入れる村人たちの側ではなく，移住する都会の若者たちが中心であることは，製作者側の立ち位置を明らかにするものだ。地域の日常生活の目線でいくとすれば，受け入れる側である住民の思いは重要である。移住そのものの誘致を含め，判断する側はあくまでも住民である。しかし，放送局が，移住する若者たちに焦点をあてるのは，限界集落となった地域の再生をいかに成し遂げるかという，ナショナルな課題が念頭にある。

　新聞メディアにおいても同様なことは起きている。『新潟日報』の2004年以降の記事検索ができる「新潟日報データベース」で「池谷集落」を検索すると，初出は2006年で2件，2007年1件，2008年2件，2009年4件，2010年4件，2011年4件，2012年2件，2013年6件，2014年6件，2015年5件，2016年4件と継続的に池谷集落が取材されていることが分かる。記事内容はNPOとの協力，ボランティアの受け入れなどさまざまなイベントに即しながら，都会からの若者の協力や移住が紹介されている。放送と同じ視線といってよい。

　中越地震10周年事業としてまとめられた地域住民を主体とした十日町市地域おこし実行委員会による『村の灯りを未来へ〜池谷集落10年の軌跡〜』（2015年）[7]をみると，確かに，池谷集落は震災後，村を存続させるために，外部からの移入に対して積極的な方針を打ち出した村であり，こうした報道が間違っているわけ

ではない。しかし，移住を決意した多田，あるいは，小佐田にとって，限界集落となった地域の再生のために，身を投じたというより，当初は，これまで生きてきたさまざまなことから一つの選択肢として移住を決意したという方がより実態に近い。居住経験の積み重ねの中で，より運動的に地域の問題が意識されていったことが想定される。その意味でも，引っ越してすぐに取材を受けても，多田，あるいは，小佐田にしても池谷集落に定着することができるかも含め，何事かを語ることは難しい状態にあったといえる。しかし，多くの新聞社，放送局による問いかけは，限界集落が希望集落に変わるという分かりやすさへと収斂するものであった。つまり，そこでは，ローカルの複雑な現実よりも，ナショナルな単純化された問題を語ることが求められる。当事者である多田は「新聞は現実に対して断片的で，テレビは物語を聞こうとする」と感じ，自分の活動は自分で表現することの必要性を考えることになる。[8]

　しかし，事態はこの後，思ってもみなかったような展開が繰り広げられることになる。『大地のリレー』ではほとんど扱われなかった坂下が，2011年2月に引っ越ししてきて農業を始め，2013年8月に移住女子のためのフリーペーパー『Chu Cule』を刊行するとマス・メディアの注目を集めることになる。2013年8月22日『報道ステーション』で「"移住女子" 限界集落からの挑戦」として小川彩佳の密着レポートがあり，2014年3月1日から『新潟日報』では坂下の「きぼうしゅうらく」の連載が始まり，いくつかの放送局のニュースで取り上げられることになる。

　TeNY におけるドキュメンタリーは2016年4月2日（土）10：30〜11：25『移住女子〜私は"ちゅくる"で生きる〜』（ディレクター：西尾拓哉，プロデューサー：竹野和治）が製作され，さらに NNN ドキュメントで2016年9月5日（月）『移住

写真3　坂下の結婚式での語り
出典：TeNY 版『移住女子』

写真4　坂下の移住サミットでの語り
出典：NNN 版『移住女子』

女子〜私がムラを選んだ理由〜』（ディレクター：西尾拓哉・加藤頌子，プロデューサー：竹野和治）が放映されることになる。なお，他局としては，BSN（新潟放送）が2012年5月28日（月）『農ガール☆かなやん奮闘記〜大卒女子の挑戦！過疎地改革〜』，2014年5月28日（水）『農ガール☆かなやん　移住女子と希望集落』，2016年9月3日（土）10：00〜11：00にBS-TBS『サタデードキュメント』「農ガール☆かなやん〜わたしの居場所・希望集落」が全国ネットで放映されている。多くの放送局において，1人の分かりやすい魅力的な女性，つまりキャラクターがはっきりしている坂下がフィーチャーされ，限界集落の問題は希望集落，あるいは移住女子の問題へと変容することになる。マス・コミュニケーションにおける一般化の典型的なあり方ともいえる。

　しかし，社会的文脈がこうして変わったのにはどういったメカニズムが働いているのだろうか。ここでTeNY版55分とNNN版30分とを比較して，もう少し細かくみてみよう。TeNY版は最初，2011年2月に池谷集落にやってきた坂下可奈子から始まり，中越地震後の池谷集落について述べ，坂下が池谷に来ることになった経緯，さらには曽根夫婦との交遊までで約10分となる。2011年のNPO法人の立ち上げなどが約4分。2012年がなく，2013年，田んぼや畑に挑戦し，失敗し続ける坂下の苦闘が描かれ，12月に曽根咲子の突然の死去までが約10分となる。フリーペーパー『Chu Cule』の刊行に始まり，2014年には田んぼも独り立ちし，結婚する。さらには2015年には出産となるまで約15分。2015年12月の東京での全国移住女子サミットの開催，それに参加した本間小百合が移住を決意するなどが約10分となる。全体に坂下が池谷集落に居住し適応するまでの苦労を，丁寧に追っている。特に結婚式のシーンで村人たちに「私たちを信じて欲しい」と言う坂下の言葉は一筋縄ではいかなかった村での4年間を振り返ってのものだろう。なお，坂下は結婚後，十日町市内の男性の家に住み，池谷集落で農業を営んでいる。

　一方で，NNN版は30分ということもあり，かなり思いきった編集がなされている。2011年2月に池谷集落に来た坂下から始まり，それまでの経緯などはほとんど同じだが，胡桃わりやちまきづくりなど曽根夫婦との交遊を坂下が撮影した映像によってかなりの部分を補って約10分となる。2013年の曽根咲子の死去から始まり，田んぼや畑の失敗が語られ約6分。2014年に夫となる佐藤幸治と一緒に稲刈りをし，新米試食会，結婚，2015年の出産まで約6分。2015年12月の全国移住女子サミットを中心に約6分である。特に最後の移住サミットで坂下が会場に来た都会暮らしをする若い女性たちに，村には「こういう生き方っていいよなと

いう姿が，たくさんあるのが良かったです」という語りは，過疎の村をなぜ選ん
だのかという一人の女性の考え方，さらには生き方を描いた形になっている。

　ここでの坂下の描き方の力点は，TeNY 版と NNN 版とでは微妙に異なる。全
国放送における一般化という捉え方も成り立つところであるが，別の考え方もあ
る。それは，新潟ローカルでの放映であれば，基本的には新潟に居住している人
間しか見ないことになるが，NNN ドキュメントとなったとき，全国に放送され
見られる可能性がある点にかかわる。ここでは，ディレクターはどうしても東京
の，都会の若い女性たちがこれを見たときどう思うかという視点を入れたかった
という[9]。それはローカル新潟に住む製作者として，東京に住む人びとへのメッセ
ージともいえる。そのメッセージは，池谷という一つの集落の日常生活から見た
とき，遠く離れた場所で都会的なイメージに合わせた「きぼうしゅうらく」の現
実が創られる可能性を代償にして成り立つものでもある。ローカルとナショナル，
あるいは地方と中央とのヒエラルキーをメディアが変えることができない以上，
それは現実のヒエラルキーを容認したところで始めて成り立つメッセージでもあ
る。

9．研究的概念の必要性

　ここでは，TeNY という，『夢は牛のお医者さん』が高く評価されているが，
山口放送のようにテレビ・ドキュメンタリーを多く製作して全国的に評価されて
いるローカル局ではない，全国的に見た場合，平均的といってよいローカル局が
生み出した3つの映像を事例にして，その映像を分析した。

　ちなみに，現在，こうした民間放送局における番組のアーカイブは，放送番組
センターにて行われている。データベースを検索し新潟県内を題材にしたと考え
られるテレビ番組は，328本ある。その内ドキュメンタリーとして分類されてい
るのは，145本である。なお，今回，事例として分析したドキュメンタリーの内，
放送番組センターに収蔵されているのは，『大地のリレー〜“被災地”に移住す
る若者たち〜』のみである。単純に計算して，全国のローカル局で製作されてい
る膨大なテレビ・ドキュメンタリーのなかの，1％にも満たない量と考えるべき
だろう。残された映像だけで地域の映像を語ることの困難さを，研究者はやはり
自覚する必要がある。

　地域の映像，地域のドキュメンタリーが生み出される政治的，社会的・文化的

な文脈は複雑で多層的であり，ローカルであると同時にナショナルな磁場のなかにある。地域のもつ複雑さに目を閉じれば，凡庸な現実しか見えてこない。それは，これまでマス・メディアがなんども変奏してきた物語である。

　しかしながら，考えてみれば，地域とメディアとの関係そのものを研究することは，必ずしも今まで行われてきたわけではない。また，テレビ・ドキュメンタリーの地域での位相，その現実との齟齬も，分析されてきたわけではない。こうした問題を研究するには，日々生み出され続けてきた膨大な地域の映像を見つけ出し，検討しなければならない。というより，こうした膨大な映像があるにもかかわらず，これまで研究されてこなかったのはそれに見合う研究概念がないために，問題にすることができなかったのではないだろうか。

　今後，マス・コミュニケーション研究，地域メディア研究，あるいはデジタル・アーカイブ研究は新しい研究概念を創発する必要がある。現在，ある意味で研究者は現実を前にして問われている。

※調査にあたっては，TeNY，竹野和治（TeNY），有田泰紀（日テレ），多田朋孔・山本浩史（池谷集落）の協力を得た。感謝致します。

注

（１）　今成家写真は，飯沢耕太郎『日本写真史　第1巻渡来と定着　1840〜1890年代』小学館（2018年2月刊行予定）に掲載され，写真史のなかに位置づけされている。
（２）　蓄積された資料は教育・研究に関わるMALUI（博物館・文書館・図書館・大学・産業界）の連携による統合型データベースが構築され，2017年3月より新潟大学と新潟県立図書館，さらに連携した地域の大学，図書館，博物館などで閲覧，利活用できる「にいがた　MALUI連携地域データベース」http://arc.human.niigata-u.ac.jp/malui/（2017年12月23日閲覧）が開始され，写真約3万3,000点，動画約400本，絵葉書約3,800点，音源700点を見ることができ，1877年〜1942年までの新潟県内の新聞，約10万頁を見ることができる。
（３）　現在，東京国立近代美術館フィルムセンターの1910年代のフィルムが20本を満たない。
（４）　竹野和治インタビュー　2017年2月9日　TeNY会議室にて。
（５）　有田泰紀インタビュー　2017年6月19日　日テレ会議室にて。
（６）　有田泰紀インタビュー　2017年6月19日　日テレ会議室にて。
（７）　『村の灯りを未来へ〜池谷集落10年の軌跡〜』http://iketani.org/（2017年10月21日閲覧）。
（８）　多田朋孔・山本浩史　聞き取り　2017年6月5日　十日町市中条庚やまのまな

びや。

（9）　竹野和治インタビュー　2017年2月9日　TeNY 会議室にて。

引用・参考文献

Anderson, Benedict Richard O'Gorman（1991=1997）*Imagined communities*, Verso.
（白石さや・白石隆訳『増補 想像の共同体──ナショナリズムの起源と流行』NTT
出版）

原田健一（2012）「CIE 映画／スライドの日本的受容──『新潟』という事例から」
土屋由香・吉見俊哉編『占領する眼，占領する声』東京大学出版会　265-290

───（2013）「事例としての『にいがた』──地域の映像をめぐる4つのフェーズ」
原田健一・石井仁志編『懐かしさは未来とともにやってくる──地域映像アーカイ
ブの理論と実際』学文社　26-76

───（2015）「映像アーカイブによる中間的コミュニケーションの分析」『人文科学
研究』136号　新潟大学人文学部　49-74

林進（1978）「社会的コミュニケーション・システムの変動と中間的コミュニケーシ
ョン」林進代表『社会的コミュニケーション・システムの変動』コミュニケーショ
ン研究会

日笠昭彦（2011）「粘り強い取材を支えるもの──『NNN ドキュメント』の作法」『月
刊民放』41巻5号　4-7

中島久美子（2003）「テレビの世紀⑯ NNN ドキュメント」『潮』531号　205-212

奥田道大（1968）「地域社会とマス・コミ」千葉雄次郎編『マス・コミュニケーショ
ン要論』有斐閣

───（1971）「住民意識と行政需要」磯村英一・鵜飼信成・川野重任編『都市形成
の論理と住民』東京大学出版会

大石裕（1992）『地域情報化──理論と政策』世界思想社

大谷奈緒子（2011）「地上デジタル放送時代におけるローカル局のあり方」『東洋大学
社会学部紀要』48巻2号　29-40

竹内郁郎（1989）「地域メディアの社会理論」竹内郁郎・田村紀雄編『【新版】地域メ
ディア』日本評論社

田村紀雄（2003）「地域メディアの俯瞰」田村紀雄編『地域メディアを学ぶ人のため
に』世界思想社

コンテンツを資源とした地域振興の可能性

公　野　　　勉（文京学院大学経営学部）

1．論初に関して

　現在，筆者は大学を本籍として研究・教育活動を本務としているが，同時に映画・映像製作者として映像・コンテンツ制作企業のスーパーバイズを行っている。また総務省の地域再生マネージャーを受任としているということもあり，地方自治体より地域振興のためのコンテンツ制作の依頼を受けることがあり，「自身が関与した地域発コンテンツ」の一時総括という前提で本論を作成した。

　『らき☆すた』[1]や『あの日見た花の名前を僕達はまだ知らない。』[2]等，事業展開の結果として地域振興に供した作品は多いが，事業的に「地域発」で成功した事例は意外と少ない。本論はその「地域」という特性の検証と推論を行う。

2．地域発コンテンツ紹介

この項では過去に筆者が関与したコンテンツの紹介を行う。

2−1　【『Blue Symphony〜ジャック・マイヨールの愛した海』】中央→地域納品型

・製作／唐津市
・制作／東京大学大学院情報学環
・上映時間／90分

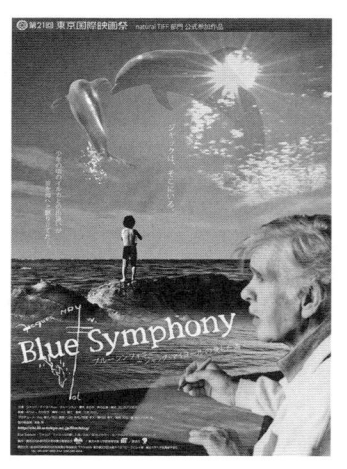

図1

・公開／2009年8月22日（六本木シネマート）

・ジャンル／ドキュメンタリー

　2007年頃に依頼を受けた作品。佐賀県唐津市が総務省からの地域振興の助成金を使用した映画の製作依頼を，東京大学大学院情報学環へ行ったものである。当時は『佐賀のがばいばあちゃん』[3]等，地域振興目的というよりも地域の資本を使い，地域に題材を取って製作する映画が多かった時代でもあり，これは中央の制作会社が地方の助成金の受託を見込んで提案していたものが多かったためである。当作は自治体から「企画開発から行って欲しい」（つまり，内容とビジネススキームも含めての開発）と依頼され，当時では珍しく自治体側プロデュースの積極性が窺われた作品でもある。当作は学校で制作費を受託してしまうと，学校で製作費を売り上げることになってしまうため，製作コストを全部使い切る形にしたいと考え，大学の教員だけで一時的なLLP[4]を組成，そこで制作費を取り受けて，製作するスタイルを採った。

　海洋冒険家・ジャック・マイヨール（1988年，リュック・ベッソン監督映画『グラン・ブルー』[5]のモデル）が2001年に亡くなっていたが，彼が少年期に唐津でイルカに出会い，海洋冒険家人生をスタートさせたこと，さらに晩年，自殺するまでの10年程度，毎夏，唐津に逗留していたとのことから，現地で交流した人々や，地元のケーブルテレビ局に映像が多数残っており，これらを取材・活用すること

でドキュメンタリー映画を製作することが決定した。2008年に第21回東京国際映画祭でワールド・プレミア上映を行い，同年，東京都内で配給を行った作品である。現在も海外からの作品借り出し要請が多い作品である。

　現地の人々が見ても何も感じないが，中央のクリエイティブ・スタッフの目から見た場合に地域の観光資源は豊富であり，極力，現地の人々が強調したい場所や商品とは別のものを取り上げることを方針とした。現地でジャック・マイヨールは「変わった外人」的な扱いでしかなく，彼の功績や唐津との縁は住民には意識して語られてはいなかった。さらにローカルニュースのアーカイブ映像もかなり貴重なものだったが，素材も特に大切に扱われてはおらず，破棄される前にこれを押さえることが出来たのは僥倖である。

　海外在住のジャック・マイヨールの遺族より肖像利用の許可を獲得する等，様々な権利処理や法理上の手続きも多く発生したが，監督を含むスタッフたち東京大学大学院情報学環の院生は上手く対応し，無事に原版は完成・公開された。

　地域を取材先，撮影素材としているが，企画内容や音楽・編集等は中央でアッセンブル・パッケージ化（各種素材の整理・編集）を行っており，「中央で受託をして，地域に納品する」というモデルの嚆矢となった作品である。

２−２　投資による自助支援型

【某県コンテンツファンド】（※守秘義務のため固有名詞は伏せる）

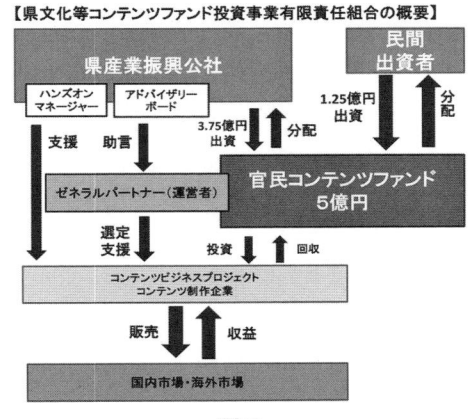

図２

・形態／有限責任組合
・管理元／某県産業振興公社
・運営（General Partner。以下 GP）／組合員であるファンドマネージャー（以下 FM）
・投資先／ゲーム系企業，エンターテインメント系企業
・組合存続期間／2011〜2018年（7年間）
・創設年月日／2011年2月10日
・目　的／県文化活用のコンテンツへ投資，ビジネス創出・人材育成を行う
・総　額／5億円（出資配分／公社＝3億7,500万円，FM＋地銀行等＝1億2,500万円）
・プロジェクト1件に対する最高投資額／5,000万円
・投資プロジェクト数／約20件
・内容／投資，経営支援（ハンズオン）・プロデューサー等人材育成，県外企業誘致

　当プロジェクトは，他県とはかなり異なった独自風土と，文化の多様性を持つ県に設置されたコンテンツビジネスおよびエンターテインメント事業用の官民投資ファンドである。そのような県下に起業し，資金や人材不足に苦しむ事業者への助成と，同県内産業の振興を目指すとされた。

　国から助成金を取り受けた県が，産業振興公社（県と同体）として支援金を事業者に「投資」する特異なシステムであり，投資の工程は，

①　事業者が事業企画書と予算書を作成，提出することでエントリー
②　プレゼンテーションを受けてアドバイザリーボードが検討
③　ハンズオンマネージャー立ち会いの下に，アドバイザリーボードが GP（FM）へ提言
④　GP が（法人もしくはプロジェクトへ）投資を決定
⑤　投資後は事業者をハンズオン支援する

というものである。「中央のプロフェッショナルの目で検証・支援はするが，基本的には自力でビジネスを安定化させることを地域事業者に求める」という思想だったが，予算計画や法務処理までに精確に踏み込めた企画や事業計画は極めて少なく，約20件の投資が実現したが，ほとんどのケースで採算性の不安が見られた。

　中央からプロデューサーを当該県へ転籍させて地力を上げる等のケースも散見されたが，いずれも希望的観測値としての事業計画であると筆者は判断すること

になった。

　またGPは同時にFMでもあるため，ファンド資金の安定的な運用から経費を獲得する必要もあり，ファンド側はなるべく多くの案件に対して投資貢献をしたいにもかかわらず，見合うレベルに提案が達しきれていないという状況であった。

　結果としては，地域人材を支援し，安定させることを目指すコンテンツ投資は市場的にも経営的にも極めて難易度が高いことが改めて認識されることとなり，特に資金繰り計画の面からこれを管理・運営していくスキルは，現行の地域人材のみで行うことの困難さが同時に確認されたケースとなった。

２−３　地域×中央連動型

【らき☆すた≒おん☆すて】

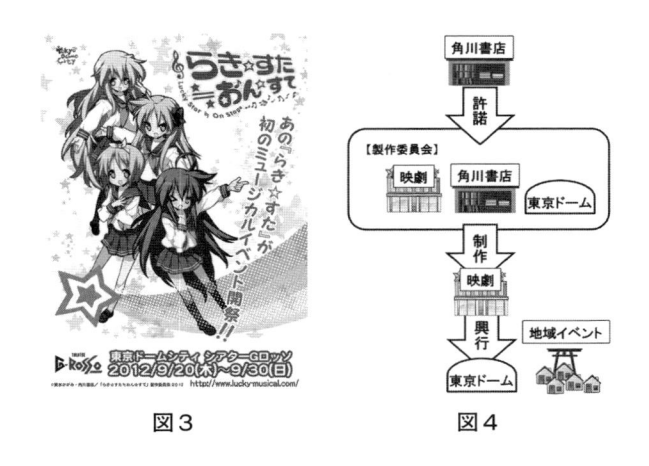

図３　　　　　　　　図４

・タイトル／『らき☆すた≒おん☆すて』
・興行／2012年9月20〜30日，11日間15公演
・劇場／東京ドームシティ　シアターＧロッソ
・製作／『らき☆すた≒おん☆すて』製作委員会

　『らき☆すた≒おん☆すて』（以下，『らき☆すて』）は，図らずも地域と中央で連動する形となったコンテンツである。『らき☆すた』という４コマ漫画（角川書店刊）を原作とするが，すでにアニメ化も行われていた作品である。この京都アニメーション[7]によるアニメーション化作品は非常に高い人気を誇っており，舞

台化（ミュージカル化）の企画は2012年に稼働，角川書店と映劇，および東京ドーム[8]の３社で共同製作することとなった。「角川書店→原作行政（アニメ作品との[9]版権仕分け等）」「映劇→制作」「東京ドーム→興行会場」という担当業務ことである（図４）。ただし本論では，東京ドームでの興行そのものよりも，マーケティング手法としての周辺イベントでの動員に着目したい。

　『らき☆すた』というコンテンツの特徴とは，埼玉県の鷲宮町（※現・久喜市。2010年合併）をロケーションとする世界観であり，興行時，当地はすでに聖地として，多くのファンが訪れていた[10]。そのため興行のマーケティングは，自動的に鷲宮町と一緒に連動してやっていくというスタイルになっていた。

表１　『らき☆すて』動員表

日　付	イベント名	開催場所	来場者数	URL（2017年６月30日閲覧）
７月20日	井上社長登壇アニメライブ新世紀宣言	シアターＧロッソ	500	http://lucky-musical.eigeki.jp/wp/?page_id=11
８月27日	うら☆すて	シアターＧロッソ	200	http://ameblo.jp/lucky-musical/entry-11339185743.html http://ameblo.jp/lucky-musical/entry-11339725754.html
９月２日	土師祭2012　こなた発表！	鷲宮神社	500	http://ameblo.jp/lucky-musical/entry-11344737342.html
９月５日	『後楽祭』	シアターＧロッソ	300	http://lucky-musical.eigeki.jp/wp/?page_id=11 http://ameblo.jp/lucky-musical/entry-11347301576.html
９月12日	『うら☆すて　大祓いGR～公演直前・緊急前夜祭』	シアターＧロッソ	200	http://ameblo.jp/lucky-musical/entry-11352437019.html http://ameblo.jp/lucky-musical/entry-11353304631.html
12月16日	小早川ゆたか生誕祭＠しあわせCafeAmi	しあわせCafeAmi	50	http://ameblo.jp/sattesci/entry-11407943426.html
12月31日	らき☆すた　大晦日年忘れすて～じ	ローソン鷲宮東大輪店	1,000	http://www.wasimiya.org/25hatsu/event.html http://lucky-musical.eigeki.jp/wp/?page_id=11 http://ameblo.jp/lucky-musical/entry-11444392516.html
	合　計		2,750	

具体的には聖地中心としての鷲宮神社での年度恒例の祭りなどに乗り入れ，舞台俳優が来場者向けにダンスと歌唱，トークを繰り広げるものである。一方で本興行を行う東京ドーム内シアターＧロッソ[12]でも繰り返し同タイプのイベントや文化的な発表（※「アニメライブ新世紀宣言」）を行う等をし，顧客の連動を誘引した。

　当作は地域と中央が連動するコンテンツという意味では，非常にうまくいった作品となったが，これは元来のコンテンツの市場規模が大きかった故の事情もあろう。興行のみでの動員数値は決して高くはなかったが，「コンテンツを保温する，長続きさせる」「地域貢献する」という意味では，マーケティング効果と地域連

写真1　2012年9月2日の土師祭にて

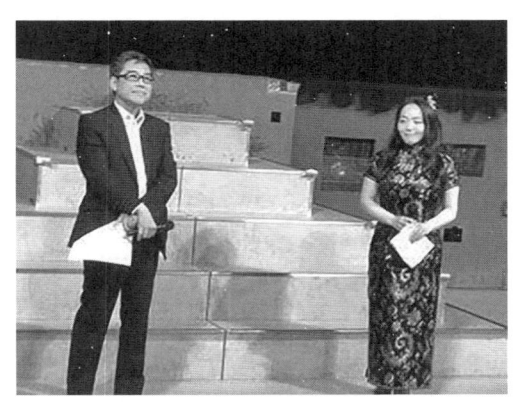

写真2　2012年7月20日「アニメライブ新世紀宣言」

角川書店社長（当時）の井上伸一郎氏と映劇の豊陽子プロデューサー
出典：アニメ！アニメ！　同年7月22日記事。「"アニメライブ"新世紀宣言も『らき☆すた≒おん☆すて』キャスト発表で始動」https://animeanime.jp/article/2012/07/22/10873.html（2017年6月30日閲覧）

動性の高いコンテンツであった。

　表1は興行以外のイベントの数字をリスト化しているが，都内のイベントの場合でも，聖地の神器的な，非常に重要なガジェット等（神輿等）を地域から借り，中央の興行会場に据えることで連動性，公式コンテンツ感を喚起させ，結果的に2,750人の動員を実現している。これと本興行動員を合算すると（表1）相当な動員数である。

2－4　中央プロデュース×地域資本型

【維新烈風　天狗判官】

図5

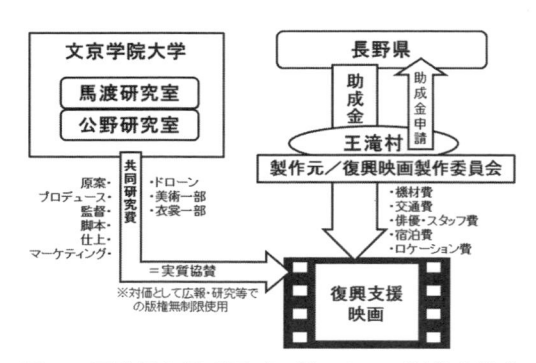

図6　王滝村復興映画プロジェクト／制作費構造

・製作／天狗映画製作委員会

・制作・配給／公野研究室

・宣伝／馬渡研究室

・上映時間／90分予定

・公開年／2018年予定

・ジャンル／実写・時代劇

　最大の観光資源であった活火山の噴火によって観光動員数の急激な低下を起こした，人口減の危機にある地方自治体よりの依頼によって2016年に撮影した，劇場用映画である。火山以外の，山地としての観光資源を活かすため，内容を時代劇とし，トレンドである2.5次元ミュージカル俳優をメインキャストに配した作品だ。

　長野県木曽郡王滝村は2015年の国勢調査では，1970年には2,000人を超えていた人口が839人と半分以下となっており，さらに2017年5月1日の推計人口は786人とされていて，人口減の加速に歯止めのかかっていない状況である。これは2014年9月27日に7年ぶりに噴火した御嶽山のために起きている事態だ。この災害は山頂辺りにいた登山客を噴火に巻き込み，雲仙普賢岳の火砕流（1991年）による犠牲者数[13]を超えた上，現在も遺体の戻っていない犠牲者もおり，活火山への登山そのものに対する現地自治体の責任を問う事態にまで発展している。

　同時に当地は役小角[14]を縁起とする修験道等の聖地でもあり，村から登山道に至る土地は登山や修行のための宿泊施設銀座となっている。また冬季はスキーリゾートとして有名であり，かつては全国より多くの観光客が来地していたのだが，

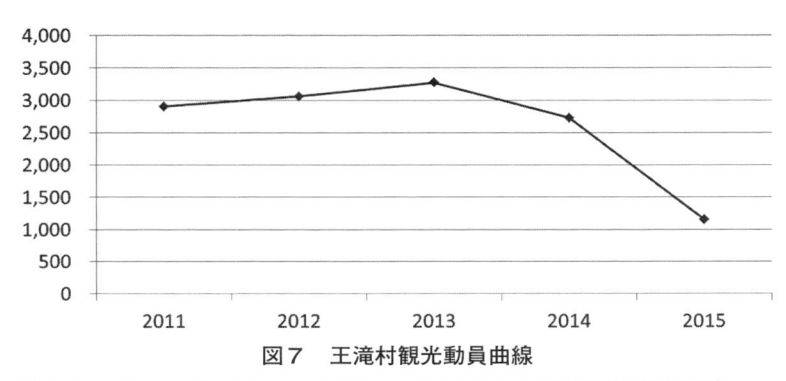

図7　王滝村観光動員曲線

出典：http://www.vill.otaki.nagano.jp/aboutus/data004.html（2017年6月30日閲覧）

1993年のスキー場入場客67万人をピークに，現在は年間約1,000人ほどしか来地しない村となってしまっている（図7）。

　赤字自治体であり，県からは助成金が交付されているのだが，現在でも噴火のリスクがあり，また先の災害への対応が収束していないこともあって，最大の観光資源であった御嶽山をポジティヴに宣伝することが不可能な状態にあった。そんな中，地域の独自性を失うことを惜しむNPO法人のスタッフから大学へブランディングの依頼があり，「映画製作によって既存の風土資産を活用し，さらに現地の新しい魅力を創出する」ということを目的にプロジェクトは稼働することになった。

　先述の通り，地域振興の名の下に行われる映画製作は多数あったが，「映画を撮った」「良い作品だった」程度の成果で完了するケースがほとんどであったと言える。助成金を無駄に使い，中央の製作者と地元の人だけが参加して満足することに，感情的な達成感はあっても，観光への貢献は極めて薄かったと言える。

　そのため実写映画でありながらも，アニメーション的なマーチャンダイジングによる展開――地元の商品にラベリングしていくこと等を目論もう――ということで，観光土産にはお馴染みのステイショナリー等グッズや，名産品のラベルに相性の良い，アニメーション的2次元キャラクターを描き起こすことを撮影前に行った（図8および9）。これは『らき☆すた≒おん☆すて』の経験により，グッズ販売にはアニメーション的2次元キャラクターに定評があったためである。本来であれば研究室で先行作成した原作や当該キャラクターに対して，そのままアニメーションによる映像化を行いたいという意見もあったが，アニメーションには極めて高額な製作費が必要なため断念せざるを得ず，研究室が保有する機材群――4K規格のドローンキャメラや HD-Cam の機材で実写対応することとなった。さらにアニメーションコンテンツの二次創作として近年，高い人気を得ているアニメライブ（2.5次元コンテンツ）の俳優群をキャスティングすることで，アニメーション市場・舞台市場の顧客層を想定に入れることも視野に入れた。

　内容的には歴史と山岳地帯や滝の名勝地であることをベースとして，「サムライ」「忍者」および「美形俳優」の登場するコンテンツにして欲しいという村民からのインタビュー結果を得，それに合わせて脚本やキャラクターを造形していくことになった。

　「サムライ」「美形俳優」の包括的解決策として「新選組」「奇兵隊」等，歴史上の英雄群を登場させる空想的な設定を策定，「忍者」の殺陣は日光江戸村の専

図8

図9

コンテンツを資源とした地域振興の可能性　33

門スタッフに監修を依頼した。また現地風景とフィジカルな魅力のコラボレーションとして美形俳優の滝行シーンの要請を受け，シーンは追加された。

助成金は約320万，2研究室の共同研究費が80万と，製作費は合計400万程度なのだが，これは劇場用映画『るろうに剣心』シリーズ[18]の2・3作目の公称の各製作費は15億円[19]であり，実質対比で375分の1の予算である。そのため要請を受けてもできることに可否はあり，これがこのケース反省点ともなった。「地域再生」「ボランティア」という，ある種の義憤によりスタートしていたプロジェクトだったにもかかわらず，地域からのオーダーが増加した結果，現場での対応に限界が出てしまった上，最終的には研究者やボランティアスタッフたち主体の製作チームが地方自治体より業者的扱いを受けるに至ってしまった。

先述の映画『Blue Symphony』の唐津市などは映画制作に際し，制作チームのアテンドをとても丁寧に対応してくれていた。撮影当時，「顎（食費）・足（交通費）・枕（宿泊費）」と呼ばれる経費は製作費に含まれずに現地の経費として計上されていた為に，その点での過不足は全くなく，さらに人物の取材依頼や特定場所での撮影許可も全て市役所が手配し，処理をしてくれていた。ところが当作品の場合は，自治体がコンテンツ事業に不慣れな故か，撮影にまつわるあらゆる許諾取得や撮影現場の下見・保全，宿泊・飲食等の現地での手配を中央側のスタッフがやる必要があった。村所有のロケーション移動用のマイクロバスの拠出は実に大きな支援であったが，エキストラの告知依頼までを含めて，ほぼ中央のスタッフが行う事となってしまい，後の宣伝で重要な資源となる，現地一般市民からの協力はほぼ得られなかったという結果に終わった。

本来は非常に効率の良い，アクロバティックな現場を組成していたものであるが，研究室スタッフ等，コストのかからない未慣熟なスタッフを中心とした組成となっていたため，上記のような事情によって早期に疲弊してしまう事態となり，やがてスタッフが「地域振興」という本来的な目的を失う，という事態にもなってしまっていた。

当プロジェクトは中央でクラシカルパート[20]の開発を行い，地域の資本（＋研究費）で作り，中央でメディア展開する，というコンテンツモデルとなったが，先の説明であったように現在は展開準備中の作品であり，その結果はまたの機会に報告したいと考えている。

３．収益性

表２　2015年時点での回収率

	B S	らき☆すて	地域発アプリ	天狗判官
原　価（円）	7,000,000	48,200,000	76,000,000	4,000,000
回収率（%）	–	67	18	–
動員等	324,000	7,550	1,104	
数値特性	昨年度との動員差	動員(4,800人)＋無料現地イベント動員数	DL数	
原価属性	地域振興コスト(総務省)	製作委員会資本	官民ファンド資本	地域振興コスト(県)
動員/Cost	22	6,384	68,841	(2017年現在・未執行)

　前掲のどのコンテンツ事業も，“地域振興”を掲げているとはいえ，実際には地域も異なれば人口・情報密度も異なり，事業規模や主催組織の練度，またコンテンツの種類も異なり，さらに報告される成果の計測方法もまちまちであることから，単純な比較は困難である。

　その辺りの指標をどのように作るかというのが今後の研究課題なのだが，本稿では関係企業および自治体等の公式発表の数値を基として，事業費用を動員数値で割るコストパーモビライゼーション（cost per mobilization，以下 CPM）——つまり動員１人当たりの事業費——を出してみた。

　最初の映画『Blue Symphony』は，予算が700万であるが，公開年の唐津市の観光動員数は32万4,000人増えている。これは決して映画の影響だけではないと思われるが，とにかく大きく増えた。CPM は低い方が良いわけだが，『Blue Symphony』は CPM が22円となる。

　ミュージカル『らき☆すて』は総動員7,550人（実際の本興行と無料イベントの動員を合算したもの）である。CPM は6,384円。

　某県官民ファンドについては，投資したコンテンツの一つであるアプリを俎上に載せよう。そうすると CPM は６万8,841円。

　最後の映画『天狗判官』は本年度末よりセールスを開始するため，CPM はまだ出せない。

　本来は他のコンテンツケースも増やさなければ，比較し難いが，一旦，本稿でCPM によって比較した場合，映画『Blue Symphony』はかなり効率が良いこと

が見て取れる。

4. 地域発コンテンツ検証

　改めて各モデルを検証しよう。
　先ず『中央→地域納品型』の成果はどうだったか。これは，コンテンツは作品的には非常に高く評価されたが，結果的に初年度以降，地域でコンテンツを運用するプロデューサーが存在せず，コンテンツの保温と地域への活性化へ繋げることが停止してしまった。新潟のガタケット[21]のように，現地に根差してコンテンツやビジネス，ネットワークをプロデュースしていく人材は，地域発コンテンツには不可欠である。
　『投資による自助支援型』は難しい結果となった。コンテンツビジネスに習熟しない者が事業のハンドリングを取る場合，どうしてもビジネス計画が軽視されてしまい，多くの事業申請者からは「いい作品ができるのだから良いだろう」「芸術なんだからカネを出す人間は口を出すな」というような意見が散発され，さらに「エグジット[22]をどう想定するのか」「版権償却をどう処理するのか」といった，実業として当然の質問に答えられないケースも多くあり，その地域のビジネス練度の引き上げを最大の課題とせざるを得ない結果となった。
　次に『地域×中央連動型』。これは，ほぼ成功と言える。ただし，『らき☆すた』の新作アニメーションが作られていない現在にあって，「その代わりに廉価な舞台コンテンツにより保温する」というようにコンテンツビジネスを継続しなければいけないのだが，舞台等の二次・三次コンテンツの続作が無い以上，地域はトレンドから離れていっているのが現状である。つまり，メディア等の展開が継続されなければ作品としてオワコン[23]化してしまうという弱点が露呈されているのが現状である。[24]

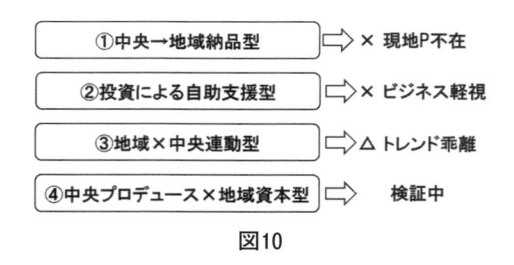

図10

最後に『中央プロデュース×地域資本型』。これは現在検証中ではあるが，強く感じているのは『中央→地域納品型』と同じ，「現地プロデューサーの不在」である。東京からメディア展開してマーケットを拡大しようと考えたとしても，地域に資源や資本がある以上，運用には限界がある。「地域自身の運用による地域からの発動」が無ければ，地域発コンテンツは『中央→地域納品型』と同様にトレンドダウンしてしまうのではないか。逆に振興目的ではなく，単に地域を素材として中央がコンテンツを作ったケースもあるが，双方のニーズと作品事業の[25]スタートアップの事情を共有することは重要と言える。

5．地域発コンテンツの理想モデル

地域振興のための基本的な要件は以下のものとなる。

a）地域からは観光資源を提供
b）地域からは人的資源を提供（コンテストで発掘された地域在住の漫画家等クリエイターや，そのコンテストを組成した事業プロデューサー等）
c）地域からは資本を提供
d）中央は，中央のメディアや制作力をフィルターとし，地域情報を発信（地域情報を映画等のコンテンツ化，中央のメディアへ搭載する）

　東京には大手メディアのヘッドオフィスが集まっている。さらに SNS 等のマーケティングに対する戦略も高度であり，一般市民の SNS に対する意識も高い。平成27年度の総務省の調査「通信利用動向調査の結果」によると，“インターネット利用者の割合を都道府県別にみると，首都圏を中心に利用者の割合が高く，茨城県，埼玉県，千葉県，東京都，神奈川県，石川県，静岡県，滋賀県，京都府，大阪府，福岡県，沖縄県の12都府県で，全国平均を上回っている”とある。[26]
　首都圏および大都市圏で書き込まれる件数が当然の如く多いわけだ。その観点から「情報拡散地としての中央」という場所は極めて優位性が高い。地域の資源を中央を経由させて，加工したり情報発信したりすることで，新規のエンドユーザーをバズ化，あるいは沈静化した市場を蘇生，実際の消費行動に結びつく「聖地への憧れ」という大衆意識に行き着く。さらに地域は「聖地」を整備し，「聖地」を憧憬させたコンテンツを現地で運用し続け，あるいはコンテンツを保温す

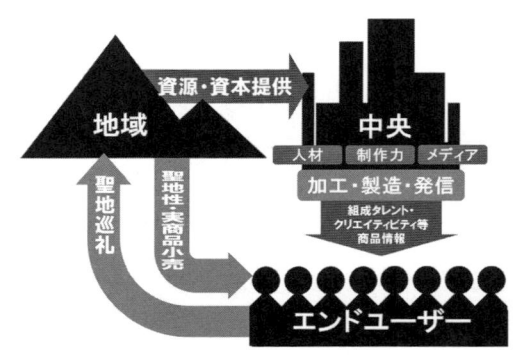

図11

るための事業の資本を負担する，という構造が理想である。

　この構造が完成すれば，地域の人材資源はそのまま地域に居住して活動を継続することが可能になり，やがて地域がコンテンツの発信そのものを行えるプロデュースのスキルや資本が蓄積されるはずだ。事業初期にはクリエイティブ人材等，クラシカルパートのほとんどを中央に依存するため，中央への版権的収益のシェアは必要とはなるが，最終的に観光動員を再生し，地域に収益をもたらす存在となるのではないかと見る。

　このスタイルが実現していくことの傍証として，近年，地域在住の漫画家や原作者が非常に増えていることが挙げられる⁽²⁷⁾。筆者は現在も多くの出版社と映像化・舞台化の話をするが，北海道や九州，東北に在住する作家は多く，デジタルによる大容量で高解像度のデータの遣り取りや，Skype 等の映像双方向通信が遠距離であっても細密な打ち合わせを可能にしている。かつての「中央でなければできない」というような関係構造が，極めて変質している現実に気付く。

　かつてはあり得なかった地域の可能性はその一点に集約されるだろう。やがては「地域に才能を在地させて，そのまま中央へ出力・供給する」——そういう時代になると考えている。

注
（１）　KADOKAWA の雑誌にて連載している漫画作品。2004年より連載。
（２）　フジテレビ深夜のノイタミナ枠等で放送された日本のテレビアニメ作品。2011
　　年に放送。

（3）　島田洋七の小説。2006年に映画を公開。

（4）　有限責任事業組合の意。

（5）　フランスとイタリアの合作映画。1988年に公開。

（6）　漫画，ゲーム等の作品を題材にアニメ作品として制作，公開すること。

（7）　日本のアニメ制作会社。

（8）　2012年に設立したコンテンツ制作会社。

（9）　東京ドームを運営する会社。

（10）　「聖地巡礼，ゆかりの地訪ねる…『作品世界』追体験し没入感　読売オンライン」。
https://yomidr.yomiuri.co.jp/article/20161228-OYTET50025/（2017年10月19日閲覧）。

（11）　埼玉県に所在する神社。作中では「鷹宮神社」として登場している。

（12）　東京ドームシティアトラクションズ内にある屋内劇場。

（13）　死者44名（行方不明者３名を含む）「雲仙普賢岳噴火災害数値データ　島原市
公式ホームページ」http://www.city.shimabara.lg.jp/page2235.html（2017年10月19
日閲覧）。

（14）　飛鳥時代から奈良時代の呪術者。修験道の祖とされている。

（15）　遠隔操作や自動制御によって飛行し，上空から撮影することができる無人航空機。

（16）　HDTV（高精細度テレビジョン放送）向けの撮影用ビデオテープ。

（17）　ライトノベル，漫画，アニメ，ゲームなどを世界観をそのままに舞台化したコ
ンテンツ。

（18）　週刊少年ジャンプ（集英社刊）に掲載されていた『るろうに剣心―明治剣客浪
漫譚―』を原作とした日本の実写映画シリーズ。製作・配給はワーナー・ブラザー
ス映画。第１作『るろうに剣心』は2012年に公開，第２作『るろうに剣心　京都大
火編』，第３作『るろうに剣心　伝説の最期編』は2014年に連続公開された。

（19）　発表数字は〝２作合計30億円〟というもの。

（20）　原作・原案やプロデュース，脚本，演出等の企画部分。

（21）　新潟市で開催される同人誌即売会。正式名称は「新潟コミックマーケット」。

（22）　創業時に投資された資金を，上場後の株式売却益や株式そのものを売却して回
収すること等の最終的な投資事業の処理のこと。

（23）　話題性が薄れ，流行遅れになったこと，および時代に合わなくなったこと。

（24）　ただし原作漫画の掲載は2017年の現時点まで継続している。

（25）　『あの日見た花の名前を僕達はまだ知らない。』2011年のTVアニメーション作品。
埼玉県秩父市がロケーションに設定された作品であり，地域発イベントの実施等，
地域から中央への協力要請は積極的に行われたが，内容的に中央で続作を作ったり，
クリエイターの心情的に継続して周辺事業の監修を行ったりという事が困難であり，
むしろ一度完了した作品に中央は積極的ではないというケース。

（26）　『平成27年通信利用動向調査の結果』http://www.soumu.go.jp/johotsusintokei/
statistics/data/160722_1.pdf（2016年７月22日掲載，2017年10月19日閲覧）。

（27）　株式会社そだてる　まんが事業部／http://manga.jp.net/matome/gotouchi-manga/
（2017年10月19日閲覧）。

新潟におけるマンガ・アニメ事業の現状考察
——地方からの挑戦

坂　田　文　彦（「新潟市マンガ・アニメ情報館」館長,「ガタケット」事務局代表）

1. はじめに

　新潟におけるマンガ・アニメ事業は，2011年に開催されたマンガ・アニメの祭典「がたふぇす」や，2013年5月の「新潟市マンガ・アニメ情報館」開館を機として新たな転換点を迎え，ようやく産学官一体での連携的な事業展開への足がかりを得ようとしているように感じる。

　その要素としては，
① 同人誌展示即売会「ガタケット」
② 日本初の行政主催によるマンガコンテストとなる「にいがたマンガ大賞」
③ 「JAM 日本アニメ・マンガ専門学校」
④ プラモデルニッパー販促用擬人化キャラクター「ニパ子」
⑤ VR 等のデジタルコンテツを手掛ける株式会社シーエスレポーターズ
⑥ 東映系シネコン「T・ジョイ万代」のアニメ映画上映に特化した取り組み
⑦ 新潟大学人文学部によるアニメーションアーカイブへの取り組み
⑧ 新潟市内にある，IG 新潟や，マジックバス，スノーライトスタッフ，新潟アニメーションといったアニメーションスタジオ

が挙げられるが，さらに近年の取り組みとして，
⑨ 行政主導による若手マンガ家育成のための「マンガシェアハウス」の開設

⑩　民間の新潟まんが事業協同組合「ガタまん」
の設立も欠かせない事業である。

　これらの要素が，少子高齢化という避けがたい社会構造の深刻な転換点の中で，新たな企業連携型プロジェクト・地元マスメディアとの連携といった形で，新たな地域の文化事業創造の萌芽点となっている。今回はこの点について若干の考察を加えて報告する。

　なお，本稿は執筆者がガタケット事務局代表という立ち位置におり，その目線を基軸とした記述であることをご容赦頂きたい。

2．「ガタケット」から始まる新潟のマンガ・アニメ事業の黎明

　新潟におけるマンガ・アニメ事業の黎明期を考察するにあたって，同人誌展示即売会「ガタケット」の存在を無視することはできない。同人誌展示即売会とは，アマチュアやセミプロひいてはプロのマンガ家・アニメーター・ゲームデザイナー・小説家が，自費出版の同人誌を持ち寄り展示・頒布するイベントである。

　第1回の「ガタケット」は1983年に参加サークル（出展者）50，総入場者300人の規模で開催されている。

　同人誌展示即売会としては「コミケット」に続く歴史をもつ「ガタケット」の継続的な事業展開がもたらした経験，知識，そしてマンガ業界との繋がりが，後に新潟での行政主導型のマンガ・アニメ事業において，支援事業体としての役割や，民間企業との繋ぎ役を担っていくこととなる。

3．「にいがたマンガ大賞」という画期的試みと官民連携事業の萌芽

　1998年に開始された「にいがたマンガ大賞」は，①様々な作品ジャンル・出版社を含む審査員を迎え入れたこと，②地方自治体が行う "マンガコンテスト" であることにおいて，日本初の画期的な試みであった。第4回からは，新潟市に加え，ガタケット事務局（以下ガタケット）と，後述する JAM 日本アニメ・マンガ専門学校の三者による主催となり，これが後々の様々な産学官連携事業の礎となっていく。また本事業を通じ，出版各社との関係構築という副次的効果もあり，これはその後の新潟市のマンガ・アニメ産学官連携事業遂行にあたっての大きな財産となっていく。

4．JAM 日本アニメ・マンガ専門学校の地方における先駆性

　マンガ・アニメ専門学校といえば大都市圏の特殊な専門学校といった認識が一般的だった時代，2000年に「JAM 日本アニメ・マンガ専門学校」（以下 JAM）が開校した。先行していた大都市圏の各専門学校のカリキュラムを徹底的に研究・調査した上での魅力あるカリキュラム，現役マンガ家・現役アニメーターといった実力ある講師による教育により，後に多くのプロ作家を輩出していくとともに，JAM 独自の出版社・アニメ制作会社・声優プロダクションとの関係構築がなされることになる。また，前述のように「にいがたマンガ大賞」の主催にも加わる等，その後の新潟におけるマンガ・アニメ産学官連携事業の核の一つとなっていく。また，ガタケットは，開校準備当初アドバイザー的役割を担っていた経緯から，JAM ならびに JAM の母体である地元専門学校群を擁する NSG グループとの協力関係が強化され，これが，民間レベルでのマンガ・アニメ連携事業の土台の一つとなる。

5．「T・ジョイ万代」の挑戦的な試み

　多くの地方都市と同様に，新潟の映画館は郊外型大型ショッピングセンター内の大手シネコンに取って代わっていった。唯一新潟市の中心街に位置する「T・ジョイ万代」は，独自の方針で，アニメ映画に特化した上映プログラムを組んでいる。新潟で放映されていないアニメ作品でも躊躇することなく上映するスタイルは，後に開館する「新潟市マンガ・アニメ情報館」での作品展示の方向性に影響を与えている。

6．少子高齢社会の到来，及び，新潟県中越地震・リーマンショック・東日本大震災という転換点

　右肩上がりの成長・発展をとげていたマンガ・アニメ業界でも，2000年頃をそのピークとし，以降は少子高齢化の影響が顕在化している。2008年のリーマンショックは最初の大きな転換点であり，業界全体では大きく売上を落とすこととなった。更に新潟においては，その4年前の2004年に発生した新潟県中越地震の経

済的ダメージから立ち直ることが叶わない状況下であったため，典型的な地元密着の"ローカルコンテンツ"ともいえるガタケットは参加者数を大幅に減らすことになった。前述の少子高齢化の影響もあいまって，以後ガタケットは長期に渡り，参加者減少に対する打開策を追求し続けることとなる。

参加者減少の打開策が産み出したもの・失ったもの

それまでの同人誌の描き手・読み手のみを対象にした事業展開では，新たな需要（参加者）を生むことには限界があると考え，ガタケットは新たな参加者への訴求手段の一つとして，ガタケット開催時の併催イベントとして「アニソンライブ」・「アニメ声優トークライブ」・「マンガ原画展」という試みを開始した。これらの試みは，結果として，後の「がたふぇす」や「新潟市マンガ・アニメ情報館」運営に必要とされるノウハウの大きな集積となった。

一方，2011年は日本初・日本最大級のコスプレ専用スタジオ「ガタケットコスプレパーク」を開設し，後に数多くのフォロワーを生むこととなったが，折しもその開設時に，東日本大震災という災禍が直撃した。全国の景況感が急激に悪化し，新潟県中越地震・リーマンショックの経済的ダメージから立ち直っていない新潟において，以後，ガタケットは，急速に事業運営に困難をきたすことになる。

7．地元企業の新たな挑戦

ガタケットや専門学校といった既存の事業体が前述の荒波に揉まれ対応策を模索している中で，地元企業による新たな挑戦が生まれている。

燕市のニッパー製造企業・株式会社ゴッドハンドは，高性能プラモデル用ニッパー「アルティメットニッパー」を開発した。その販促展開の一環として2013年に誕生したイメージキャラクター「ニパ子」は，『MAGCOMI』で連載が開始される等，地域発のコンテンツキャラクターとしては稀なレベルの全国的な知名度を得るに至り，「アルティメットニッパー」の売上も2013年度の7,400万円から2017年度には5億2,000万円と飛躍的に向上している。

また，株式会社シーエスレポーターズはVRやARといった最新のデジタルコンテンツの開発を武器として，大手アニメ制作会社の作品を手掛けている。

新潟市内には，IG新潟や，マジックバス，スノーライトスタッフ，新潟アニメーションといったアニメーションスタジオが存在する。これは，新潟市のマン

ガ・アニメ事業の足腰の強さにも繋がっている。

8. アーカイブ事業，マンガ家育成・補助のための事業への取り組み

　近年，新潟大学人文学部によって，アニメーションアーカイブへの取り組みがなされている。

　また，行政主導による若手マンガ家育成のための「マンガシェアハウス」が開設され，更に民間では，新潟まんが事業協同組合「ガタまん」が設立されている。

　これらは，マンガ・アニメ事業をより広い範囲で捉え，後世への文化保存，後進の育成を見据えたものである。

9. 「がたふぇす」をきっかけとした産学官連携事業発展への手掛かり

　2011年に新潟市・JAM・ガタケットを主催としたマンガ・アニメの祭典「がたふぇす」が開催された。限られた予算の中で最大限の効果を発揮するよう腐心しているが，ここで大きな追い風となったのは，ガタケットやJAM，「にいがたマンガ大賞」で培ってきたノウハウと，大手出版社・アニメ制作会社等の"コンテンツホルダー"との良好な関係であった。その催事内容も年々充実の一途を辿り，順調に来場者を増やしている。

　本事業が新潟のマンガ・アニメ事業にもたらした最も重要な効果は，これまで個別に事業を行っていた各事業体が，本事業を通じ，徐々にその連携が強化されていった点にあるだろう。上記各章に掲げたほぼ総ての事業体が，何らかの形で「がたふぇす」と関わっており，新潟における産学官マンガ・アニメ事業発展への手掛かりを確実に手に入れつつある。

10. 連携事業の拠点「新潟市マンガ・アニメ情報館」・「新潟市マンガの家」

　2013年に新潟市の公的施設として開館した「新潟市マンガ・アニメ情報館」・「新潟市マンガの家」は，地元ゆかりの作家紹介を含めた常設展示コーナーや，日々行われている「マンガの描き方講座」に加え，両施設合計で年間10回以上の各種

の企画展を行っている。その内容は多岐にわたり，それまでは東京・大阪といった巨大都市でしか開催されなかった最新アニメ作品の企画展を行うのみならず，自主企画展であった「ハイキュー!! アニメ原画展」では，これまで試みられたことのない新たな手法によるアニメ複製原画展を開催するなど，意欲的な活動を精力的に行っている。これらの意欲的な企画展が展開できるのは，指定管理業者として企画展示業務の主幹を担っているガタケットの長年のノウハウの集積や，これまでの地元における連携事業で培ってきた，アニメ・マンガ業界での幅広い繋がり・協力体制が結実した，という"果実"のためであると思う。

　常時展開されている本事業は，今後の新潟におけるマンガ・アニメ産学官連携事業の拠点としての役割や，マンガ・アニメ作品アーカイブの調査・研究にむけた拠点としての機能も期待されるところである。

11.　まとめ

　新潟におけるマンガ・アニメ事業は，ローカルコンテンツ事業の典型事例といえる「ガタケット」という地道な活動から，徐々にその広がりをみせ，2011年からの新潟市でのマンガ・アニメの祭典「がたふぇす」や，2013年５月の「新潟市マンガ・アニメ情報館」開館を機としてさらに新たな一歩を踏み出し，産学官一体でのより一層の事業展開への足がかりとなりつつある。

　本稿の執筆者自身の立ち位置故に若干手前味噌な感じになるのはご容赦頂きたいが，これまで述べてきた新潟でのマンガ・アニメ事業の歴史を振り返ると，地域発のローカルコンテンツ事業においては，「ガタケット」のような地道かつ継続的な草の根的活動が大きな下支えとなり得ることを示唆しているように思う。

　新潟での産学官一体でのマンガ・アニメ事業展開は，少子高齢化という避けがたく深刻な社会構造の転換の中で，新たな企業連携型プロジェクトのもと，地元マスメディアとの連携も含めながら，さらなる地域の文化事業創造の端緒となっていくことだろう。

地域の危機と文化

古　賀　　　豊（新潟大学人文学部）

　本稿は，2017年度日本マス・コミュニケーション学会春季大会でのシンポジウム「新潟のメディア文化——ローカル・コンテンツの危機と可能性」に関連して書かれたものである。

　新潟のメディア文化・地域文化の詳細については，ほかの論者の方からの論考が用意されていることから，本稿では，巨視的な視点から，地域がおかれている状況を確認しておくことにしたい。

1．はじめに　地域の危機と文化

　まず，はじめに，「市長への手紙」として，新潟市公式 WEB ページに載せられた「AKB48グループ NGT48に対して」（新潟市 2015）と題した文章を紹介することにしたい。

　この文章には，若者向け商業娯楽と考えられる対象に対して行政の積極的な取り組みを要求する50代の投稿者と，その回答にある「マンガ・アニメをはじめ，水と土の暮らし文化や音楽・踊りなどの独自文化を生かした地域の活性化」「交流人口の拡大や地域経済の活性化に資するもの」といった文言に，今日の地域と文化の現状が，典型的に反映されているように思われる。

　今日では，高級文化，大衆文化（商業的娯楽）を問わず，さらには，文化的なものにとどまらず，あらゆるものが，「地域の活性化」や「地域再生」の手段としてみなされる傾向があるように思われる（地域と芸術文化との関係に関しては，藤田直哉ほか 2016；熊倉純子 2014に，興味深い事例が紹介されている）。

19. AKB48グループ NGT48に対して

更新日：2015年3月5日

受付日：平成27年1月27日（火曜）　年齢：50代

ご意見・ご提案

　NGT48発足に対して，盛り上がりない県民性だけど大丈夫？などの意見があり，非常に悔しい思いです。

　新潟だからと言われないように，また新潟の活性化の為に，市も応援，宣伝していただきたいです。

回答

　NGT48発足報道についてご意見をいただきました。

　本市では，これまで，マンガ・アニメをはじめ，水と土の暮らし文化や音楽・踊りなどの独自文化を生かした地域の活性化に積極的に取り組んでまいりました。

　これらの取り組みが評価されて2015年の東アジア文化都市に選定されましたので，年間を通じてさまざまな文化イベントを展開し，国内外に向けて本市の魅力を発信してまいります。

　このような状況の中で，AKB48グループの姉妹グループが本州日本海側で初めて本市を拠点に発足するという報道については，交流人口の拡大や地域経済の活性化に資するものと期待しております。

　本市としましても，今後の動向に注視していきたいと考えております。

回答日：平成27年2月4日（水曜）
担当課：文化政策課

　一方，このような「地域の活性化」「地域再生」といった言葉がさかんに語られる裏側には，現在の地域が危機的な状況にあるという認識が存在している。

　地域の危機として，まず考えられるのが，少子高齢化と，その帰結としての人口減少であろう。消滅可能性自治体を具体的に指摘したことで話題を集めた『地方消滅』（増田寛也 2014）を例にあげるまでもなく，経済，文化，政治，生活の

あらゆる領域の根底にある危機として，人口の問題がある。

　そこで，以下では，この人口の問題を，年齢構造，および，地域間関係に焦点をあてて，定量的に，その実態を見ていくことにしたい。以下に述べることは，おそらくは，すでに多くの読者が体感的には感じ取っていることであろうが，ここで定量的な分析を行うことにより，これまで明確には見えてこなかった知見を記すことができればと考えている。

　なお，以下の分析で用いたデータは，「平成27年国勢調査」のものであり，総務省統計局の e-Stat（http://www.e-stat.go.jp）から取得したものである。

２．年齢構造から見る地域の危機

　まず，少子高齢化——年齢構造の状況を，見ておくことにする。

２−１　年齢構造に関わる概念：年齢構造指数

「年齢構造指数」は，次のように定義されている（総務省統計局 2017）。

・年少人口指数　＝　年少人口÷生産年齢人口×100
・老年人口指数　＝　老年人口÷生産年齢人口×100
・従属人口指数　＝　（年少人口＋老年人口）÷生産年齢人口×100
・老年化指数　＝　老年人口÷年少人口×100

「年少人口」，「生産年齢人口」，「老年人口」は，次のように定義される。

・年少人口：　　　　0〜14歳の人口
・生産年齢人口：15〜64歳の人口
・老年人口：　　　65歳以上の人口

　これを見てわかるとおり，（総）人口は，年少人口，老年人口，生産年齢人口を合計したものであり，従属人口は，（総）人口から生産年齢人口を減じたものとなる。

　各指数は，（100を乗じてあるのを除いて考えると）正の整数を正の整数で除した値であり，つまり，下限は0で上限は無限であるため，その分布は正に歪む傾向にあることが予期される。

　そのため，以下の分析で用いる各指数は，すべて，100を乗じない値を対数変換したものを用いている。（統計学の用語で言えば，これらの指数はオッズと同じ性質を持つものと考えられ，対数変換した値は，ロジットにあたるものと考えられる。）

また，生産年齢人口とはいわゆる就業可能年齢の人々の数を指し，年少人口とは社会人になる前の学童・生徒を，老年人口とは定年退職した者を，それぞれ指すものと考えられる。が，今日の高校・大学等への進学率を考慮すると（『平成28年度文部科学白書』によれば，高等学校等への進学率は96.5％（p.143），大学，短大，高専，専門学校への進学率は80.8％（p.202）となっている），生産年齢人口を15歳以上とすることは，実態よりも生産年齢を過大に算出することになると思われることから，以下の分析では，年少人口と生産年齢人口の定義を，次のように変更して用いることにした。

　　・年少人口：　　　0〜19歳の人口
　　・生産年齢人口：20〜64歳の人口

２−２　人口と従属人口指数との関係

　ここで，人口と従属人口指数との関係を見ておく。

(1)　全国の都道府県の人口・従属人口指数

　人口を横軸に，従属人口指数を縦軸にとり，各都道府県を図示したものが，図1「全国の都道府県の人口・従属人口指数」である（横軸，縦軸とも対数表示であることに注意）。

　また，両変数の相関係数およびその p 値と有意水準（*＜0.05，**＜0.01，***＜0.001）を図の上部に，回帰分析を行った結果の予測値を太い灰色の直線で，上側・下側の95％予測区間をその上下の太い灰色の点線で，それぞれ示してある。なお，従属人口指数が1.0であるということは，生産年齢人口と従属人口が等しいことを意味するため，横軸が1.0のところを細い点線で示してある。

　これを見ると，人口と従属人口指数との間に負の相関が見られ，つまり，人口が増加するにつれて，従属人口の比率は減少，言い換えれば，生産年齢人口の比率が増加する傾向にあることがわかる。

　さらに，個別の都道府県に注目すれば，東京が95％予測区間のほぼ下限上に，沖縄が95％予測区間よりも下側に位置しており，これらの都道府県は，ほかに比べ，従属人口の比率は少なく，生産年齢人口の比率が多いことがわかる。一方，従属人口指数が1.0に近づいている都道府県（島根）もあり，これは，従属人口と生産年齢人口が同数に近づいていることを意味する。

　次に，地域内の人口と従属人口指数との関係を見てみる。

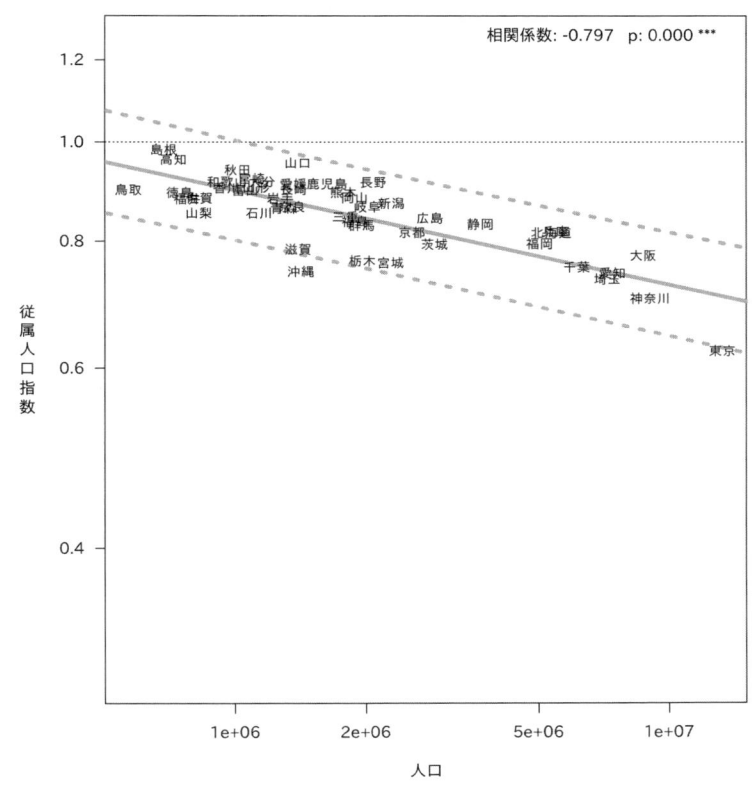

図1　全国の都道府県の人口・従属人口指数

(2)　新潟県内市区町村の人口・従属人口指数

　ここで，新潟県の事例を見てみる。

　新潟県内の人口2万人以上の市区町村を対象に，その人口と従属人口指数との関係を示したものが，図2「新潟県内市区町村の人口・従属人口指数」である（図の説明は，前述のとおりである）。

　これを見ると，全国の都道府県の場合と同じく，人口と従属人口指数との間に負の相関が見られ，人口が増加するにつれて，従属人口の比率は小さくなり，生産年齢人口の比率が大きくなる傾向にあることがわかる。

　一方，個別の市区町村を見ると，佐渡市が95％予測区間の上側に位置しており，従属人口指数の値も1.2を超えていることがわかる。また，佐渡市以外に，従属

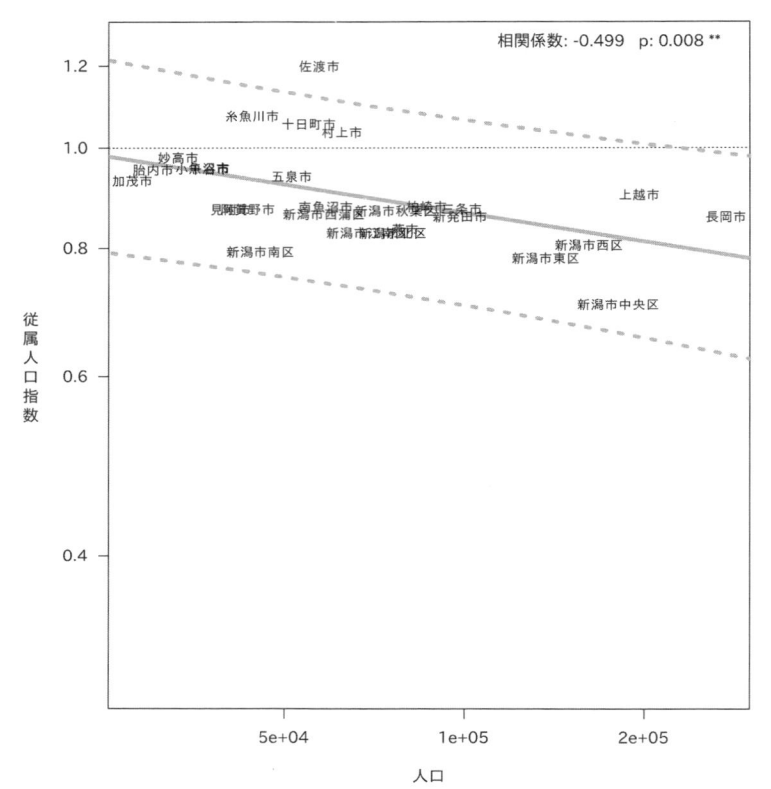

図２　新潟県内市区町村の人口・従属人口指数

人口指数が1.0を超えている市区町村が，３つ（糸魚川市，十日町市，村上市）あることがわかる。

(3) 大都市圏の市区町村の人口・従属人口指数

ここで，大都市圏の人口と従属人口指数との関係も見ておく。

東京都の人口５万人以上の市区町村を対象に，その人口と従属人口指数との関係を示したものが，図３「東京都内市区町村の人口・従属人口指数」である。

ここでも，全国の都道府県，および，新潟県の場合と同じく，人口と従属人口指数との間に負の相関が見られるが，その関係は弱くなっている。

また，新潟県と比べると，全体的に従属人口指数が低く，特に，95％予測区間よりも下に位置している中央区をはじめとして，従属人口指数が特別に低い市区

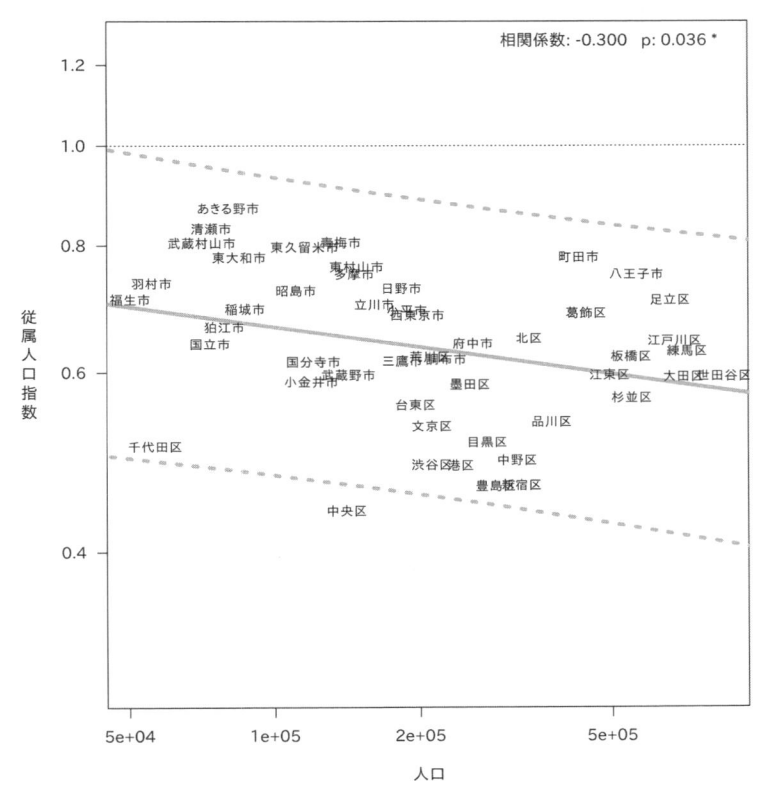

図3　東京都内市区町村の人口・従属人口指数

町村が存在していることがわかる。

2－3　年少人口指数と老年人口指数との関係

　従属人口は，年少人口と老年人口とに分けられるが，ここでは，その両者の関係について見ていく。

⑴　全国の都道府県の年少人口指数・老年人口指数

　年少人口指数を横軸に，老年人口指数を縦軸にとり，各都道府県を図示したものが，図4「全国の都道府県の年少人口指数・老年人口指数」である。

　図の説明は前節の場合とほぼ同様であるが，違いは図の左下から右上にかけて描かれている直線である。各都道府県が描かれた位置から原点に向かって直線を

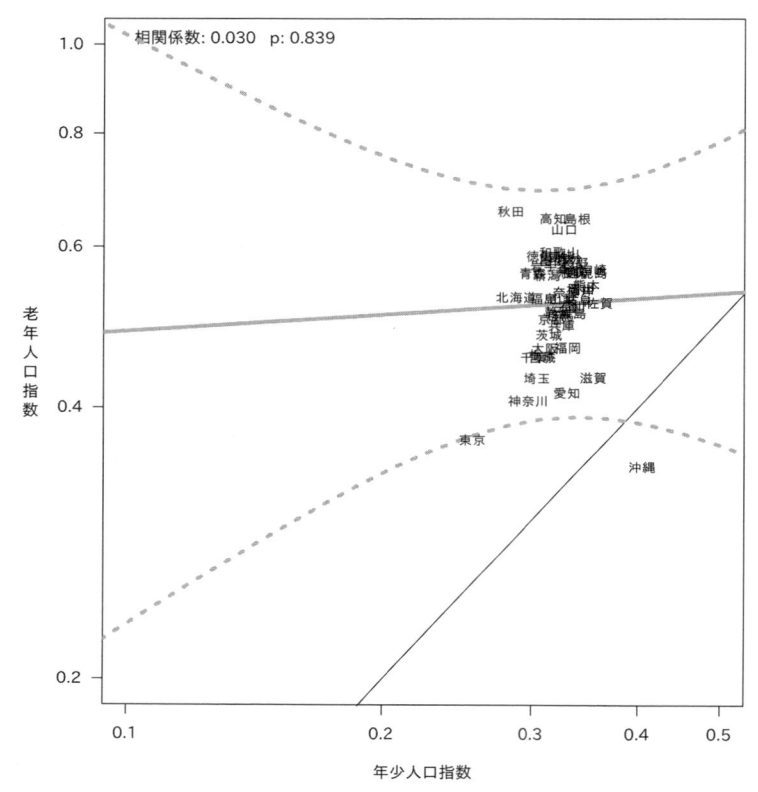

図4　全国の都道府県の年少人口指数・老年人口指数

　引くと仮定すると，その傾きが前述の老年化指数にあたる。図の左下から右上に描かれている細い直線は，原点からの傾きが1の直線，つまり，老年化指数が1であることを示す線であり，この直線よりも上に位置している場合は，年少人口よりも老年人口のほうが多いことを意味し，この直線よりも下に位置している場合は，年少人口よりも老年人口のほうが少ないことを意味する。

　この図を見ると，年少人口指数と老年人口指数との間の相関は見られない。年少人口指数のばらつきは小さく，どの都道府県も，それほど違いがないことがわかる。老年人口指数のばらつきは，年少人口指数よりも多少は大きいものの，ある一定の範囲に収まっている。

　個別に都道府県を見た場合，注目されるのは，沖縄である。つまり，沖縄だけ

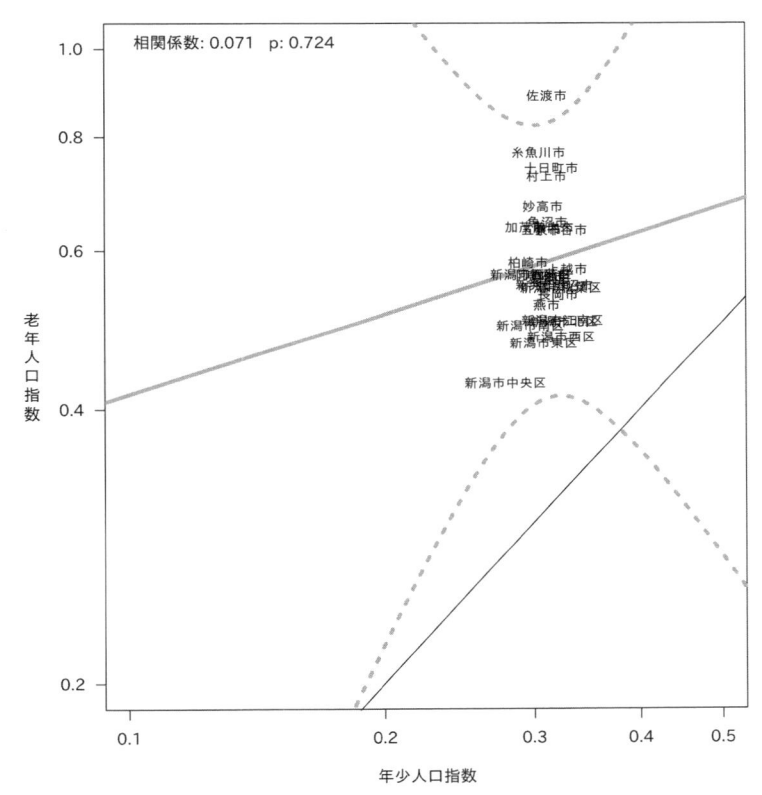

相関係数: 0.071 p: 0.724

図5　新潟県内市区町村の年少人口指数・老年人口指数

が，老年化指数1を表す直線の下に位置しており，これは，沖縄だけが，年少人口（本稿では20歳未満の人口）のほうが老年人口（65歳以上の人口）よりも多いことを示している。逆に言えば，沖縄以外は，すべて年少人口よりも老年人口のほうが多くなっている。

(2)　新潟県内市区町村の年少人口指数・老年人口指数

　新潟県内の市区町村（人口2万人以上）の年少人口指数と老年人口指数との関係を示したものが，図5「新潟県内市区町村の年少人口指数・老年人口指数」である（図の説明は，前述のとおりである）。

　これを見ると，ほぼ全国の都道府県の場合と同じような傾向である。ただし，全体的にやや老年人口指数が高い傾向にあり，老年化指数1を表す直線の下に位

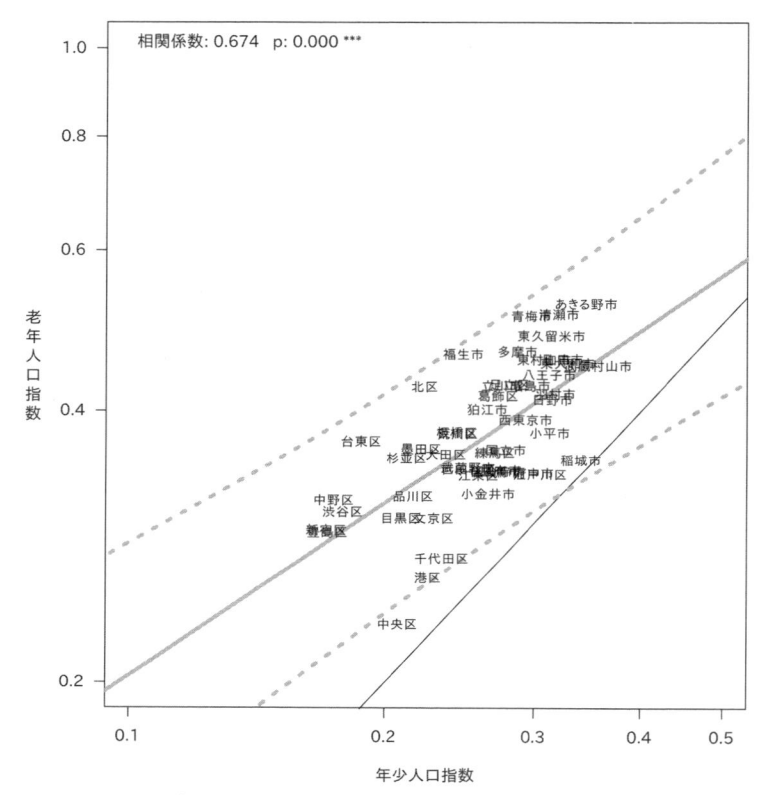

図6　東京都内市区町村の年少人口指数・老年人口指数

置する市区町村は存在しない一方で，95％予測区間の上に位置する市区町村（佐渡市）が存在する。

(3)　大都市圏の市区町村の年少人口指数・老年人口指数

　次に，大都市圏の代表として，東京都内市区町村の年少人口指数と老年人口指数との関係を見てみる（図6「東京都内市区町村の年少人口指数・老年人口指数」）。

　ここで興味深いのは，東京都の市区町村においては，年少人口指数と老年人口指数との間に，有意な正の相関が見られることである。また，図の左下，つまり，年少人口指数，老年人口指数とも小さいところには，都心の区が多く位置しており，右上，つまり，年少人口指数，老年人口指数とも大きいところには，郊外の市が多く位置していることがわかる。

３．人口移動から見る地域間および地域内「中心と周縁」構造

　ここまで，地域内部での人口構造について検討してきたが，ここでは地域間の関係を考えてみることにしたい。そこで，手がかりとするのは，人口移動である。結論を先んじて書いておけば，人口移動に，各地域の関係に潜む「中心と周縁」構造が，かなり明確に反映されている。

３−１　用語の検討と分析手法
(1)　用語の検討
　人口移動に関わる概念には，「定住人口」，「交流人口」，「夜間人口」，「昼間人口」といった語があるが，まず，最初にこれらの用語を整理しておく。

　国勢調査では，「常住地による人口（夜間人口）」，「従業地・通学地による人口（昼間人口）」という語が用いられている。これに表れているように，「定住人口」とは「常住地による人口」であり，これを「夜間人口」とも呼んでいる。また，「従業地・通学地による人口（昼間人口）」については，次の式で説明されている（総務省統計局 2010）。

　　Ａ市の昼間人口＝Ａ市の夜間人口−Ａ市からの流出人口＋Ａ市への流入人口

　ただし，「この昼間人口には，買物客などの非定常的な移動」は含まないとしている。一方，「交流人口」の説明としては「国内外からの旅行者や短期滞在者」（総務省 2015：139）とあり，以上をまとめると，次のように整理できる。
・定住人口＝常住地による人口＝夜間人口：いわゆる「人口」を指す
・従業地・通学地による人口＝昼間人口：定住人口から，通勤・通学により当該地域（常住地）外の場所に行く人口（流出人口）を減じて，通勤・通学により当該地域外から来る人口（流入人口）を加えたもの。ただし，買物や観光・旅行などの一時的な移動は含まない。
・交流人口：旅行などの一時的な人口移動も含むもの。
(2)　分析手法
　そこで，次のような方針で，分析を進めることにした。
　まず，「交流人口」を正確に把握することは難しいため，ここでは，国勢調査

にある「常住地による人口」と「従業地・通学地による人口」のデータを用いた。具体的には，流出人口を定住人口（夜間人口）で除したものを横軸に，流入人口を定住人口（夜間人口）で除したものを縦軸にとり，両者の関係の分析を行った。

　なお，流出人口が定住人口を超えることはないため，横軸は0から1の範囲にとどまるが，流入人口の上限はないため，縦軸の範囲は0以上無限大ということになり，分布が正の方向に歪むことが予期されることから，両者を対数変換した値を，相関係数の算出や回帰分析には用いている。

　なお，分析方法や図の説明としては，前章の場合とほぼ同様であるが，縦軸の値から横軸の値を減じたものが，定住人口を分母とした昼間人口の増分の比率を表し，これが正の場合は定住人口よりも昼間人口が多いことを意味し，これが負

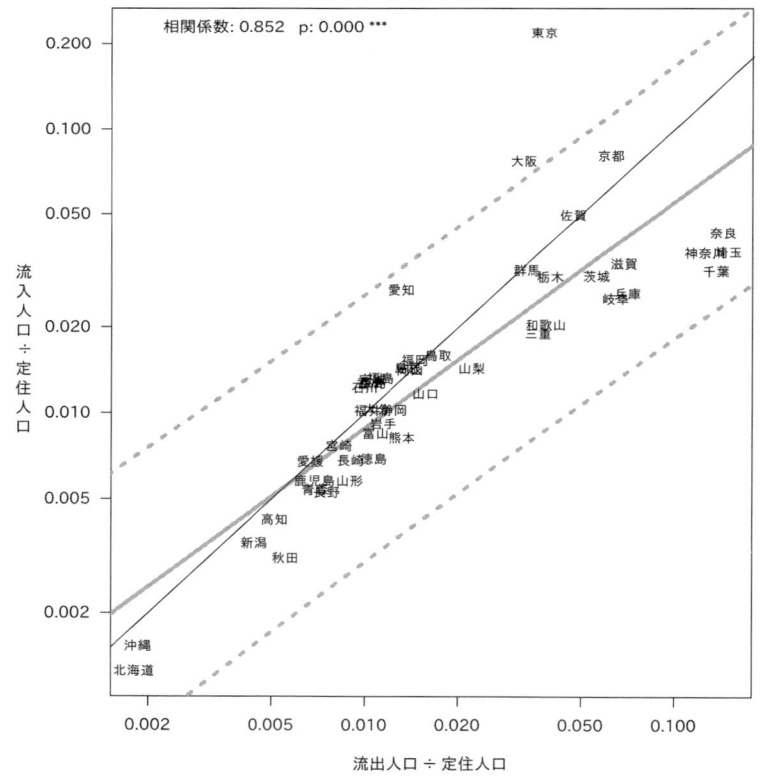

図7　全国の都道府県単位での人口移動

の場合は定住人口よりも昼間人口が少ないことを意味する。そのため，左下から右上への細い直線が縦軸の値から横軸の値を減じた値が0になることを表す線であり，つまり，これよりも上に位置する地域は定住人口よりも昼間人口が多いことを意味し，これよりも下に位置する地域は定住人口よりも昼間人口が少ないことを意味する。

３−２　全国の都道府県単位での人口移動

まず，全国の都道府県を単位とした人口移動の分析結果を示したものが，図7「全国の都道府県単位での人口移動」である。

この図から，都道府県単位では，流出人口と流入人口には，正の相関があることがわかる。

図の左下に位置するのは，都道府県を超えた流出・流入が少ない地域であるが，ここには，当然のことながら，沖縄県や北海道が並んでいる（前述の繰り返しになるが，ここでの流入・流出人口は，通勤・通学によるもののみであり，観光などでの人口移動は含まれていない）。

また，注目されるのは，東京都や大阪府であり，これらは，95％予測区間よりも上か，あるいは，その線上に位置している。これは，東京都や大阪府への流入人口が流出人口をかなり上回っていることを意味する。一方，細い直線をはさんだ位置には，奈良県，神奈川県，埼玉県，千葉県といった名前が見られ，これらは流入人口よりも，流出人口が多いことを意味している。

３−３　地域内部での「中心と周縁」構造：地方における市区町村間の人口移動

次に，都道府県単位ではなく，都道府県内の市区町村を単位とした人口移動の状況を見てみる。新潟の例を，図8「新潟県内市区町村間の人口移動」に示す。

これを見てわかるとおり，各市区町村間の移動コストが都道府県間のそれよりも低いことから，流出人口・流入人口の定住人口に占める比率は全体的に高まっているが，全体として見れば，佐渡市が沖縄県や北海道と同じ位置を占めているなど，全国での都道府県単位での状況が，ほぼそのまま再現されていることがわかる（なお，本章での図の横軸，縦軸の範囲は，それぞれ大きく異なっていることに注意）。

ここで興味深いのは，新潟市中央区が95％予測区間よりも上に位置しているこ

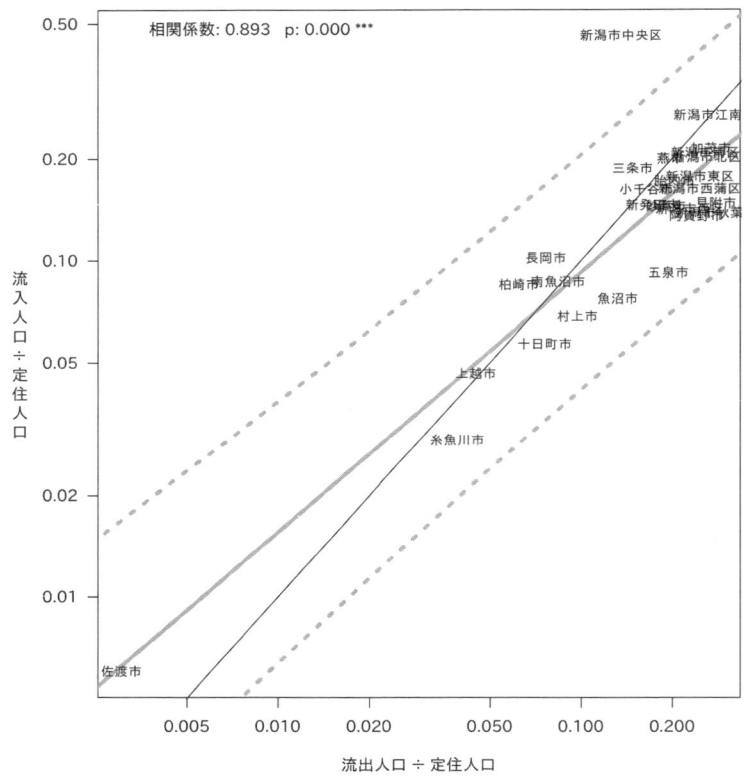

図8　新潟県内市区町村間の人口移動

　とである。つまり，全国で東京都が占める位置を，新潟県内では新潟市中央区が
占めていることになり，言い換えれば，全国の都道府県単位での「中心と周縁」
構造が，新潟県という地域内においても再現されているということができる。

3－4　地域内部での「中心と周縁」構造：大都市圏における市区町村間の人口移動

　最後に，大都市圏内での市区町村間の人口移動を見てみる。
　東京都内の市区町村間の人口移動を示したものが，図9「東京都内市区町村間
の人口移動」であり，大阪府内の市区町村の人口移動を示したものが，図10「大
阪府内市区町村の人口移動」である（なお，この図では，大阪府の5万人以上の市

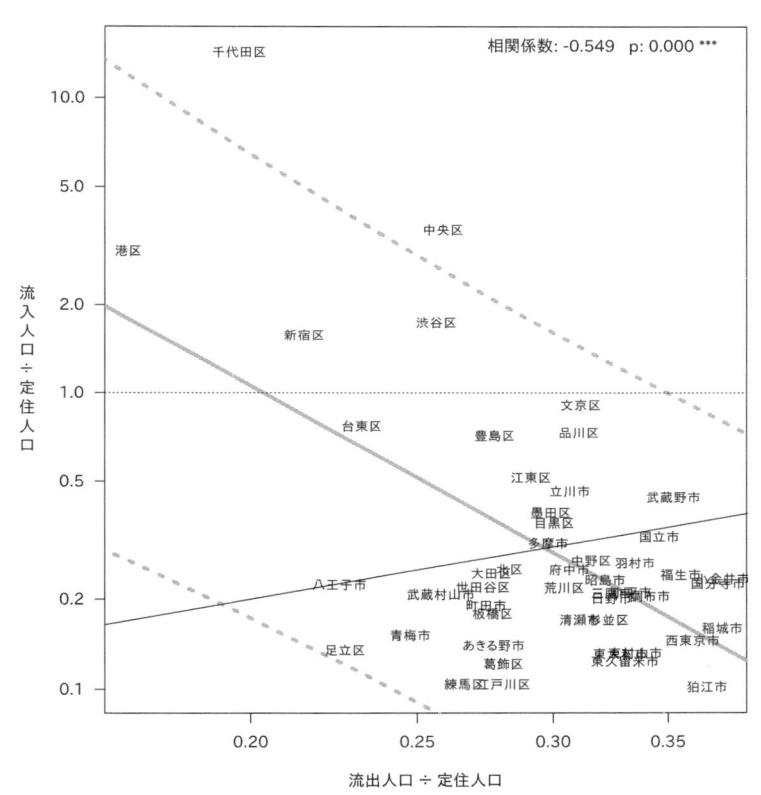

図９　東京都内市区町村間の人口移動

区町村を対象としている）。

　これを見てわかるとおり，東京都，大阪府の場合とも，全国の都道府県間，および，新潟県内の市区町村間の場合と同様に，95％予測区間よりも上に位置している市区町村が存在し，それらが，その地域での中心を務めていることが示されている。具体的には，東京都千代田区，東京都中央区，大阪市中央区，大阪市北区といった区がそれにあたるが，これらの中でも，東京都千代田区の特殊性について補足しておきたい。流入人口を定住人口で除した値（縦軸の値）で比較すると，２番目に多い大阪市中央区が4.0929であるのに対し，東京都千代田区は14.2498と突出している。このことから，東京都千代田区は，日本全国でほかに類似した市区町村が存在しない特別な地域となっていることがわかる（繰り返しになるが，図

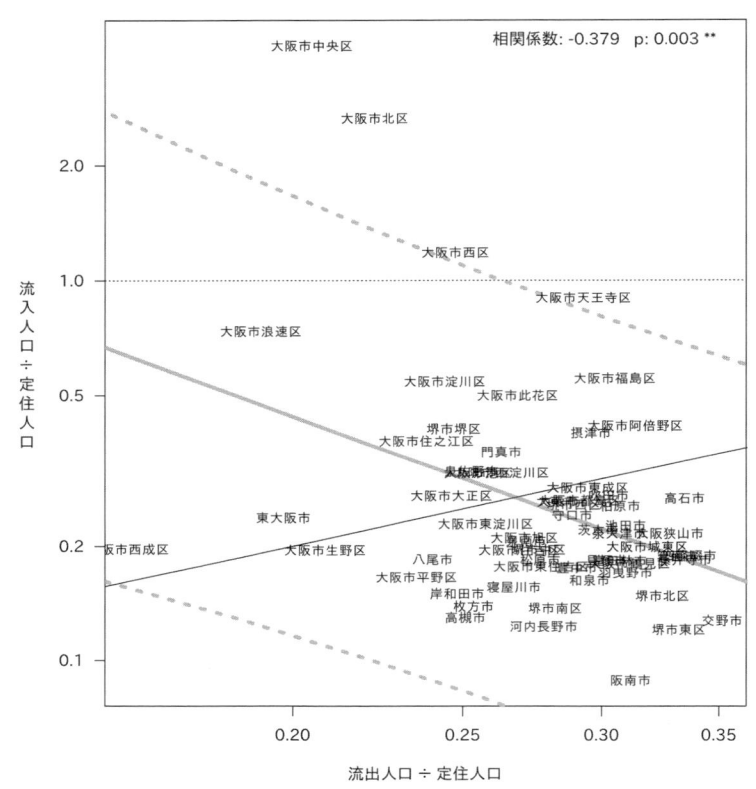

図10　大阪府内市区町村間の人口移動

9は，ほかの図と縦軸の表す範囲が非常に異なっていることに注意が必要である）。

3-5　地方における地域内人口移動と大都市圏における地域内人口移動

　一方，大都市圏における市町村間の人口移動には，全国での都道府県間や新潟県内の市区町村間の場合とは明確に異なる点が存在している。つまり，流出人口と流入人口との間に，負の相関が示されていることである。

　これは，流出人口の多い市区町村は流入人口が少なく，流入人口が多い市区町村は流出人口が少ないという，人口移動の不均衡が生じていることを意味している。言い換えれば，地方の場合よりも，各市町村間の人口移動の相互性が弱まっており，より「中心と周縁」構造が強固になっていると言うこともできる。

このような大都市圏内の市区町村間の関係は，文化資本を含むさまざまな資本集積の偏在と，移動コストや居住コストなど，大都市圏特有のいくつかの要因が積み重なった結果，生じていると考えられる。一方，少子化が続く場合，大都市圏も，いずれは，今の地方と同様に人口減少の時期を迎えることになり，この点に関しては，現在の地方の状況は，大都市圏に時代的に先行していると考えることもできる。このように考えると，今後，大都市圏内の状況と地方の状況がどのように関わっていくのかは，興味深い問題である。

　また，今回の分析で扱ったのは，通勤・通学といったルーティーン的な人口移動のみであり，観光などによる非ルーティーンな人口移動，つまり，交流人口については含まれていない。これを含めて考えれば，また別の様相が見えてくる可能性もある。これを今後の興味深い問題として，この稿を終えることにしたい。

引用・参考文献

藤田直哉ほか（2016）『地域アート――美学／制度／日本』堀之内出版

熊倉純子監修（2014）『アートプロジェクト（芸術と共創する社会）』水曜社

増田寛也（2014）『地方消滅――東京一極集中が招く人口急減』中央公論新社

文部科学省（2016）『平成28年度　文部科学白書』

新潟市（2015）「市政情報―ようこそ市長室へ―市長への手紙―主なご意見・ご提案と回答―主なご意見・ご提案と回答26年度―3．教育・文化・スポーツ―19．AKB48グループNGT48に対して」http://www.city.niigata.lg.jp/shisei/mayor/tegami_top/tegami/tegami_26top/26_3kyouiku/26-3-19.html（2015年3月5日掲載，2018年1月19日閲覧）

総務省（2015）『平成27年版　情報通信白書』

総務省統計局（2010）「平成22年国勢調査　ユーザーズガイド―従業地・通学地に関する用語」www.stat.go.jp/data/kokusei/2010/users-g/word6.htm（2018年1月19日閲覧）

総務省統計局（2017）「用語の解説」www.stat.go.jp/data/jinsui/7.htm（2018年1月19日閲覧）

論　文

地上波民間放送局における番組審議会の現状と課題®
——審議委員の構成と運営実態に着目して

小 川 明 子（名古屋大学）

1．はじめに

1－1 番組審議会研究の必要性

　本稿では，地上波民間放送の放送番組審議機関（以後番組審議会）に焦点を当てる。番組審議会とは，放送番組の適正化を図るため，1959年の改正放送法で放送事業者に設置が義務づけられた諮問機関である。放送法第6条において，審議機関は放送事業者の諮問に応じ，放送番組の適正を図るため必要な事項を審議し，事業者について意見を述べることができると規定され（第2項），事業者はその答申や意見を尊重し，必要な措置をとることが求められている（第4項）。また，番組基準や番組編集の基本計画を定めたり変更したりする場合は，事業者が番組審議会に諮問する必要があるほか（第3項），さらに講じた対応や訂正放送の状況，寄せられた苦情や意見の概要などについても審議会での報告が求められる（第5項）。さらに審議内容（出席者氏名，議題・審議経過の概要）や措置の詳細については公表（第6項）と議事録の総務省提出（第175条）が求められる。審議委員は，「学識経験を有する者」から放送事業者が自ら委嘱することになっており，例えば，地上波テレビ局の場合，審議委員は7人以上と定められる（第7条）。

　2010年の放送関連4法の一本化とそれに伴う施行規則改正では，一般放送事業者である衛星放送や端子引込数501以上の有線放送，そして基幹放送となった全

国のコミュニティ FM など「放送」と名のつく事業には番組審議会設置が義務づけられたほか，地上波テレビなどでは審議会での番組種別の報告（第107条）と公表も義務づけられた。

　このように番組審議会は，番組編集準則や訂正放送制度などとともに，あくまで放送事業者の自主自律の体制内で放送の適正化に努める機関として，内容規制の一端を担う仕組みのひとつとして位置づけられてきた。しかし最近では，放送への苦情や放送倫理問題に対応する BPO（放送倫理・番組向上機構）のほうに第三者機関的意義を認める評価が多く，また局が番組審議会とは別に設ける第三者機関も注目されている。番組審議会は，視聴率至上主義と批判される放送業界において，質的評価の場として一定評価される一方，実態については，これまでにも関係者からは以下のような疑問や批判が示されてきた。

　まず，委員の選定法である。ビジネスを重視する民間放送局に選定が任されるため，方向性に疑義を突き付ける人材は採用されづらい，あるいは事業者に選任された委員は，厳しい意見や注文を出しづらいという疑義（荘宏 1963；黒田勇 2008）。委員は著名人が多く，番組を見る余裕がない，また高齢の委員が多くなりがち（音好宏 2008），在京局では放送関係の専門家が多く，マニアックな議論に陥りがち（西正 2005）と指摘されてきた。

　2点目に，審議される番組の偏りである。審議番組選定が局に任されるため，批判を呼び起こしがちな番組を俎上に載せることがほとんどない（石井彰 1995；砂川浩慶 2008），あるいは質的評価の高いドキュメンタリーなどに審議が偏りがち（梁瀬秀臣 1995；音 2008），またこうした事情から，儀礼化，形骸化などの漠然とした批判もよく耳にする。

　3点目に公開をめぐる限界である。後述するように，番組審議会の内容は公開の方向へと法改正がなされてきた。しかし審議会は，放送局内部でも担当者しか出席を求められないため，何が討論されたのか現場に伝達されづらい（石井 1995），あるいは審議内容が一般公開されても，視聴者にはなじみが薄い（小林雅昭 1998）という課題も提起されてきた。

　事業者側が積極的に審議会を活用していないことを暗示するこれらの指摘は，法制度論的観点から見た放送事業，ひいては番組審議会のポジションの曖昧さに由来する部分もある。放送事業に関しては，憲法21条が定める「表現の自由」から，内容に関する規制は最低限であるべきというのが概ね共通理解であるが，電波の希少性から事業の独占を前提とするため，営利企業でありつつも，公共の福

社に適合することが強く求められてきた。その際，電波監理委員会を早々に廃止し，政府から独立した放送通信事業の規制監督機関を持たない日本では，放送局は，直接総務省の監督下に置かれている。後述するように，番組審議会は，59年の法改正で，それまで純粋な自主規制に委ねられていたところに，日本型の「規律された自主規制（曽我部真裕 2012）を担う仕組みとして，番組編集準則とともに取り入れられた制度である。現在では総務省への議事録提出が義務づけられるなど，番組審議会もまた，省庁の行政指導を許す法体系の中に組み込まれた存在（桂敬一 2002，2008）であり，視聴者やスポンサーに対してもなるべく審議会を穏便に済ませたいとする事業者側の思惑が，その活性化を妨げている側面があるとされる。こうした事情からも，企業組織の自律をめざす組織が内部に置かれていることの実効性がたびたび問われている。

　放送の自律に対して重要なポジションを占めているにもかかわらず，番組審議会の運用をめぐる側面はこれまで十分検討されてこなかった。番組審議会については，放送制度論の視座からは検討されているが（千葉雄次郎 1960；佐藤正晴 1998；曽我部 2012；村上聖一 2016；鈴木秀美・山田健太 2017），運用や実態についての基礎的調査や分析は，放送業界誌という閉じられた世界で単発的に行われてきたに過ぎない。審議委員の構成，現実に審議会で何が審議されているのかといった運用実態は，1995年3月の放送レポート調査以降，20年以上も明らかにされておらず，法制度論から分析する曽我部も，番組審議会については，制度の改正というより「運用の工夫」における各事業者の実践紹介や研究が必要ではないかと述べている（曽我部 2012：397）。

1－2　研究の目的と手法

　そこで本稿は，番組審議会の運営をめぐる現状に焦点を当てる。まず第2節で放送史や先行研究，国会議事録などからその経緯を振り返り，番組審議会の制度的矛盾や課題を大まかに抽出する。その上で，課題と運営実態との関係を確認するため，本稿では審議委員の構成と審議会の運営に焦点を当てる。第3節では『日本民間放送年鑑2016』（以後『民間放送年鑑』），『NHK 年鑑2016』をもとに，NHK 118名，民放1546名の全委員構成を分析し，放送局がどのような審議を狙っているのか検討する。さらに2016年7月に全国の地上波民間放送事業者に対して行ったアンケート調査（19問。郵送調査。以後「16年調査」））の結果を用いて，審議会をめぐる事務局担当者の評価と運用面での課題を探る。なお本調査に関しては，

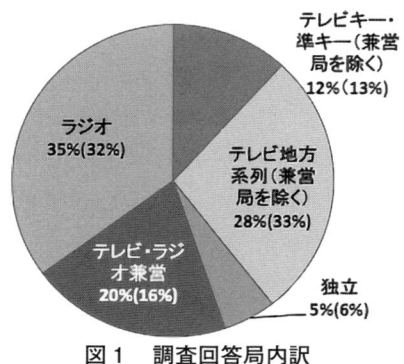

テレビキー・準キー（兼営局を除く）
12%（13%）

ラジオ
35%（32%）

テレビ地方系列（兼営局を除く）
28%（33%）

テレビ・ラジオ兼営
20%（16%）

独立
5%（6%）

図1　調査回答局内訳

注：（　）内は民放連加盟局比率。n＝94
出典：民放連ホームページ

事務局担当者に数回回答を依頼したが48.0％（94サンプル）という低い回収率に留まった（テレビ／ラジオと在京局／地方局の比率内訳は全局比とほぼ同じ）。なお回答拒否の理由としては，「結果が明らかになることで権力によるさらなる介入をまねきかねない」，人づてで「答えにくい質問が含まれる」「コンプライアンス的に無理」「民放連を介して欲しい」などの理由を聞いたが，この回収率や回答にも，現在の地上波放送局や番組審議会が置かれた閉ざされた状況が現れているように感じられる。そして第4節では，放送の自律という観点から運営上の課題を整理しなおし，本研究から見えてきた運用面での改善を提案したい。

2．番組審議会の経緯から見た制度的課題

2−1　番組審議会の設置経緯

　管見の限り，各局に委嘱された審議委員が番組について討論することで放送の適正化を図る制度は諸外国には見当たらず，日本独自の制度と考えられる。1939年出版の『日本放送協会史』には，1929年，東京局に「社会各方面の権威者の意見を徴し，時世の推移に順応して常に社会の要望を的確に番組面に反映せしめんがために放送審議会，放送委員会等が設けられ」「社会教育，文芸，そして洋楽，和楽などの専門家を招いて専門委員会が設置」されたという記述があり，これらが番組審議会のルーツと考えられる。日高一郎によれば，こののち1933年に，逓信，内務，文部各省次官などによって構成される番組企画の最高諮問機関として中央放送審議会が置かれ，陸軍，海軍，外務省の三次官が加わることで，番組における国家支配が強化されていったという（日高 1991：54）。委員は，会長か支部理事長に委嘱され，諮問に応じて，番組編成に関する重要事項についても審議する仕組みであったとされる（日本放送協会 1939：166）。戦後，NHKで自主的に引き継がれていた（日本放送協会 1965：40）この番組審議会に政治的な注目が集

まったのは，1950年代のことであり，59年の設置義務づけへの背景を先行研究からまとめると，主に3点挙げられる。

　まず，NHKへの政治的規制強化対策の文脈である。NHKの社会風刺番組による政治批判が国会で批判され，幾度となく放送法改正案の準備が繰り返される過程で，[8]NHKは，放送内容への政治介入を避けて自律を担保するため，番組基準作成義務とともに番組審議会の法制化を提案した（千葉 1960：13-14）。NHKは政治批判を含む番組編集の自由を保障する制度として，学識経験者によって構成される審議会を盾にしようと考えたといえる。[9]

　2点目に番組の低俗批判の高まりがある。50年代半ばに民間放送が複数化するにつれ，射幸心を煽るような娯楽ラジオ番組が増加し，一方，テレビ普及の過程で，世間では文化の低俗化が懸念され，行政や放送局に対応が求められていた（佐藤 1998；林怡蓉 2003）。

　3点目に，当時，新設放送局に大量に免許を付与する方針が示されるなか，新局開局後，放送の質をいかに担保するか問われていた（千葉 1960：19）。当時の郵政大臣田中角栄は，前掲の審議を踏まえ，各局への番組審議会設置を国会で提案し，法制化に結びつけた。[10]59年当時，番組審議会の設置，ひいては放送事業者に「自主規制」を課す仕組みは，戦前戦中の言論統制から直接的な規制に根強い抵抗がある中で，批判を回避しつつ規制当局の負担を軽減できる仕組みでもあった（村上 2016：392）。

　自主規制を基にした規制については，マス・メディアの自由を支えているのが社会全体の利益である以上，ある程度やむを得ないとする見解がある一方，メディア法の清水英夫は，放送法で設置を義務づけた背景に，メディア批判を強める世論を奇貨として，放送の公的規制を強化しようという意図があったことは明らか（清水 1995：59）と述べる。またジャーナリズム論の桂敬一も，政府はこのとき番組審議会が役立たなければ，より強力で実効性のある適正化の仕組みを作る必要があると放送を「脅せる」カードを握った（桂 2001：5）と述べ，自主規制を掲げた仕組みの設置自体が，放送の公的規制や表現の自由への介入の手がかりになったとする見方もある。

2－2　公開義務の強化をめぐる攻防

　「自主規制」は，徐々に「規律された自主規制」（曽我部 2012）に向かう。60年代になっても放送番組の低俗化批判は止まず，放送界の自主規制機関として新た

に放送番組向上委員会（1969.5）が設置されるなど対策は続いた。だが80年代後半には地上波放送が多メディア環境に置かれ，過激なバラエティ番組の出現，ロス疑惑や豊田商事会長刺殺事件など報道倫理問題が多発したことで，再び番組の質や倫理に関する世間の批判が高まった。

　郵政省の矛先は番組審議会制度改正に向いた。1985年，世論を追い風に，郵政省はテレビ朝日「アフタヌーンショー」やらせ事件を機に厳重注意を行い，番組審議会運営をめぐって，放送行政局長名で各局に7項目の要望を送る行政指導を行った（井上宏 1990：16）。この後，88年の法改正では，審議会から社内委員が除かれ，付帯事項として審議会機能の活用，答申や意見の公表が求められた。事業者側は，審議内容の公開義務の法定化を，政府からの介入や規制につながると反対したが[11]，PTA や主婦連は，変化しない業界の現状を睨み，放送業界の自主規制には限界があると指摘し続けた（佐藤 1988：76）。

　しかし88年改正後も審議内容の公表は稀だったようで（佐藤 1998：77），世論の放送批判が起こるたびに，審議会の議事内容公開をめぐる改正がその対応策として焦点化する。さらに97年改正の際も，民放連放送番組調査会でのいわゆる「椿発言」問題（1993），松本サリン誤報（1994），坂本弁護士ビデオ事件（1995）等，放送倫理をめぐる批判的な世論の高まりが背景にあり，根拠になったとされるのは，椿発言を機に郵政省内に設けられた「多チャンネル時代における視聴者と放送に関する懇談会」であった。このときは番組審議機関について，放送事業者による審議機関への諮問がほとんど行われていなかったこと，番組の適正を図る意見が出されていないことが指摘され，その理由として番組審議会が放送事業者内部に置かれていて，審議が一般公開されていないことが問題と指摘された[12]。
　97年改正後[13]，各社はそれぞれ審議会の活性化を模索し，テレビ東京では女性のポルノグラフィをめぐる視聴者意見が審議会にかけられて議論が交わされ，結果的に番組が中止となるなど，審議会に「緊張関係」が生まれるようになったと報告されている（岡野忠元 1998：14-15）。またテレビ山口の審議会担当者は，概要を公開する自己検証番組のためにテレビカメラが入ったことで「ある種の緊張感か従来とは違った雰囲気」が生じ，公開という視点によって「中身が変わっていくことを実感する」と述べている（小林 1998：20-21）。

2-3 経緯から見た番組審議会の困難：「規律された自主規制」をめぐって

　ここまでの経緯から見えてくることを2点に整理しておこう。まず，番組審議会は，設置にいたるまでの NHK の主張に代表されるように，当初は，放送内容に対して政治や行政の直接介入を避ける「防波堤」[14]と認識された。しかし政府・行政側は，放送をめぐる世論の批判を背景に，行政指導や法改正によって要求を増し，番組審議会という緩衝地帯にも，「公開」を求めて進出し続けている。「言論の自由市場」を一定の範囲で保障しつつ，放送を公共の福祉に適合するよう規律する日本型の「規律された自主規制」（曽我部 2012：36）を担う仕組みとして番組審議会を位置づけている曽我部は，自主規制が最終的に公衆への説明責任と公衆による批判によって確保される（同上：396）とするなら，議事公開は不可欠と述べる。しかし一方で，公開という正当性を持つ行為が媒介になって，本来自由であるはずの放送に対して，政府や行政による監視，指導など，局と番組審議会との関係を律する仕組みに転用しうるという指摘（清水 1995：59；桂 2002：31），過度に監視的，他罰的なまなざしが外部から向けられる危惧（桂 2002, 2008）にも留意しておきたい。

　実際，2015年の『クローズアップ現代』でのやらせ疑惑を踏まえた総務大臣意見で番組審議会機能の発揮が求められたように，公権力が番組審議会を足がかりに介入を強めかねない。また，そもそも自主規制であるがゆえに，過剰な自主規制を招く面もあるのではないかという村上（2016：393）の指摘も興味深い。村上によれば，日本の規制は諸外国と比べて比較的緩いものの，実際にはむしろ規制の存在を背景にした自主規制の実質的影響力が大きかったのではないかと述べる。たしかに公開に向けて手間をかけて議事録を提出し，何か起これば行政指導がなされるという状態は，すでに担当者に監視対象になっている印象をもたらしうる。また内容の公開が意識されることで審議会の雰囲気が変わったという当時の局担当者の証言は，視聴者，あるいは権力の目が過剰に意識されるようになった現れとして読み解くこともできる。それが視聴者の目であればともかく，権力が過剰に意識されれば，知るべき情報が流通しなくなるという点で，社会的損失になりかねないことに留意しておくべきだろう。

　2点目に，視聴者，市民の不満が，番組審議会の機能強化をめぐる法改正の背景に存在している点である。戦後日本の放送行政について検証した林は，郵政省の放送法改正による政策展開が必ずしも積極的ではなく，その時々の世論や社会

的背景，マス・メディアの問題関心などと絡み合いながら調整されてきたに過ぎないと指摘する（林 2003：122）。また，88年改正の過程を検証した佐藤は，事業者側が権力の介入に対して「視聴者を味方にして」抵抗すべきだったのに，視聴者が異議や意見を表明し，番組に関与するシステム作りに熱心に取り組んではこなかったとして，局側の「自律」のシステムに視聴者が含まれてこなかったことを批判する（佐藤 1998：71-76）。

このように，法改正の背景に，視聴者の世論と局側の認識や正義の間に乖離があるのだとしたら，有識者で構成される番組審議会は，その乖離を埋め，自律を担保できる構成，運営になっているのだろうか。以下，その運営に焦点を当てて検討していきたい。

3．番組審議会運営の現状

3－1　審議委員の構成

(1)　委員の任命

はじめに，事業者側がどのような審議を期待しているかを見る手がかりとして，審議委員の構成に着目する。「16年調査」によれば，委員の任期は5－8年未満が40.0％と最も多く，次いで3－5年未満（29.5％），8年以上が14.7％と続く。3年未満は13.7％に過ぎない。実際，審議会の課題について尋ねた別項目でも，任期の長さと高齢化が実務上最大の問題として指摘された（26局，複数回答，n＝94）ほか，自由回答でも「地元著名人に退任を要求しづらい」「任期に期限はあって

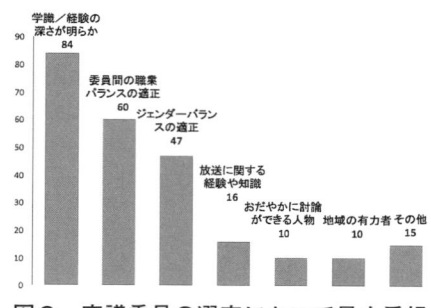

図2　審議委員の選定において最も重視する要素

注：複数回答3つまで。回答局 n＝94
出典：「16年調査」

も自動更新のため，本人が辞めたいと言わない限りメンバーの変化がない」など任期が厳密に設定されていないことによる弊害が審議会運営の最も大きな課題として指摘されている。なお，2015年時点の在京テレビ局6局の任期に絞って年鑑を遡って確認すると，最も長い委員で20年，平均で8.6年と全国平均よりさらに3.4年ほど長い。任期の長さは，役職の高さと合わせ，委員が高齢であ

る証左ともいえるのではないか。

　なお審議委員選定にあたって責任を持つ部署／担当者は，経営陣が61％，審議会事務局担当が21％，その他（合議など）が14％で，全体の5分の3で役員が決定権を持つ。なお，ラジオ局はテレビ局より事務局が決定権を持つ割合が10％ほど高い。

　委員の選定において最も重視する要素（3つまで）で最も高いのは，放送法で定められた「学識経験」にあたる「専門性／学識／経験の深さが明らかであること（84局）」で，続いて，「委員間の職業バランス（60局）」「ジェンダーバランス（47局）」と続く（図2）。自由回答には「どれだけニュートラルな委員を選べるかが常に課題」との記述もあったが，中立的な委員を揃えるのか，委員間のバランスを調整するのかといった審議会の構成は審議のありように直結するだろう。逆に言えば，「16年調査」の回答局では，放送に関する経験や，人柄，有力者であることより，委員の職業やジェンダーのバランスに配慮していると答える傾向が高く，ほかにも，在住外国人や，地域，年代など，バランスに配慮するとの自由回答が計14件あり，回答局では多角的な視点からの番組審議を企図している傾向が一定程度読みとれる。

　一方で，「スポンサー関連」との自由回答もあり，後述する委員構成を見ても，電力，通信，鉄道や自動車販売業，銀行から委員が一定数入っていること，また番組審議会の課題として「審議委員の選定が負担／選定が恣意的」との回答が10件あったこととも合わせれば，局によっては資本関係やスポンサー関連からの選定もあると考えられる。

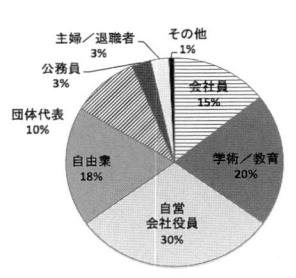

図3　審議委員の職業内訳（全国地上波民放）

注：2015年度。n＝1492・193局

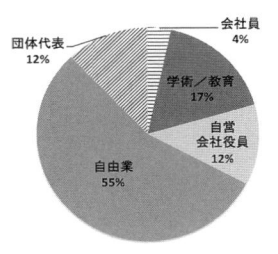

図4　審議委員の職業内訳（在京民放テレビ）

注：2015年度。n＝58

出典：図3，図4ともに2016年民放年鑑より算出

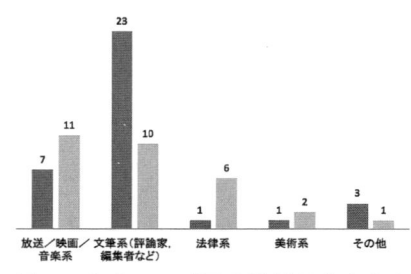

**図5　在京テレビ局審議委員自由業内
　　　訳の変遷**

注：1995年（n＝35）〜2015年（n＝32）
出典：1996年，2016年民放年鑑より算出

（2）　委員の構成

　続いて委員の構成について，『民間放送年鑑』から2015年度の全国地上波民放193局の審議委員1546名の属性を確認すると，女性比率は29.9％で，95年放送レポート調査と比べると，6.3％増加している。女性０も４局，10％台が22局ある一方，50％以上の局も13局ある。

　職種内訳は，自営／会社役員30％，学術／教育職20％，自由業18％，会社員（メディア企業９％を含む）15％，団体代表10％（JCや商工会議所，農協，NPO）が多く，続いて公務員，主婦／退職者と続く（図３）。その他には議員（１名）も含まれる。この比率は95年調査と比較してほとんど変化はない。平均的な構成例は，地元メディアまたは系列新聞社から１名，学術／教育で１−２名，自由業か経営系を数名ずつ，NPOや団体から１−２名を配置するケースが多いが，ほぼ経営系という局も少なくない。またラジオ局，特にFMでは，若手と思われる会社員や主婦等の割合が高く，独立県域局では地方役職公務員が入る傾向が見られる。

　続いて，地上波において最も影響力を持つ2015年在京テレビ局の委員構成を見てみよう（図４）。女性比率はほぼ３割で，自由業の割合が５割を占める点で地方局と大きく異なるが，この傾向は「1995年調査」と変化はない。一方この20年で，学術／教育関連の委員が10％減ったかわりに自営／会社役員が10％増加し，自由業の内訳において作家，評論家，ジャーナリストなどの文筆系の割合が半分程度減少し，一方で女優，脚本家など放送系の割合と，弁護士の割合が増加している（図５）。こうした変化からは，１）ジャーナリスティック，放送批評的視座からの審議より，内部事情や企業経営に通じ，幅広く現実的なコメントができる人材が審議に求められていること，２）90年代後半以降，人権を含む法的訴訟を抱えるようになった放送局の事情が関係しているのではないかと推察できる。

３−２　審議会の運営

　続く審議会の運営については，まず，番組の選択に対して権限を持つ人物として，番組審議会担当者が49.5％，次いで「上層部あるいは他部署」「何らかの局

内基準に沿った選定」がそれぞれ33.7％となっている。選定している番組についての傾向や課題が「ある」は58.9％，「ない」が40％となっており，6割程度の局が，番組選定に何らかの傾向，課題があると認識しているが，具体的に示されたのは自社制作中心（51件）との答えだけであった。しかし自由回答には「無難な番組になりがち。偉い先生にくだらない番組は聞かせられない」との記述があり，審議会の課題について尋ねた質問でも「検討すべきことが十分審議されていない」とする回答が24局（複数回答3つまで，n＝94）と少なくないことから，現実的には同様の傾向は他局にも多少あるように推察される。

　一方，審議会の段取りは，各局，局側からの挨拶，説明ののち，委員長が委員から意見を聴き，それに対して局側が答弁するというのが平均的な流れとなっている。この流れについては自由記述で尋ねたため，各局で用いられる用語が異なるほか，「挨拶」や「コメント」あるいは書面で何がどの程度語られるのか，説明されるかまでは不明だが，審議会の中で，法で義務づけられた視聴者からの苦情や局の動向についての説明に時間を割いていることが明記されている局は33局，単なる「合評」「制作者からのコメント」でなく，「質疑応答」や「意見交換」といった踏み込んだ議論の存在を記述しているケースは26局であった。この記述から見る限り，一方的に委員の意見を聴き，制作者側がコメントする状況に留まっている局が多いように感じられる。

　公開に関しては，自己検証番組や審議会番組コーナーを有する局が全体の79.8％であった。審議会議事録は，総務省提出版とウェブ用簡易版とを分けるケースが多いようだ。

3－3　番組審議会をめぐる現場の評価と課題

(1)　視聴者理解の回路

　番組審議会の利点（3つまで）（図6）については，「番組制作に関して有意義なコメントが得られる（92局）」，続いて「放送制作者の意識が変わる（44局）」「自局の方向性に関して有意義な情報が得られる（34局）」などのポイントが高い。これらからは，有識者からの番組へのコメントによって，制作者が自省的に番組を適正なものにしていこうとする道筋が一応見えてくる。また視聴率や社外モニターなどとの比較を尋ねた項目からも，多くの担当者が，視聴率をマジョリティ理解の手段，経営の根幹として高く評価する一方，番組審議会に対しても，「現実に流されがちな中，正論を思い出させてくれる」「厳しい意見をくれるので現

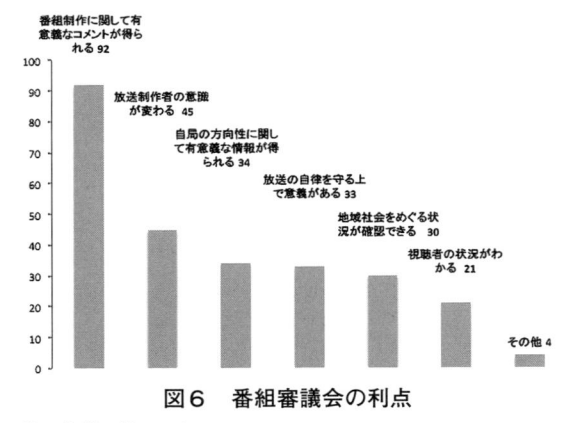

図6　番組審議会の利点

注：複数回答3つまで。n＝94
出典：「16年調査」

場に一定の緊張感をもたらす」「一般の意見とは離れているが，有識者による見方は必要」「直接経営陣に意見を述べる効果は大きい」（自由回答）と質的評価の物差しとして好意的に評価している。また利点として興味深いのは「地域社会をめぐる情報・状況が確認できる（30局）」「視聴者をめぐる状況がわかる（21局）」

など，番組そのものの審議ではないものの，審議会が地域社会や視聴者との接点になる様子が垣間見える。審議会に対するこうした評価は，番組内容や表現に対する直接的な評価と批判から導かれる自律というだけでなく，委員の意見によって，放送事業者側が自分たちの常識や思い込みから解き放たれ，視聴者感覚に気づくことによる自律のありようを暗示しているだろう。

(2) 委員をめぐる評価—任期をめぐる両義性

　実際，審議委員についての印象を尋ねた項目でも（複数回答3つまで。n＝94），「識者意見」が世論と乖離していると批判されがちな中で，「視聴者としての有用な意見（81局）」との評価が最も高く，「専門家としての有用な意見（55局）」より多い。さらに「局や放送に対しての委員の理解が深まり，より意義深いコメントが得られるようになる」との評価も71局と多くあり，批判されがちな任期の長さも，当初一視聴者に過ぎない委員が，事業者／制作者に質問したり，議論したりと審議会経験を重ねることで，番組や放送について学び，より有意義な議論を展開する経緯と捉えることができるかもしれない。

(3) 審議会の課題—局側の覚悟と自律への意識

　審議委員について尋ねた項目では否定的な印象がほとんど記述されなかった一方，番組審議会全体の課題（複数回答3つまで）を尋ねた項目では，予想された「審議会の事務負担（計11件）」より，「委員の高齢化，任期の長さ（26局）」「委員が普段放送を見ていない（21局）」「検討すべきことが十分議論できず，感想に留

まる（24局）」「制作現場の事情がわからないままの批判が多い（19局）」など委員をめぐる課題が少なくない。しかしこれらの多くは，委員選定や運営上の方策で改善可能な課題であろう。たとえば，任期は局の決断一つであり，制作現場の事情がわからないままの批判も，送り手側の圧倒的な経験知が委員との間で十分共有されていないこと，すなわち，審議委員＝視聴者側からの疑問や不満が，審議会で十分解消されていないことを意味するのではないか。また「今のメディアのためには，もっともっと厳しい会になっても良い」などの自由回答も多く，課題が認識されていながらなぜ改善に至らないのか，運営をめぐるさらなる質的調査の必要が実感される。

　また審議会の利点として「放送の自律を守る上で意義がある」と答えた局は33局に留まり，「放送の自律について法的根拠を持つ機関であるという認識」を問うた項目でも，「非常にある」は51.6％，「一応ある」が43.2％，「普段は意識していない」が5.3％であった。「一応」という回答からして，番組の適正化という視点は認識されていても，放送の自律に関わる組織という点まで普段十分には意識されていない局もあるように思われる。[19]

４．番組審議会への提言──放送の自律のために

　番組審議会と自律という視点から見えてきたことから，さしあたり２点，提言したい。

　１点目に，局側は，審議委員，すなわち視聴者の印象や意見とのズレに真摯に目を向けることである。本稿では，政治や行政の介入の背景に視聴者，市民の不満が存在したことを見てきた。2015年11月，IBC岩手放送制作，東北６県ネットの番組内での商品紹介がステルスマーケティングではないかと番組審議会で批判を受けたが，このとき局は正確な応答をしないまま，１年後に雑誌の告発を受けてBPOで調査対象になった。この件に関しては，放送法に触れかねない事態に委員から揃って違和感が示された点において，局が選んだ委員であっても番組審議会で合理的な判断が示される証左ともいえる上，委員の違和感を真摯に受け止めなかったことがより大きな問題へと発展した例と捉えられる。

　視聴者意見とのズレを引き起こさないためには，同時に，視聴者の批判や疑問を拾い損ねない委員構成，ひいては制度設計にしておくべきだろう。具体的には任期の見直しと多様性を心がけた委員構成，批判と議論の場づくりが必要といえ

る。任期が長くなることで放送局の事情に通じ，ポイントを押さえた議論が可能になる一方，長過ぎる任期は，局側の視点を内在化させていく危険性や「若者の意見が把握できない（自由回答）」という委員の高齢化問題にもつながる。委員構成については，多面的な審議のためには背景の多様性も不可欠だろう[20]。放送倫理や，番組の演出に関わるプロフェッショナルな社会文化的議論は，言うまでもなく審議会に必要である。しかし，番組審議会，ひいては放送に権力が介入するのは，その背景に放送をめぐって「批判的な世論」が生まれたときであったことからも，業界内の常識が外から見たときどう映るのかに注意しておくべきであり，在京局のように，あまりにも著名人，高齢男性中心の委員構成では，一般視聴者が不満をいだきがちな問題が無視されやすいのではないか。さらに，危うい番組こそ審議にかけることで，多様な反応を受け止め，そこで議論に適切に対応できて，ようやく期待された説明責任を果たし，自律につながるのだといえる。そのためには単に意見を聴くだけでなく，視聴者かつ学識経験者である委員が発する合理的な批判に対し，対話や議論の場を設け，積極的に対応することが，介入の契機を避けることにもつながるだろう。

　2点目に局と審議委員の「自律」をめぐる意識向上である。番組審議会をめぐって，番組の向上という意義は局側に認識されているものの，放送の自律を守るという認識はその率を下回っている。実際，番組審議会設置にあたり，民放各社や民放労連は，権力からの規制の一端と捉え，反対の意向を示してきた経緯があり，自らえらびとったものではないという意識（井上 1990：15）があったとされる。しかし，公権力から停波がちらつかされ，すぐネットで炎上する昨今の状況からすると，番組審議会を，単なる番組合評による内容向上の機会と捉えるだけでなく，「自律」という視点から捉え直し，BPO に至る前に，改めて「防波堤」として活用することが求められているのではないか。

　審議委員にも，同様に「自律」についての意識向上が求められる。放送局担当者の自律をめぐる意識からすると，そこで説明を受ける審議委員が放送の自律を強く意識して審議に臨んでいるとは考えにくい。しかし審議委員は，本人が思う以上の権限を持っている。2017年1月に東京メトロポリタンテレビジョンで放送された持込番組は BPO 放送倫理検証委員会で審理入りとなったが，この件では局の番組審議会が主導で臨時審議会を開催し，検証番組の放送等を求める意見を同局に出すなど，その役割が再認識された。歴史を辿れば，これまでにも番組審議会が局側の方向性に対して問題提起し，辞任によってその姿勢を問いただした

り（小玉美意子 2008），各局審議会の枠を超えた全国70局の審議委員会の連帯によって，メディア規制法案に反対声明を広報し，高次の規制を阻止する役割を果たそうと試みた事例もある（桂 2002：30）。逆に言えば，委員のこうした運動を起こさないために，放送局側は，なるべく無難な人選と番組選定を行う方針であったのかもしれない。放送の内部でもあり外部でもある委員の立ち位置は，本稿で論じたとおり曖昧であるが，あくまでも内部の第三者機関として放送の「自律」をめざし，ビジネスを優先しがちな放送事業者に対して批判的な視点を持つと同時に，介入の「防波堤」となるという役割も自覚し，審議が公共の福祉につながるのだという視点を持つことが改めて求められる。

5．むすびにかえて

2016年調査の結果は，48％という回収率から推察して，比較的適正な運営を心がけている局が回答しているとも考えられようが，それでも放送の運用方法と「自律」の関わりに関して，十分理解されているとは考えにくい。何か問題が起きた際にやみくもに「放送の自律」を掲げるだけでは，世論との乖離を生みかねない。本橋春紀は，現実的には，放送事業者と比べ，視聴者・市民の側は表現できる力に不均衡があることを挙げ，視聴者・市民の側から放送事業者を批判する回路を保障し，その不均衡を是正するための制度として番組審議会を位置づけている（本橋 2009：206）。多メディア状況の中で，何かとビジネス優先，内輪の世界に留まりがちな制作者や役員たちが，個別番組審議のみならず，審議を通して視聴者側の状況や意見を適切に理解し，対話するなかから自省的に説明責任を果たすことも自律への重要な道筋であろう。

※本研究は平成27年度放送文化基金研究助成を受けている。記して感謝したい。

注
（1）　放送法上，同一地域内の事業者らが共同で審議会を設置することも可能だが（7条3項）これまで資本関係の深い2局が開催した1例しかない（本橋春紀 2017：69）。
（2）　通販番組増加への措置とされ，鈴木秀美（2012）は，番組内容への介入につながると懸念する。
（3）　村上聖一（2016）は，放送事業をめぐる規制を，放送事業者の資本，経営構造

への働きかけ（集中排除原則や参入規制）を通じて，放送の多様性を確保しようとする「構造規制」と，番組準則や番組調和原則，訂正放送制度や番組審議会などの「内容規制」とに整理している。

（４）　放送法第３条「放送番組は，法律に定める権限に基づく場合でなければ，何人からも干渉され，又は規律されることがない」とある以上，番組内容に意見を言える機関があるとすれば，法的に設置が認められる番組審議会しかないとみなす見解もある（井上宏 1990）。

（５）　制作環境や人権侵害等，幅広い領域での被害や苦情への対応，自主点検等，番組審議会で対応できない構造的問題への対応を目的に自主的に設置された第三者機関。例として名古屋テレビのオンブズ６，東海テレビのオンブズ東海，関西テレビのオンブズカンテレ等。

（６）　ここでは紙面の都合，十分に論じられないが，番組編集準則については，表現の自由の観点から違憲との議論も多く，従来，行政も倫理規定と認めてきたが，昨今の総務相発言や事務担当者の解釈では，「違反」には電波法76条による「停波」や放送法174条による「業務の停止」という措置も想定可能と判断されるようになり，激しい議論となっている。

（７）　在京テレビ局の審議内容については，小川明子（2017）を参照。

（８）　審議未了となったが，1953年「放送法の一部を改正する法律案」，56年に「放送法改正の基本方針」が審議された。『ユーモア劇場』の政権批判問題は，清水幹雄（1997）参照。

（９）　1951年，NHK 会長 古垣鉄郎は，番組審議会の全国配置を公共性を担保する対策として挙げ（衆議院電気通信委員会議事録６号 1951.3.6），その後，『ユーモア劇場』の内容変更後過熱した国会において，街頭録音の政治的公平について問われた際にも，古垣は番組審議会が判断の基準になりうると答えている（衆議院電気通信委員会議事録15号 1954.3.22）。

（10）　衆議院通信委員会議事録 1957.8.2。このとき民間放送連盟は，法制化前に、政権や行政の指導介入を警戒し，58年に「民間放送番組審議会」を自主的に設置，義務化に反対していた。

（11）　民放連は「放送法等改正案に対する見解」（1988.3.17）で，「番組審議会の運営は放送事業者の自主性に委ねられるべきで，規定には反対」，民間放送労働組合も「番組審議会について，局からの独立を指向し，活性化を図ろうとする点には賛成」としながら「言論を統制する機関として利用されかねない」と懸念を表明した（衆議院通信委員会，1988.4.14）。

（12）　「多チャンネル時代における視聴者と放送に関する懇談会」報告書（1996.12.9）http://warp.ndl.go.jp/info:ndljp/pid/283520/www.soumu.go.jp/joho_tsusin/pressrelease/japanese/housou/1209j701.html（2017年７月13日閲覧）

（13）　この法改正に対し，番組審議会活性化は委員と放送局両者の自主的努力で図られるべきもので，法律で義務づけられるものではないとして，テレビ朝日番組審議委員長であった作家の三浦朱門，日本テレビの審議委員長，清水英夫ら，局を超えて審議委員が連帯し，強く異議を唱えた（桂 2001，2002）。この動きは，放送事業

全体の問題処理にあたる第三者組織の必要性につながり（森文哉 1997；桂 2001），事業者側も委員側からの批判に対応するかたちで，BRO・放送と人権等権利に関する委員会機構設置（1997）へと向かった。

(14)　権力をかわす「防波堤」の説明は，97年改正反対運動で三浦朱門が用いた（森 1997）。

(15)　職種明記のない局54名分を含む。ちなみに「16年調査」回答局の女性割合は 31.5％。

(16)　職種内訳に関し，メディア企業職員は役員／社員ともに会社員に含めた。学術／教育には学園理事，幼稚園教諭，学芸員等を含む。医師は病院長であっても専門性から自由業に分類し，医師会代表は団体に含めた。「その他」は，公安委員，教育委員など行政からの委嘱職（11名）。なお元職は退職者とせず，元職のまま分類した。

(17)　樺克裕（2015）は，政府系審議会の構成を分析する目安として「審議会等の整理合理化に関する基本的計画（1999.4.27 閣議決定）」の「審議会の運営に関する指針」を挙げる（http://www.kantei.go.jp/jp/kakugikettei/990524singikai.html（2017年7月13日閲覧））。委員について原則として2年以内を任期とし，再任を妨げないが，10年を超えては任命しないこと。女性比率は30％に高めるよう努力することが目安として掲げられている。

(18)　1995年在京テレビ局審議委員（n＝74）の職種内訳は以下のとおり。会社員（＝メディア企業）3％，学術／教育28％，自営／会社役員6％，自由業47％，団体代表15％，主婦1％。

(19)　これらの回答と他の回答とをクロス分析してみたが，有意な結果は見当たらなかった。

(20)　公共性という側面から，NHK の人選も委員構成を考える一助になるだろう。NHK は中央，国際，そして全国8地方で番組審議会を開催。職種内訳は，中央と国際（2015年度 n＝33）で会社員12％，学術／教育21％，自営／会社役員15％，自由業25％，団体代表15％，その他12％，地方（15年度 n＝85）で，会社員8％，学術／教育18％，自営／会社役員40％，自由業7％，団体代表26％，その他1％。女性割合は地方で平均4割，近畿では5割を超える。中央では自由業，地方において自営／会社役員がやや多い点で民放と共通するが，NHK では町おこし系事業や伝統産業など地元中小企業が多く，農・漁業組合／主婦連／労組などの組合幹部が一定数入っている。NHK は，16年調査に対し，委員選定に関して「放送番組の適正を図るにふさわしい豊かな『学識経験を有する者』を視聴者の関心や社会の動向が的確に反映されるよう幅広い視点から選定している」とし，「委員の任期は1期2年，再任は2期までが原則。学術，文学，芸術，経済，産業，農業，漁業，生活，福祉，労働，教育，青少年，スポーツ，マスコミ等，社会の各分野と，男女，年齢等の属性を総合的に勘案した構成に努めている」と回答。なお95年の放送レポートに掲載されている「視聴者のための放送をめざす民放労連の提案（1990.7）」では，委員に一般視聴者代表，文化・芸術，教育科学，労働，農業など各分野の代表，民主的に選ばれた放送局従業員代表を加えること，男女の構成比を半々にすること，任期は

5年を超えないことなどが掲げられている（放送レポート 1995：7）。また古くは50年代の NHK に関する国会審議で，幾度か，委員は有名人か名士ばかりとして「放送の受信者はあらゆる階層の人びとであるため，無名の人でも大衆を代表する人びと，たとえば労働関係代表」を入れることが提案されたこともある（1956.2.7 衆議院通信委員会）。現在では京都放送が労働組合推薦の人物を1名審議委員に加えている。

引用・参考文献

千葉雄次郎（1960）「放送法における自主規制」『新聞学評論』（10）

GALAC 編集部（2008）「今なぜ『番組審議会』の意義を再認識すべきなのか」『GALAC』2008.5

日高一郎（1991）『日本の放送のあゆみ』人間の科学社

放送レポート編集部（1995）「『番審』ってなんだ！」『放送レポート』133号，1995.3

井上宏（1990）「放送新時代の番組審議会像を探る」『月刊民放』1990.6

石井彰（1995）「番組審議会は放送局の『盲腸』か」『放送文化』1995.10

小川明子（2017）「番組審議委員会における審議概要の内容分析 ―在京民放テレビ6局の公開データ（2012-2016）を例に」『メディアと社会』Vol.9

樺克裕（2015）「審議会人事に関する一考察」『八戸学院大学紀要』Vol.50

金澤薫（2012）『放送法逐条解説（改訂版）』電気通信振興会

桂敬一（2001）「『あるべき番審』と放送の自主自律基盤の強化」『月刊民放』2001.6

―――（2002）「番組審議会のあり方を問う」『月刊民放』2002.8

―――（2008）「（番組審議会は）体質改善のためゆるやかに効く漢方薬だ」『GALAC』2008.5

黒田勇（2008）「番審改革私案 活性化で放送の自律を守れ」『GALAC』2008.5

小玉美意子（2008）「MX テレビ番審委員辞任劇の真相」『GALAC』2008.5

小林雅昭（1998）「審議概要の公表は自社 PR の一環」『月刊民放』1998.6

森文哉（1997）「番組審議会は"防波堤"の役割を」『月刊民放』1997.6

本橋春紀（2009）「放送法解説」鈴木秀美・山田健太・砂川浩慶編『放送法を読みとく』商事法務

―――（2017）「放送法と自主規制」鈴木秀美・山田健太編『放送制度概論 新・放送法を読みとく』商事法務

村上聖一（2016）『戦後日本の放送規制』日本評論社

仲佐秀雄（1998）「民放『自律』体制の新段階」『月刊民放』1998.6

日本放送協会（1939）『日本放送協会史』日本放送協会

―――（1965）『日本放送史（下）』日本放送出版協会

日本放送文化研究所（2001）『20世紀放送史（上）』NHK 出版

日本民間放送連盟（1996，2016）『日本民間放送年鑑（1996，2016）』日本民間放送連盟

西正（2005）「『番組審議会』を形骸化させないためには何が必要か」ITmedia, 2005.11.17 www.itmedia.co.jp/anchordesk/articles/0511/17/news100.html（2016年8月7日閲覧）

岡野忠元（1998）「審議会のさらなる活性化にむけて」『月刊民放』1998.6

音好宏（2008）「NHK 経営委員会の権限強化と番組審議会の実態」『朝日総研レポート』AIR21 220. 2008.9

林怡蓉（2003）「放送法改正と日本の放送番組政策——政策をめぐる政治過程と政策内容の分析」『関西学院大学社会学部紀要』No.94

笹田佳宏（2009）「番組内容に関わる行政指導」鈴木秀美・山田健太・砂川浩慶編『放送法を読みとく』商事法務

佐藤正晴（1998）「日本における番組審議会に関する論議——88年放送法一部改正までの経緯をめぐって」『尚美学園短期大学研究紀要』12巻

清水英夫（1995）『テレビと権力』三省堂

———（2009）『表現の自由と第三者機関』小学館新書

清水幹雄（1997）「放送の自律性の確保をめぐって——国会における『放送の公共性』論議の変遷（昭和22年から昭和35年まで）」『放送研究と調査』1997.3

砂川浩慶（2008）「討議は真剣勝負！新米番審体験記」『GALAC』2008.5

荘宏（1963）『放送制度論のために』日本放送協会出版

曽我部真裕（2012）「放送番組規律の『日本モデル』の形成と展開」曽我部真裕・赤坂幸一編『憲法改革の理念と展開（下巻）』信山社出版

鈴木秀美・山田健太・砂川浩慶編（2009）『放送法を読みとく』商事法務

鈴木秀美（2012）「新放送法における放送の自由——通販番組問題を中心として」『企業と法創造』8-3. 2012.2

鈴木秀美・山田健太編著（2017）『放送制度概論　新・放送法を読みとく』商事法務

内川芳美（1988）「法改正になじまない『番審活性化』方策」『月刊民放』1988.2

梁瀬秀臣（1995）「番組論より，もっとテレビ論を」『放送文化』1995.10

社会理論とメディア研究®
——ニクラス・ルーマンのマスメディア理論の再解釈

梅　田　拓　也（東京大学大学院）

1. はじめに

1－1　問題の所在

　本稿の目的は，ニクラス・ルーマンのテクストの再解釈を通じて，メディア研究における彼のマスメディア理論の意義を再考することである。ルーマンのマスメディア理論は，マスメディアを社会システムとして記述する理論として注目を浴びてきた。ドイツではメディア論やジャーナリズム論やコミュニケーション論といった領域でルーマンの議論をもとにしたメディア理論の構築が試みられている（Görke 2003；Meyen et al. 2014）。日本でもジャーナリズム論や情報社会論といった文脈において受容されてきた（林 2002；西垣 2004；大黒 2006）。国内外問わずそのような期待が集まる一方で，ルーマンのマスメディア理論は抽象度の高さゆえに経験的なメディア研究やジャーナリズム研究との接続に困難があるとされてきた（林 2003：58）。しかしこれらの議論では，ルーマン自身がどのようなメディア研究との接続を図ったのかということを捨象した解釈が進められてきた。それゆえルーマンのマスメディア理論と他のメディア論の学説史的連関を踏まえてルーマン理論の意義を再解釈する必要がある。

　さらにこの問いは，ルーマン学説史研究のみならず近年の日本のメディア理論研究において共有されている問いにも関連する。2017年1月発行の『マス・コミ

ュニケーション研究』第90号では，現代のメディア研究における社会理論の意義が問われていた。ここでは例えば，メディア研究におけるヘゲモニー概念を軸とした政治理論の持つ意義（山腰 2017）や，デジタルメディアの分析における批判理論の持つ意義（毛利 2017）が提起されていた。翻ってルーマンは「ハーバーマス＝ルーマン論争」にも見られるようにキャリアの初期から，政治理論や批判理論とは異なる方向性の社会理論として自身の社会システム理論を位置付けようとしていた。本稿では，メディア研究におけるルーマン理論の意義を再解釈することで，社会理論的メディア研究の他の方向性を模索したい。

1－2　先行研究の検討と本稿の分析視座

　本論に入る前に，ルーマンマスメディア理論との接続を図ったメディア理論研究の先行研究を概観し，その問題を指摘した上で，本稿の分析視座を述べる。

　ルーマンのマスメディア理論は，社会理論においてメディアを論じる研究の中で一定の評価を受けてきた。①例えばメディア理論研究の領域では，ルーマンのマスメディア理論を応用してマスメディアの活動と政治過程の関係を記述する理論的研究が進展している（Marcinkowski 2014；Meyen et al. 2014）[1]。これらの議論ではルーマンのシステム理論を踏まえて，さまざまな政治的現象を政治システムやマスメディアシステムの作動として記述する方法が模索されている。②またジャーナリズム論の領域では，ルーマンのマスメディアのコミュニケーションの定義にしたがって「ジャーナリスト」の定義を再考する可能性が示唆されていた（Görke & Scholl 2006：651-652）。ここではルーマンに倣ってジャーナリズムの社会的機能からジャーナリズムを定義すると，これまでジャーナリズム実践と見なされていなかった対象を包含できるようになることに注目が集まっていた。③日本でも2000年代以降「情報社会論」と呼ばれる領域においてルーマンの枠組みに従ってメディアを社会システムとして論じる議論が展開された（西垣 2004）。これらの議論ではルーマンの議論を下敷きに「情報」という概念を軸とした新たな社会理論の構築が図られていた。以上の先行研究ではさまざまな議論がなされてきたが，概観するとマスメディアという対象を「社会システム」として記述するルーマンの理論的枠組みの抽象性に期待が集まってきたといってよいだろう。つまりマスメディアをめぐるさまざまな現象の具体的な記述にとらわれるのではなく，それらの諸現象を社会システムという抽象的図式の中に位置づけることで，何らかの認識利得を得ることが期待されてきたのである。

他方でルーマンの理論は，マスメディアをめぐる現象を「システム」として極度に抽象化したことで，経験的なメディア研究において問題とされていることを捨象しているという批判を受けてきた。①例えばルーマンのマスメディア理論を日本に導入した林香里は，彼の議論がジャーナリズムの実践的課題を捨象ないし追認するものであると批判している（林 2002：117-118）。事実，ルーマンはジャーナリストの実践上の課題にほとんど言及せずに理論を記述しており，「保守理論」という批判的な目線を向けられるのも頷ける[2]。また林は，ルーマンが「マスメディア」と「ジャーナリズム」という語を弁別しなかったのはルーマン理論の「根本的矛盾」であり「欠陥」であると主張している（林 2002：118-119）。林の言う「ジャーナリズム」をルーマン理論が記述できるかどうかは検証の余地があるが，少なくともルーマンがジャーナリズムについて主題的に論及しなかったことは確かである。②またドイツのメディア理論家アレクサンダー・ゲルケは，ルーマンのマスメディア理論が報道と政治システムの記述に偏っていると批判している（Görke 2003：121-123）。これをふまえてゲルケは，報道と政治システムの関係だけではなく，広告や娯楽との関係も射程に入れた「公共圏システム」理論の構築を訴えている。以上のような批判をまとめると，ルーマンはメディア研究やジャーナリズム研究の問題には周縁的な関心しか向けておらず，それゆえ彼の理論の記述能力には限界があるという評価が下されていると言える。

　以上のような先行研究を踏まえ，本稿ではルーマンが引用しているメディア研究からルーマンのテクストを再解釈することで，彼のマスメディア理論の意義を再検証する。ルーマンは自身のマスメディア理論を構築するにあたって，さまざまなメディア研究やジャーナリズム研究を引用している。そのため，ルーマン自身がどのようなメディア研究やジャーナリズム研究の問題を引き継ぎ解決しようとしているのかを分析することができる。だが上記の先行研究は，ルーマン自身がメディア研究やジャーナリズム研究におけるどのような問題を解決しようとしていたのかにほとんど着目してこなかった[3]。他方マスメディア理論以外のルーマン学説史研究の中では，ルーマンが議論を編んだ当時のドイツの学説状況からルーマンの議論を再解釈するという試みが盛んになっている（城 2001；小山 2015）。本稿の視座はこのような動向をマスメディア理論の再解釈に取り入れるものである。

　ルーマンはさまざまなメディア・ジャーナリズム研究のテクストに言及しているのだが，本稿では1990年代頃のドイツで流行した「ラディカル構成主義」と呼

ばれるメディア論に注目する。1990年代のドイツでは，構成主義認識論の立場か
らマスメディアについて論じる「ラディカル構成主義」と呼ばれるメディア理論
が流行しており，当時ルーマンのマスメディア理論もこのラディカル構成主義を
踏まえたメディア論として理解される流れがあった（Scholl & Weischenberg
1998：47-51）。しかしルーマン自身は，マスメディア理論の要綱的著作として知
られている1996年の『マスメディアのリアリティ　第2版』や，その元となった
1994年の論文「マスメディア理論としてのラディカル構成主義？――誤解を招く
議論へのコメント」においてこのラディカル構成主義メディア論に対する批判を
繰り返している。これを踏まえ本稿では，ルーマンのマスメディア理論とラディ
カル構成主義メディア論の関係と差異に着目し，ルーマンのマスメディア理論の
射程を再検討する。

　以上を踏まえ本稿では，ラディカル構成主義メディア論とルーマンのマスメデ
ィア理論の関係に注目しながら，ルーマンのマスメディア理論の意義を再解釈す
る。本稿の構成は次のとおりである。まず，ルーマンが言及しているラディカル
構成主義メディア論とそこで共有されている問題意識について分析し（2節），
ルーマンがそれらの問題意識に対してどのように回答していたのか分析する（3
節）。それらの議論を踏まえ，ルーマンのマスメディア理論がメディア研究にお
いてどのような意義を持っているのかを考察し，メディア研究における社会理論
研究の意義と可能性について展望したい（4節）。

2．ラディカル構成主義メディア論とその課題

　本節では，ルーマンが言及していた1990年代ラディカル構成主義メディア論に
おいてどのような問題が共有されていたのかを分析する。

2－1　ラディカル構成主義メディア論

　そもそも「ラディカル構成主義」とは何なのだろうか。ラディカル構成主義と
は1970年代半ばにアメリカの哲学者エルンスト・フォン・グレーザースフェルド
によって提唱された認識論である。グレーザースフェルドは，哲学，数学，言語
学，心理学などのさまざまな分野を渡り歩いた人物で，人間の認識と知識に関す
る学際的な問題関心を持っていた。グレーザースフェルドの言うラディカル構成
主義は次の2つのテーゼに要約することができる（Glasersfeld 1995＝2010：124）。

第1に，あらゆる知識は認識主体によって構成されたものである。第2に，われわれが（経験的に）世界と呼んでいるものは，認識主体が環境に適合する過程で自己の認識を組織化したものであり，認識主体から離れたところに客観的世界は存在しえない。つまりグレーザースフェルドのラディカル構成主義とは，われわれが知っていることやそこにあると思っているもののすべてが，われわれ認識主体の認識という働きによってつくりあげられたものであると主張する認識理論なのである。

　だが「ラディカル構成主義」という言葉はグレーザースフェルドの手を離れ，閉鎖システム理論の思想的潮流を示す標語として用いられるようになる。20世紀半ばに，生物体，神経系，機械，認識といったものを閉鎖システムとして記述する理論が同時多発的に成立したのだが，これらの議論は「ラディカル構成主義」という語を掲げた。例えばハインツ・フォン・フェルスターのサイバネティクス理論，ウンベルト・マトゥラーナとフランシスコ・ヴァレラのオートポイエーシス理論などがそれである。この流れを受けルーマンもラディカル構成主義を批判的に継承した閉鎖システム理論を構築していた（Luhmann 1988＝1996：225-229）。1990年代にルーマンのマスメディア理論が「ラディカル構成主義」に位置付けられていたことや，ルーマンが1994年の論文においてラディカル構成主義の批判からスタートしていることには，このような背景があったと言える。

　このような動きの中で1990年前後のドイツ語圏において，ラディカル構成主義的認識論をメディア研究やジャーナリズム研究の領域に応用する研究者が現れた。1970年代にラディカル構成主義を導入していた文学理論家ジークフリード・シュミットの議論を皮切りに，ウルリヒ・ザクサー，ヘルマン・ボヴェンター，ジークフリード・ヴァイシェンベルグ，ラルフ・ゲッデなど，多数のドイツ語圏の研究者がメディア論やジャーナリズム論とラディカル構成主義的認識論の接続を試みたのである。ルーマンが自身のマスメディア理論を構築するにあたって射程に入れていたのは，このような構成主義的認識論を継承したメディア論であったのである。

２－２　認識論からの出発と実践と理論の反省

　ではラディカル構成主義メディア論は具体的にどのような議論をしていたのだろうか。ここではラディカル構成主義メディア論の展開を包括的に記述するのではなく，ルーマンがテクストの中で直接言及していたウルリヒ・ザクサーの「構

成主義批判のテーゼ」（1992）とヘルマン・ボヴェンターの「プラトンの洞窟の中のジャーナリスト」（1992）という論文に着目する。この2つの論文はドイツ公共放送連盟（ARD）が1990年から1991年にかけて放送したラジオ講座「メディアとコミュニケーション」の内容が元になっている。この番組では，ザクサーやボヴェンターらが出演しラディカル構成主義メディア論の議論を基にメディアについて問題提起を行っていた（Boventer 1992：159-160）。では彼らはこの論文の中でどのような議論を展開していたのか。以下で3つに分けて説明しよう。

　第1に，ボヴェンターとザクサーはラディカル構成主義的認識論から出発することで，「客観性」や「中立性」や「真実」といったジャーナリストの職業倫理的な価値観を批判している（Saxer 1992；Boventer 1992：157）。先にグレーザースフェルドの議論で確認したように，ラディカル構成主義的認識論とは，あらゆる認識や知識が認識主体によって構成されたものであると捉え，客観的世界の存在を否定するという考え方である。この考えを前提すると，ジャーナリズムの実践や教育の現場においていわれる職業倫理的な価値観——例えば報道は客観的であるべきだとか，ジャーナリストは政治的に中立であるべきだとか，ジャーナリストは真実を報道すべきだという考え——が無効になる。つまりラディカル構成主義メディア論を前提すると，ジャーナリストの報道する内容は客観的な真実などではなく主観的な虚構となるのである。

　第2に，ボヴェンターとザクサーはこういった認識論的な問題設定によって，ジャーナリストの実践的活動に反省を迫っている。例えばボヴェンターはラディカル構成主義理論によってジャーナリズムの職業文化の「記述能力の狭さを知り，穏当に捉え直す」ことができると述べている（Boventer 1992：165）。またザクサーも「メディア批判の文脈では，ラディカル構成主義は，メディアのリアリティを脱神学的に捉え，ジャーナリズムが行うことと生み出すものの性質を鋭敏に察知することに寄与できるだろう」と述べる（Saxer 1992：181）。つまりジャーナリストたちが自らの実践を正当化する上で用いている「客観性」や「中立性」といった基準が無効になるとすると，ジャーナリストがどのような基準によってその実践を可能にしているのかということを捉えなおさなければならないということになる。したがってラディカル構成主義は，ジャーナリストの活動の反省を促すという点でジャーナリストの実践にも貢献すると主張されているのである。

　ここで注目しておきたいのはボヴェンターとザクサーがこういったラディカル構成主義の議論を「作られた現実（die erfundene Wirklichkeit）」という語で表し

ている点である（Boventer 1992：157；Saxer 1992：178）。これはポール・ワツラウィックが1981年に編集して出版し，グレーザースフェルド曰く「他のどの本よりも構成主義的着想を広めるのに多くの貢献を果たした」（Glasersfeld 1995＝2010：54）論文集『作られた現実（Die Erfundene Wirklichkeit)』のタイトルから取られたものだと考えられる。ボヴェンターとザクサーは，ラディカル構成主義メディア論がマスメディアの報道する「現実」をジャーナリストによって「作られた」ものであると捉えていることを，この語によって表現しているのである。

　第3に，ボヴェンターとザクサーはラディカル構成主義の問題を指摘しながら，メディア理論自体にも反省を促している。ボヴェンターとザクサーは，ラディカル構成主義的認識論の立場からジャーナリズムを批判することは，ジャーナリズムの担う政治的機能を破壊しうるものであると論じている（Boventer 1992：164；Saxer 1992：182）。一般的にいって，ジャーナリズムが客観的で中立的な報道を遂行することは市民が政治家の動向を観察するために必要であり，その意味でジャーナリズムは民主主義において重要な役割を果たしていると考えられてきた。しかしニュースで報道されていることがジャーナリストという認識主体が主観的に構成したものであり，彼らの客観性や真実性という公準も彼ら自身が構築した虚構的なものにすぎないとするならば，このような民主主義社会の前提条件であるジャーナリズムを否定することになる。ボヴェンターやザクサーはそういったシニシズムに陥るのではなく，メディア理論自体を反省的に再構築することで，民主主義社会においてメディアが持つ機能を救い出さなければならないとしているのである。

　このメディア理論の反省というプロジェクトに際して，ザクサーはルーマンのシステム理論の意義に着目していた。ザクサーはこの論文の中でラディカル構成主義メディア論が認識論にとどまっている限り，マスコミュニケーションという現象を十全に扱うことができないと主張している（Saxer 1992：179-180）。新聞や放送などを介して展開されるコミュニケーションは，送り手と受け手という複数の認識主体間で成立するものである。だがラディカル構成主義メディア論は，そういった複数主体間で起きる出来事を個々人の知覚や認識へと還元しているという点において限界があるのだ。ここでザクサーはルーマンの社会システム理論的な構成主義のアプローチに着目する（Saxer 1992：178）。ルーマンは認識主体の閉鎖的な現実構成だけではなく，社会システムという統一体による閉鎖的な現実構成を論じている。ザクサーはルーマンの理論によってラディカル構成主義メデ

ィア論を再構築することができるのではないかと主張していた。ボヴェンターも論文の末尾でザクサーのこのような主張を紹介しており（Boventer 1992：165），彼らがルーマンの社会システム理論に問題解決の期待を寄せていたことがわかる。

2－3　構成主義のアクチュアリティ

　ここまで述べたボヴェンターとザクサーのラディカル構成主義メディア論をまとめよう。①まずザクサーやボヴェンターらは，ラディカル構成主義認識論から出発することで，ジャーナリズムにおける客観性や中立性といったものを批判した。②次にこれを踏まえてザクサーやボヴェンターらは，ジャーナリズムの実践に対して反省を促した。しかしそのような理論的観点からジャーナリズムを批判することは，ジャーナリズムの活動を阻害することになるし，民主主義の成立条件をも揺るがすことになる。③それゆえボヴェンターとザクサーは，マスメディア理論にも反省を促し，理論と実践の乖離に際してその架橋の必要性を訴えたのである。

　しかしなぜ，1990年代にこのような構成主義的なメディア論が流行したのだろうか。この背景には湾岸戦争でのジャーナリズム批判がある。よく知られている通り，1991年の湾岸戦争では多国籍軍の情報統制や検閲のあり方が問題となり，これに抵抗できなかったジャーナリストたちに対する批判が相次いだ。ラディカル構成主義に言及していたジャーナリズム論者たちはこの問題に積極的に言及していた。例えばザクサーは湾岸戦争の報道を例に挙げ，戦争報道に際してマスメディアが戦争の現実を歪めたとしている（Saxer 1992：178）。またフリージャーナリストのラルフ・ゲッデは，ラディカル構成主義理論を用いて湾岸戦争における戦争報道の分析を行っている（Gödde 1992：276-278）。ゲッデ曰く，報道は起こった出来事や発表されたものごとを報道するというルーティーンに支配されており，その結果多国籍軍の「大本営発表」をそのまま報道し続けることになった。ゲッデはこのような状況を踏まえ，マスメディアが報道している現実を，実際に起きたことでもなければ皆の中で合意されたことでもなく，ほかならぬマスメディア自身が構築したリアリティであると捉えなおさなければならないと批判している。そしてルーマンもゲッデの議論を引用しつつ湾岸戦争に言及している（Luhmann 1996＝2005：18）。もちろんマスメディアによって「作られた現実」を疑うという構成主義的な問い立て自体は，時代や場所を問わずに繰り返されている。古くはウォルター・リップマンの「疑似環境論」，ごく最近のものでは「ポ

スト真実」と呼ばれる言説がそうである。しかし90年代のドイツのメディア論において殊更に認識論的・批判的な問題がフォーカスされ，それがラジオ番組になるまで大きな関心を引き起こし，そしてルーマンがその議論を下敷きにマスメディア理論を構築したことには，このような社会的背景もあったのである。

3．ルーマンマスメディア理論の応答とジャーナリズム実践との距離

　前節の議論で，1990年代のドイツにおいて展開したラディカル構成主義メディア論が，①認識論からの出発，②ジャーナリズム実践の反省，③メディア理論の反省という3つの問題を提起していたことが明らかになった。ルーマンのマスメディア理論の背景にはこのような問題意識があったと言える。では，ルーマンはこれらの問題に対してどのように応答していたのだろうか。ここではルーマンの1994年の論文「マスメディア理論としてのラディカル構成主義？――誤解を招く議論へのコメント」と，1996年の『マスメディアのリアリティ　第2版』の記述を踏まえ，このことを分析しよう[5]。

3－1　反認識論としてのルーマンマスメディア理論

　第1に，ルーマンはラディカル構成主義メディア論が認識論から出発していたことを批判し，システム論から出発する構成主義に切り替えるよう訴える。先にも述べたようにラディカル構成主義は，主観／客観という伝統的な区別を前提し，主観の側に特権性を与え客観世界の存在を否認するものであった。これに対し1994年の論文でルーマンは主観／客観の区別からスタートすることを拒否し，システム／環境の区別からスタートするべきであると述べていた（Luhmann 1994：7）[6]。言い換えるとルーマンは，知覚や認識によって成立する認識システムに加えて，認識主体間で起きるコミュニケーションによって成立する社会システムを射程に入れた構成主義理論を掲げたのである。したがってルーマンのいう「マスメディアのリアリティ」とは，ジャーナリストという認識主体によって構成されるものではない。そうではなく，ジャーナリストや新聞社や放送局の人々や読者や視聴者といった複数の認識主体の間で，それらの認識主体から自律して成立するコミュニケーションにおいて構成されるものなのである。ところでルーマンは1994年の論文に「誤解を招く議論へのコメント」というサブタイトルをつけているのだが，この「誤解を招く議論」のところに脚注が付されており，ここで本稿の2節

で扱ったボヴェンターとザクサーの論文を引用している。ルーマンがここで「誤解を招く」と言っているのは，伝統的な認識論から出発するラディカル構成主義とシステム論から出発するルーマンの構成主義（作動的構成主義）の区別を，ザクサーやボヴェンターらが見逃していることを指していると考えられる。

　しかしこの認識論からの出発を棄却し社会システム理論から出発するというアイデア自体は，ザクサーが1992年の論文で先に提示していたものである。では，ザクサーやボヴェンターたちの議論と，ルーマンの議論はどこが異なるのか。このことが第2の論点と第3の論点とに関わることになる。

3-2　反規範論としてのルーマンマスメディア理論

　第2に，ザクサーやボヴェンターらはラディカル構成主義理論の前提からジャーナリズムへの反省を促していたが，ルーマンはこのような規範的な議論を批判していた。まずルーマンは『マスメディアのリアリティ』の冒頭で，ラディカル構成主義が提起していたような，マスメディアがどうやって「現実」を歪めているのかという問題設定を批判している（Luhmann 1996＝2005：16）。ルーマンはジャーナリズム論者が「マスメディアが現実を歪めている」と批判することは，ジャーナリズム論者が構成した現実とマスメディアが構成した現実を比較し，前者の方が優れていると主張しているに過ぎないと喝破している。ただしこの箇所でルーマンはラディカル構成主義の議論に直接的に言及しているわけではない。しかしこの箇所を踏まえると，ラディカル構成主義メディア論のように「作られた現実」という理論的観点からジャーナリズムの反省を促すような戦略に対し，ルーマンが批判的な態度をとっていたことがわかる。

　さらにルーマンは『マスメディアのリアリティ』の中で，先述したラルフ・ゲッデのテクストを引用し，別の角度からそのようなラディカル構成主義メディア論の規範論的性格に対する批判をしている（Luhmann 1996＝2005：18）。ルーマンは湾岸戦争における多国籍軍の情報統制がマスメディアのルーティーンに適合的なものであり，それゆえに軍の検閲が効果的に作用したというゲッデの分析を肯定的に受け取っている。しかしルーマンはゲッデの批判的な論調については批判的に言及している。ルーマン曰く，湾岸戦争の「ピンポイント爆撃」の映像をマスメディアによって構築されたイメージであると批判する人は，「戦争では大量の犠牲者が出ている」というイメージを前提して批判しているのだが，後者のイメージもまたマスメディアによってもたらされた情報に基づくものである。言い

換えれば，マスメディアが媒介するリアリティが虚偽であるという批判もまた，マスメディアが媒介した情報に基づくものなのである。

そして理論的観点からジャーナリズム実践を批判するという理論研究の方向性を批判したルーマンは，マスメディアを介して起きる日常的なコミュニケーションにおいてどのような情報選択の基準が働いているのかということに着目していた。ルーマンは『マスメディアのリアリティ』の5章「ニュースとルポルタージュ」や7章「広告」や8章「娯楽」で，われわれが日常的にいかなる情報を「ニュース」や「広告」や「娯楽」として理解しているのかということに執拗に着目していた。例えば5章でルーマンはニュースバリューの議論に注目し，ニュースの送り手がどのような情報をニュースとして選定しているのか，そして受け手がニュースを通してどのような情報を知ることができると予期しているのかということを記述している（Luhmann 1996＝2005：44-66）。つまりルーマンは，送り手がどのような情報を「ニュース」や「広告」や「娯楽」として提示しているのか，また受け手がどのような情報を「ニュース」や「広告」や「娯楽」として理解しているのかということから出発したのである。言い換えればルーマンは，ジャーナリストの実践や新聞を読む人々の実践を批判するために理論を構築したのではなく，彼らの実践における常識的知識から出発しそれを抽象化することで理論を構築したのである。

つまりルーマンは，理論的観点からジャーナリズム実践に対して批判を与える規範的な議論に待ったをかけ，ジャーナリズムを含むさまざまなマスメディアを介したコミュニケーションの実践から出発する理論構築を進めたのである。換言すればルーマンは規範的な議論を回避し，記述的な議論に定位しようとしたのだ[7]。実はこのような禁欲的な態度はルーマンの社会学研究において一貫して保たれているものである。例えばルーマンの教授就任演説である1970年の「社会学的啓蒙」では，実践者関与的な理論構築を目指す自身の学的態度を「社会学的啓蒙」と呼んでいた（Luhmann 1970＝1983：76-78；三谷 2004：9）。また晩年に自身の社会学理論の集大成としてまとめた1998年の『社会の社会』の冒頭でも，啓蒙思想や批判理論を批判しながら，社会学が成すべきなのは「教えを垂れることではなく学ぶことである」と述べている（Luhmann 1998＝2009：8-9）。つまりルーマンはマスメディア理論の記述においてもこのような方針を引き継いでいるのだ。

3-3 社会システム理論から見るマスメディアの機能

　第3に，ザクサーやボヴェンターらはラディカル構成主義理論がジャーナリズムの社会的機能を批判するものであるとして批判していたが，ルーマンは自身のシステム論的構成主義の立場からマスメディアの社会的機能を捉え直そうとしていた。では，ルーマンはマスメディアにどのような社会的機能を見出したのだろうか。

　まず，ルーマンはマスメディアを社会の機能システムとして捉え，その社会的機能を社会の諸機能システムとの関係から捉えていた。ルーマンは近代社会を，複数の機能システム（政治システム，経済システム，法システム，学問システム，芸術システム，宗教システム，教育システムなど）に水平的に分化した「機能分化社会」であると捉えていた（長岡 2006：10-13）。そして各機能システムは，どの他のシステムにも優越するものではなく，それぞれ別の仕方で社会に対する機能を担っているとされている。ルーマンはマスメディアをこのような社会の機能システムの1つとして捉えた。したがってルーマンにとってのマスメディアの社会的機能とは，ボヴェンターやザクサーが言っていたように民主主義体制＝政治との関係のみから設定されたものではなく，政治や経済や法や学問や芸術や宗教や教育といったすべての諸機能システムとの関係において設定されるものとなる。

　次に，ルーマンはマスメディアの機能を，日々新しい情報を報道し続けることによって，社会システムの維持と変動の可能性を同時に実現することであると捉えている。ルーマン曰く，マスメディアシステムは報道や広告や娯楽と呼ばれる特殊な方法で，あらゆるコミュニケーションの前提となる新たな情報を生産し続けるという固有の働きを担っている（Luhmann 1996＝2005：143）。マスメディアシステムはこの働きによって，社会システムとその諸機能システムにおいて，①ルーティーン的にコミュニケーションを続ける構造（再生産の構造）と，②ルーティーンでは対応できないような情報に対応するための構造（情報の構造）を実現させている（Luhmann 1996＝2005：144）。つまりマスメディアの機能とは，政治や経済や法や学問や芸術や宗教や教育に対し，維持するために必要なものと変動させるために必要なものの双方を同時に可能にすることなのである。

　このルーマンの捉え方に2つ注意すべき点がある。①まずルーマンは，マスメディアシステムが他の機能システムに優越する権能を持っていると言っているわけではない。マスメディアの報道内容によってどのような政治的現象や経済的現象が起きるのかは，マスメディアを前提した政治システムや経済システムによっ

て制御されることであり，マスメディアシステムが直接決定できることではない。マスメディアシステムは新しい情報を発信し続けるということしかできず，維持や変動の可能性を媒介しているにすぎないのである。②もう１つは，ルーマンがマスメディアの情報伝達が他の機能システムの「刺激」となると捉えている点である。政治家のスキャンダルや取り付け騒ぎや虚偽報道などを思い浮かべるとわかるが，マスメディアは時として政治や経済や学問のルーティーン通りのコミュニケーションにとってリスクとなるような情報を伝達することがある。言い換えると，マスメディアはそのようなリスクを含んだ情報を発信し続けることによって「現代社会が既存の諸構造と極端に強すぎる絆で結びつくことを妨げる」のである（Luhmann 1996=2005：145）。つまり，ルーマンにとってマスメディアの機能とは，社会システムを維持する前提となるだけではなく，社会システムに刺激や攪乱をもたらしその変動のきっかけを与えることなのである。

まとめるとルーマンは，認識論や規範論を回避し社会システム理論から出発することで，「機能分化社会」という秩序表象からマスメディアの社会的機能を捉え直したのである。換言すればルーマンは，認識論や規範論を回避し，社会システムの多元性・多様性という前提から出発することで，マスメディアの機能をその他の機能システムの関係から捉え直したのだ。

4．おわりに

本稿ではルーマンが言及していた1990年代のドイツのラディカル構成主義メディア論を踏まえて，ルーマンのマスメディア理論を再解釈した。ラディカル構成主義メディア論は，①構成主義的認識論から出発することで「客観性」や「中立性」と言った価値基準を批判することで，②ジャーナリズム実践に対する反省的な議論を促し，③ジャーナリズムの民主主義社会に対する意義という点からマスメディア理論の側にも反省を促していた。これに対しルーマンは，①認識論を批判しシステム論から出発することで，②規範的なメディア論を批判し，③社会システム理論の枠組みでマスメディアの社会的機能を捉え直そうとしていた。その結果ルーマンは，マスメディアの社会的機能を機能分化社会という立脚点から捉え直したのである。

ではその機能分化社会という立脚点からマスメディアを捉えるというルーマン理論の示唆を踏まえると，社会理論的メディア研究にどのような方向性を見いだ

すことができるだろうか。まずルーマンの議論に沿って社会現象を捉えることで，マスメディアや政治，経済，法，学術，芸術，宗教といったさまざまな領域を「社会システムの作動」として抽象化することができる。そのような抽象化を踏まえることで，機能的に分化した社会システムとの関係という参照問題からマスメディアとそれらの別の領域と比較することが可能となる。例えば，「情報／非情報」の観察を継続することで機能分化を維持するというマスメディアシステムの社会的機能は，「合法／不法」を観察し続ける法システムや，「真理／非真」を観察し続ける学術システムといった他の機能システムとの偶発的な関係の中に位置付けられるのである。つまりルーマンは，メディアを介して起きるさまざまな社会的実践をシステムの作動として抽象化し，その他のさまざまな社会的実践と比較し捉え直すための比較図式として社会システム理論を提示しているのだ。ルーマンが社会理論的メディア研究に示唆しているのは，そのような比較図式としての理論の構築なのである。

このことを敷衍するとルーマンのいう「理論」とは，政治理論的なメディア論や批判理論的なメディア論とは異なる目的を持つものであることがわかる。①まずある種の政治理論的メディア論は，民主主義社会の秩序とメディアの関係の論究を目的としてきた。このような議論は，ルーマンの議論の中では政治システムとマスメディアシステムという限定されたシステム間の問題として捉え直される。ルーマンの議論にしたがって言えば，社会理論的メディア研究は，政治，経済，法，学術，芸術，宗教といったより広い領域とマスメディアの関係を射程に入れなければならないのである。[8] ②また批判理論的メディア論は，さまざまなメディアが跳梁跋扈する現代のメディア環境に対して「批判的で適切な分析」を行うための理論の構築を目的としている（毛利 2017：43）。しかしここまで繰り返してきたようにルーマンのいう「理論」とは，現実を比較しながら捉え直すための図式であり，現実を批判するための聖典ではない。もちろん政治理論や批判理論が誤っているとか，ルーマンの試みの方が優れているとか言いたいわけではない。ここで強調しておきたいのはルーマンのいう「理論」とは，政治理論や批判理論のいう「理論」とは異なる方向性を社会理論的メディア研究に示唆しているということである。

以上の考察結果と冒頭でまとめた先行研究を比較しておこう。①まずルーマンの応用可能性を訴えていた先行研究（西垣 2004；Görke & Scholl 2006；Marcinkowski 2014；Meyen et al. 2014）は，ルーマンが機能分化社会全体との関連か

らマスメディアを捉え直そうとしたことを見逃している。それらの先行研究はルーマン理論の意義を，その抽象性の高さそれ自体や，特定の機能システムとの関係から捉えていた。もちろんそれらの意義自体は否定できないが，ルーマン理論の最大の意義は機能分化社会という立脚点からマスメディアを捉えている点にあるというべきであろう。②また抽象性の高さゆえにルーマン理論とメディア研究の乖離を示唆していた先行研究（林 2002, 2003；Görke 2003：111-113）は，ルーマンがその抽象化によって何を可能にしようとしていたのかを見逃していた。確かにルーマンは，ジャーナリズムの実践的問題や，広告や娯楽の現実のあり方を捨象したのだが，それによって異なる理論的目的を提示しようとしていたのである。

　ここまでの議論を踏まえ今後の課題を述べる。本稿ではルーマン理論の示唆を踏まえ，メディア研究における社会理論研究の可能性を提示した。そのような理論研究の推進にあたって必ずしもルーマン理論から出発する必要はないのだが，どの理論家の議論を踏まえるにしても各々の理論の問題を検討し批判的に再構築していく必要はある。ここではルーマンのマスメディア理論の理論的課題を指摘しておこう。①まずルーマンは，マスメディアを介して起きる諸実践の記述から出発しそれを抽象化することで理論構築を進めている。しかしゲルケが先行研究で指摘しているように，ニュースという限定的な対象に力点を置いている可能性がある（Görke 2003：121-123）。これを踏まえゲルケが試みているように，ルーマンのマスメディア理論を経験研究の成果から検証・再構築する必要がある。②特に新聞やラジオやテレビからインターネットへと情報発信形態が多様化している現代において，ルーマンのマスメディアシステム理論の限界を検討することは重要な課題となる。ルーマン自身は，コンピューターを介したコミュニケーションをマスメディアシステムの作動として記述することには消極的であった（Luhmann & Laurin 1997：20）。しかしインターネットによるニュース発信が一般化した現在において，ルーマンが想定していたものと異なる「情報」の選択構造が成立しているならば，その点を踏まえてマスメディアシステムのプログラムの議論を再検討しなければならない。③さらに本稿ではルーマンの理論の利点が，マスメディアシステムとその他の機能システムの関係を射程に入れることができるという点にあると述べた。しかしそうだとすれば，その利点を享受するためにはその他の機能システム理論の再検討も必要となる。

注

（1） これらの議論では，さまざまなメディアの情報発信において用いられている情報選択の原理を「メディアロジック（media logic）」と呼び，この「メディアロジック」が政治や経済や法や宗教や科学やスポーツといった実践にどのような影響を与えているのかということを「メディアタイゼーション（mediatization）」と呼んで論じている。メディアタイゼーション理論の動向についてはフランク・マルチンコフスキーおよびアンドレアス・ヘップの記述を参照（Marcinkowski 2014；Hepp 2011＝2013）。

（2） 他方でこういった理解は，戦後の反フランクフルト学派の旗手であり，アーノルト・ゲーレンやヘルムート・シェルスキーらの系譜を継ぐ「保守的」な社会理論家であるというルーマン自身の人物像に起源する理解であるようにも見える。この系譜については城達也の記述（城 2001：251-281）を参照のこと。

（3） ルーマンの理論と当時のドイツのメディア研究の関係に着目した例外的な先行研究として林香里の議論を挙げることができる。林はルーマンの議論の背景に「コミュニケーション学」や「メディア学」というドイツにおける新興の学的領域の対象の画定という問題があったとした（林 2003：51）。

（4） ここではドイツにおけるラディカル構成主義メディア論の展開過程について概括的に論じなかった。先行研究では，ラディカル構成主義の代表としてジークフリード・シュミットの議論をまとめたもの（Hepp 2011＝2013：17-23）や，そのシュミット自身が自身の理論展開について述べたもの（Schmidt 2010）はあるが，概括的に論じた学説史研究は無い。これは以降の学説史研究において展開すべき課題である。

（5） ルーマンのマスメディア理論を網羅的に理解するためには，先行研究（林 2002：77-121；大黒 2006：287-429；Berghaus 2011：189-259）が試みているように，「コード」，「プログラム」，「オートポイエーシス」など彼の社会システム理論のターミノロジーを踏まえて解釈する必要がある。しかし本稿ではその作業を避け，ラディカル構成主義メディア論の提起した問題からの再解釈に定位した。

（6） ルーマンはシステム／環境から出発する自身の構成主義理論を，ラディカル構成主義から区別して「作動的構成主義（Operativer Konstruktivismus）」と呼んでいた。グレーザースフェルドのラディカル構成主義とルーマンの作動的構成主義の差異に関してはルーマン自身の記述（Luhmann 1988＝1996：225-229）および長岡克行（2006：586-587）の記述を参照。

（7） ルーマンがこのような規範的なジャーナリズム論に対して批判的な態度をとっているということ自体は先行研究でも指摘されている（Görke & Scholl 2006：652；Bechmann & Stehr 2011：142-143）。本稿ではルーマンが具体的にどのような議論を批判対象にしていたのかということを明らかにした点でこれらの先行研究を更新している。

（8） このようなルーマン理論の試みの新奇性を十全に評価するためには，他の類似の試みとの比較が必要になる。例えばニック・クドリーは社会的実践の意味構築的な側面に着目しながら，「政治的なもの」の秩序化に留まらない，メディア実践を

介して起きる「社会的なもの」の秩序化を論じようとしていた（山腰 2017：57-59）。例えばルーマンのいう機能分化社会という社会秩序観とクドリーのいう社会秩序観の差異に着目しつつ比較していくことで，ルーマン理論の利点・欠点を浮き彫りにしていくことができるだろう。

引用・参考文献

Bechmann, Gotthard & Stehr, Nico（2011）"Niklas Luhmann's theory of the mass media", *Society*, 48(2), 142-147.

Berghaus, Margot（2011）*Luhmann leicht gemacht*, 3. Aufl., Böhlau.

Boventer, Hermann（1992）"Der Journalist in Platons Höhle: Zur Kritk des Konstruktivismus", *Communicatio Socialis*, 25(2), 157-167.

大黒岳彦（2006）『メディアの〈哲学〉——ルーマン社会システム理論の射程と限界』NTT 出版

Glasersfeld, Ernst v.（1995＝2010）*Radical Constructivism: A Way of Knowledge and Learning*, Falmer.（橋本渉訳『ラディカル構成主義』NTT 出版）

Gödde, Ralf（1992）"Radikaler Konstruktivismus und Journalismus: Die Berichterstattung über den Golfkrieg - Das Scheitern eines Wirklichkeitsmodells", Rusch, Gebhard & Schmidt, Siegfried J.（Hgg.）: *Konstruktivismus: Geschichte und Anwendung*. Suhrkamp, 269-288.

Görke, Alexander（2003）"Das System der Massenmedien, Öffentlich Meinung und Öffentlichkeit", Kai-Uwe Hellman et al.（Hgg.）*Das System der Politik*, Westdeutscher Verlag, 121-135.

Görke, Alexander & Scholl, Armin（2006）"Niklas Luhmann's Theory of Social Systems and Journalism Research", *Journalism Studies*, 7(4), 643-655.

林香里（2002）『マスメディアの周縁，ジャーナリズムの核心』新曜社

———（2003）「ルーマン理論とマスメディア研究の接点——ドイツの『コミュニケーション学』の動向」『思想』2003年7月号　岩波書店　48-63

Hepp, Andreas（2011＝2013）*Die Kulturmediatisierter Welten*, Springer.（Tribe, Keith trans. Culture of Mediatization, Polity.）

城達也（2001）『自由と意味——戦後ドイツにおける社会秩序観の変容』世界思想社

小山裕（2015）『市民的自由主義の復権——シュミットからルーマンへ』勁草書房

Luhmann, Niklas（1970＝1983）"Soziologische Aufklärung", Niklas Luhmann, *Soziologische Aufklärung* 1, Westdeutscher Verlag, 66-91.（土方昭訳「社会学的啓蒙」『ニクラス・ルーマン論文集1　法と社会システム　社会学的啓蒙』新泉社）

———（1988＝1996）*Erkenntnis als Konstruktion*, Bentali Verlag.（土方透・松戸行雄訳「構成としての認識」『ルーマン，学問と自身を語る』新泉社　223-256）

———（1994）"Der 'Radikale Konstruktivums' als Theorie der Massenmedien?: Bemeruungen zu einer irreführenden Debatte", *Communicatio Socialis*, 27(1), 7-12.

———（1996＝2005）*Die Realität der Massenmedien*, Westdeutscher Verlag.（林香里訳『マスメディアのリアリティ』木鐸社）

——— (1998 = 2009) *Die Gesellschaft der Gesellschaft*, Suhrkamp Verlag.（馬場靖雄
　他訳『社会の社会1，2』法政大学出版局）

Luhmann, Niklas & Laurin, Stephan（1997）"Das Internet ist kein Medium?: Niklas
　Luhmann über Medien, Journalisten und Wahrheit", *Unicum*, 15(2), 20.

Marcinkowski, Frank（2014）"Mediatisation of Politics: Reflections On the State of
　the Concept", *Javnost-The Public*, 21(2), 5-22.

Meyen, Michael, Thieroff, Markus & Steffi Strenger（2014）"Mass Media Logic and
　The Mediatization of Politics", *Journalism Studies*, 15(3), 271-288.

三谷武司（2004）「ルーマン型システム理論の妥当条件——実践的動機の解明と理論
　の評価に向けて」『ソシオロゴス』28　1-14

毛利嘉孝（2017）「ポストメディア時代の批判的メディア理論研究へ向けて」『マス・
　コミュニケーション研究』90　29-45

長岡克之（2006）『ルーマン／社会の理論の革命』勁草書房

西垣通（2004）『基礎情報学——生命から社会へ』NTT出版

Saxer, Urlich（1992）"Thesen zure Kritik des Konstruktibism", *Communicatio Socia-
　lis*, 25(4), 178-183.

Schmidt, Siegfried J.（2010）"Literary Studies from Hermeneutics to Media Culture
　Studies", CLCWEB: Comparative Literature and Culture, 12(1).（retrieved July 15
　2017 URL: http://docs.lib.purdue.edu/cgi/viewcontent.cgi?article=1569&context=cl
　cweb）

Scholl, Armin & Weischenberg, Siegfried（1998）*Journalismus in der Gesellschaft*,
　Westdeutscher Verlag.

山腰修三（2017）「メディア・コミュニケーション研究と政治・社会理論——ヘゲモ
　ニー概念の展開とラディカル・デモクラシー」『マス・コミュニケーション研究』
　90　47-63

デジタルゲーム経験論再考®
——AVG・RPG での「消えない恐怖」を手がかりに

鍵　本　　　優（京都産業大学）

1．問題提起

　デジタルゲームは，今日のメディア文化のなかで大きな位置を占めている。日本における初期の家庭用デジタルゲームでは，技術や設定や発想などの点で，ホラー系の作品がしばしば革新的な役割を果たしてきた。もちろんそうした役割を果たした作品が常にホラー系だとは限らないが，多いことは事実である。ヒット作品でいくつか示してみよう[1]。

　AC からの移植作 ACG『魔界村』（1986 カプコン FC）は，FC ソフトのデータ容量で初めて 1 メガビットに達した（『GAMER'S HIGH!』2015：6）。背徳感漂う RPG『デジタル・デビル物語　女神転生』（1987 ナムコ FC）では，敵をメンバーに勧誘して合体させるシステムが斬新だった。殺人事件と怪談を結びつけた『ファミコン探偵倶楽部』（1988・1989 任天堂 FCD）は AVG の金字塔とされる。ACG『悪魔城伝説』（1989 コナミ FC）は音源拡張が初めて可能になった多機能チップを搭載し，桁違いの音質とグラフィックを実現した[2]。おどろおどろしい雰囲気の ACG『源平討魔伝』（1990 ナムコ PCE　AC からの移植作）では，巨大キャラクターの動作や特徴的なセリフ音声がプレイヤーを驚かせた。

　また，音と映像で恐怖を煽る『弟切草』（1992 チュンソフト SFC）は，「サウンドノベル」という新ジャンルを生みだした。登場人物の狂気が印象的なホラー

AVG『Dの食卓』(1995 ワープ 松下電器・3DO REAL) は，フル3D グラフィック
の「インタラクティヴ・シネマ」として画期的だった。非力な主人公という設定
のホラー AVG『クロックタワー』(1995 ヒューマン SFC) は，「視聴者」という
プレイヤー視点が新しかった。「サバイバル・ホラー」として売り出された ACG
『バイオハザード』(1996 カプコン PS) は，当時日本ではあまり例のないラジコ
ン操作を導入した。これら以外にも同様の革新的な作品がある[3]。

　もっとも，ホラー系の作品やその新機軸が常に成功したわけではなく，FC ソ
フト全体の売り上げでも20位以内にはない（冨島 2015：51）。それらが常にプレ
イヤーへ怖い思いをさせたわけでもない。初期の家庭用ゲーム機の性能程度では，
本格的なホラー表現が困難だったともされる（『懐かしスーパーファミコンパーフェ
クトガイド』2016：46-47）。

　だが先にみたとおり，日本の初期の家庭用ゲーム文化には，革新的なホラー系
の作品とともに展開してきた面がある。そうした作品以外でも，しばしばゲーム
での恐怖経験は語られる。とはいえ管見のかぎり，ゲーム文化での恐怖経験を扱
った本格的なメディア研究はほとんどないように思われる。日本のゲーム文化で
の恐怖経験を具体的に考察することにより，「ゲームというメディア」ならでは
の経験について，メディア研究上の有益な理論的・文化論的見解を新たに提出す
ることはできないだろうか。これが本稿の問題提起である。

　本稿の構成は次のようになる。従来のゲーム経験論の理論枠組みを確認し（第
2節），恐怖経験の検討をつうじてその難点を論じる（第3節）。そして，この難
点に対処するために日本のゲーム文化での具体的事例を考察し（第4節），そこ
から結論を導出する（第5節）。

2．ゲーム経験論の理論枠組み

　一般に，メディア技術の多くは社会生活へ浸透するさいに「遊び」の形式をと
ってきた（加藤 2001：153）。このことはゲームも同じだ。ゲームとはある数値を
CPU に与えて CPU が計算して何らかの数値を出力するという情報のサイクルで
あり，人間のほうがその数値に意味づけをして情動的に面白さを感じている（小
孫 2012：9）。従来の日本のゲーム経験論も，こうした「遊び」の観点を理論的な
中核としてきた。本節ではこの点を確認する。

　社会学者の加藤晴明が的確に整理したように，メディアとしてのゲームの面白

さは３つの次元から捉えうる。すなわち，①ディスプレイ画面とのインタラクションという次元，②ゲームの物語とやりとりする次元，③メディア・ミックス的なゲーム情報文化という次元である（加藤 2001：159-160）。これらは端的に，①操作性，②物語性，③共有性とも捉え直せる。この３つの次元が，従来のゲーム経験論の基本的な理論枠組みだといえよう。

２−１ 操作性

ゲームの操作性の本質は「ボタンを押すと反応すること」にある（さやわか 2012：11）。社会学者の安川一はプレイヤーの自在感をゲーム経験の特徴と捉えた。コントローラーでの操作がゲーム内での操作に変換され，プレイヤーは実質的な位置をゲーム内に獲得する。操作は参加感を強め，プレイヤーはインタラクションの自在感を楽しむ。機敏かつ微妙に変化していくゲームの世界に即応する自在感が，ゲームを進める要因となる（安川 1993：31）。

ここから安川は，1980年前後に大流行した『スペースインベーダー』（1978 タイトー AC）などのゲームがもたらした社会的な問題点を指摘する。それは，ゲーム操作への完全な適応が快楽を生む反面で，コンピュータ制御による経験の媒介・再構成が進んで社会的なコンピュータ依存が深化・徹底してしまったことだ（安川 1992：150，165）。その後の FC 時代でもこの状況は変わらない。むしろ，教育的志向をともなう「家庭内での安全な遊び」という暗黙の要請によって強く正当化された面さえある。ゲームでのルールや制約が，教育プロセスでの課題達成を擬制していたからだ。また，日本の家庭に初めて普及したコンピュータである FC での操作行為は，その後のポケベルや携帯電話に必要な IT リテラシーを社会的に生成する重要な契機ともなった（上村・細井・中村 2013：16，192-193）。

２−２ 物語性

画面を見ながら操作しつつ物語の主人公という感覚をもてるのは，ゲームの画期的特性の１つだ。自覚的に物語要素を導入した作品は『ゼビウス』（1983 ナムコ AC）が最初だとされる（多根 2011：87）が，そもそもなぜゲームに物語性が必要となったのか。

ゲーム研究者の渡辺修司と中村彰憲によると，物語性はゲームの世界へ感情移入しやすくすることでプレイヤーの操作性を効率よく高めるという機能をもつ（渡辺・中村 2014：151）。ゲームデザイナーとして有名な C. ブレジンスキーも語る

とおり，ゲームでの物語には「プレイヤーが楽しむ仕掛けを作る口実」という面がある（Rose 2011＝2012：187）。

2－3　共有性

物語がどう複雑になっても，そのゲーム作品の世界じたいの同一性は保証されている。またデジタル技術によるプログラム構成と複製で，ゲームは原理的に同一の操作が同一のできごとを再現する。これらは経験の共有を推進する。物語の具体性もはたらき，大量の類似した個人的経験は画面の向こうに共有空間を実現した（安川 1992：159，1993：36）。うわさ話や「裏技」ブームが示すとおり，共有空間への参加はゲーム文化の大きな特徴である。

メディア・ミックスもゲーム空間を膨張させる。大きな転機は『ドラゴンクエスト』シリーズだった。ゲーム攻略本，投稿作品も含む小説・マンガ・アニメ，音楽の CD 化とコンサートといったマルチ・テクスト的な膨張は，ある種の想像的な情報消費空間を社会的に確立したといってよい。プレイヤーはこの多層的な情報空間の消費者にもなる（安川 1992：157）。プレイヤーの多くはゲームの背後にある世界を思い描き，そこから生じたであろう（＝ゲームには現れない）数々の場面や物語をたぐるように想像していく（永田 1993：56，61）。

2－4　関係性を志向する経験／関係性が切断される経験

以上，簡単ではあるが，従来の日本のゲーム経験論の理論枠組みを確認した。そこでは，リアルなゲーム経験というものが「主人公としての自在感」「ゲーム世界への感情移入」「想像的な共有空間への参加」といった諸契機の絡み合いによるものと想定されていよう。

しかし，このことは議論の範囲を知らず知らずのうちに狭めるおそれがある。どうしても，主体的・能動的に何らかの関係性を志向するようなプレイヤー経験ばかりが扱われてしまうからだ。実際のところ，プレイヤーをめぐる関係性が（一時的にせよ）切断されるような経験を，この理論枠組みにもとづいた従来の議論はほとんど想定していなかったと思われる。

本稿の考えでは，日本のゲーム文化にみられたある種の恐怖経験こそが，この「想定外」の事態を示している。次節ではそれを論じ，従来の理論枠組みがもつ難点を具体的に述べたい。

3. 恐怖経験からみた，ゲーム経験論の理論的難点

　感情心理学の知見では，恐怖は情動（emotion）の１つである。情動経験とは，原因も開始・終了も明確なものであり，しばしば交感神経系や内分泌系の活動による生理的覚醒がともなう（大平編 2010：34）。恐怖を認知する扁桃体は快感を判断する脳部位でもあるため，特定の条件下では，恐怖を導く刺激が快楽を生む（Gilmore and Campbell 2008）。

　このように，ときに恐怖は快楽ともなる。これはホラー愛好者には自明であり，一般的にもある程度知られていよう。ホラー作品とは，恐怖の快楽を引き出す人為的仕掛けである（戸山田 2016：337）。西欧でのゴシック小説など，そもそも「ホラー」というジャンルの生まれた背景には，18世紀中葉の「啓蒙の世紀」があった。理性的な科学的世界観が，「超自然的なもの the supernatural」を描写するのに必要な，ある種の概念的空間を可能にしたのである（Carroll 1990：55, 57）。近代社会以降，そうした概念的空間は拡大し，恐怖の表象や経験が量・質ともに拡大した。むろんゲーム文化での恐怖経験もその延長にある。

　価値観や経験が多元化した現代では，ゲーム文化での恐怖経験も個人の感受性や信念によって多様になっている。とはいえ，その恐怖経験の「型」として，少なくとも次の２分類を考えうる（この分類はあくまでも議論のために構成される理念型に近く，現実にはある程度混合もする）。

3－1　制度化された「消える恐怖」

　ゲームのみならず，遊園地のジェットコースターなどでも経験されるような，スリルとして制度化された恐怖がある。非現実的な世界を一時的に楽しむこの恐怖は，逃避やストレス解消などの動機からも追求される情動であろう。これは「消える恐怖」ともいえる。

　「消える恐怖」を楽しむ生理現象の多くは，恐怖の鎮静と快感とをもたらす神経伝達物質によって，恐怖をはねのける感覚を享受するものだ（Dozier Jr. 1998＝1999：219；戸山田 2016：336）。また「消える恐怖」が社会的に合意されたホラー施設では，隔絶された館内での不安や緊張感と館外へ出たときの安堵感との落差も楽しまれてきた（橋爪 1994：167, 175-176）。ゲーム・小説・映画・マンガ・アニメ・実録物・娯楽施設などの文化的領域では，恐怖の多くが制度化された「消

える」原理のもとで享受されている。

3－2 「衝撃」による「消えない恐怖」

それに対して，強く惹きつけられつつも合目的性があまりなく，かつ後を引くような恐怖というものがある。これは「消えない恐怖」ともいえる。

ゲーム経験での例を挙げてみよう。ゲーム雑誌編集者の山本悠作は AVG『ファミコン探偵倶楽部』でのプレイを回想して，「限りなく感動に近い恐怖。それが消えないのだ。……ゲームを解き終えても，何かが離れずに，心に残っている」と述べている（『アドベンチャーゲームサイド Vol.2』2014：22　中略記号は引用者のもの，以下同じ）。また，ホラー RPG『スウィートホーム』（1989 カプコン FC）について，一般のプレイヤーが「ただひたすら怖かった，と記憶しています。初プレーは友人がやっているのを後ろで眺めていただけだったのですが，それでも友人宅からの帰り道，足が震えてうまく歩けないくらいでした……／当時僕はかなりのゲーム好きで，話題になったゲームはほとんどプレーしていたのですが，友人宅でのトラウマ（？）がたたって購入に踏み切れず……」といった回想を述べている（深田編 2012：332　「／」は改行を示す，以下同じ）。

こうした「消えない恐怖」にも発端があるだろう。本稿はその経験を「衝撃」と呼びたい。日本のゲーム文化での恐怖経験を説明するのに，なぜ身体的・物質的感覚の意を含む「衝撃」という語を使うのか。これについては，現在でもその恐怖シーンの怖さと魅力が語り継がれている傑作 J ホラー映画『リング』（1998 中田秀夫監督）のエピソードが参考になる。

J ホラーの理論的支柱で『恐怖の作法』（2014）の著者でもある脚本家の小中千昭は，『リング』の観客の姿を見て，「観客たちの姿勢は，徐々に腰を前方にずり下げ，頭を極力スクリーンから離そうという姿勢に，無意識の内に移行していった」と述べた（小中 2014：15）。また，悲鳴を上げるよりも「何が起こっているのか，咄嗟に認識できないほど，そこに居ることが有り得ない存在……に対するリアクションは，おそらく硬直だ」とも述べる（同：62）。あたかもスクリーンから受け手へ直接触れてくるかのように，認識を否定・停止させるほどの強烈な情動としての恐怖が，きわめて身体感覚的に経験されうるのだ。[4]

また奇怪な動きで這い，長い髪を乱して目を剥くといった有名な「貞子」の姿も，この恐怖の大きな要因である。監督は怖い動きを8ミリビデオで徹底的に研究し，逆回転で撮る方法に至ったという（『メディアックス MOOK 439』2014：66,

73)。怖い動きのイメージを受け手に与えるのに，映像の「逆回転」というメディア的技術のもつ物質的効果が応用されたのだ。映画内での『呪いのビデオ』の演出や「貞子」が畳に指を這わすシーンなども，ざらざらとした物質的な触覚性による刺激で観客へ恐怖をもたらした（長谷 2004：85）。

　このように，身体的・物質的なメディア経験をもとにした強烈な恐怖の情動が，現在でも語られるほどに『リング』の観客たちへ深い魅惑的な痕跡を残したと考えられる。

　本稿は以上を参考にして，「消えない恐怖」の発端となるゲーム経験にも強烈な身体的・物質的感覚がある程度関わっているとみて，これに「衝撃」という語を充てたい。[5]

　この経験に着目すれば，ホラー系作品以外での恐怖も論の射程内に入る。たとえば，『ドラゴンクエストⅢ』（1988 エニックス FC）についてよく回顧的に語られる，セーヴデータ（＝「ぼうけんのしょ」）の消失という事態がある。それは，「いつものようにカセットを差し込み，電源を入れると呪われた時の BGM が鳴り響き「ざんねんながら　ぼうけんのしょ1は　ほぞんされませんでした」とメッセージが出たのです。その瞬間私は，メガンテをかけられ，自分の体が砕け散ったように感じられました」といったものだ（ファミコン必勝本編集部編 1988：26）。この「自分の体が砕け散った」は，一見すると作品での呪文（＝「メガンテ」）と重ねた徒労感の表明にみえる。だがそれだけではない。当時，「呪われた」ときの不気味な低音ぎみの音楽とともに現れるセーヴデータ消失の画面は，プレイヤーへ深い痕跡を残す怖い身体的・物質的なメディア経験をもたらしていた。実際に，データロード画面で「あの呪いの音楽が鳴るかもしれないと思うと怖くて，半端なホラーゲームより怖」かったという回想も多い（［深田編 2012：295］など）。この事態ではまさに，身体に「衝撃」が走るのである。

３−３　従来のゲーム経験論がもつ理論的難点

　これら２つの恐怖経験の型を考えたうえで，本稿が着目するのは，ゲーム文化における後者の「消えない恐怖」である。主体的・能動的に何らかの関係性を志向するようなプレイヤー経験と比べて，「消えない恐怖」の経験はこうした関係性が（一時的にせよ）切断されたものといえるからだ。

　「消えない恐怖」の享受や魅惑への着目は，従来のゲーム経験論の理論枠組みに潜んでいた難点を明るみに出す。その難点とは，「ゲーム経験は不快感の積極

的解消だ」「物語の経験とは没入的なものだ」「ゲーム経験は想像的消費だ」という暗黙の前提があまりに強すぎたことだ。それぞれは，「主人公としての自在感」「ゲーム世界への感情移入」「想像的な共有空間への参加」という，前節で確認した諸契機にも対応する。

まず「ゲーム経験は不快感の積極的解消だ」という前提は，ACG・STG や制度化された「消える恐怖」には適用できても，「消えない恐怖」の享受や魅惑を充分に説明できない。また「物語の経験とは没入的なものだ」という前提は，没入的な自己同一化以外の物語経験を見逃しやすい。2つの前提が強すぎると，「衝撃」の問題は視野に入らなくなるのだ。

さらに「ゲーム経験は想像的消費だ」という前提は，プレイヤーを「安全な主体」だと捉えてしまいやすい。ゲームでの視座は，操作するキャラクターとなって世界を体験する点では当事者的だが，虚構世界だという意識を確保しつつ操作するという点では俯瞰的だ（松本 2013：12-14）。なるほどこの俯瞰的視座は「安全な主体」を保障する面がある。だがゲーム経験をこの捉えかたに閉じ込めてしまうと，俯瞰的視座そのもの（≒現在の自分自身）が脅かされるような「衝撃」をゲーム経験に含むという発想は生じえなくなる。

4．ゲーム経験の具体的事例の考察

前節では，従来のゲーム経験論の理論的難点を示した。この難点への建設的な対処法を探るには，やはり「消えない恐怖」を残した実際のゲーム経験についての考察が必要となろう。考察にあたっては，本稿も従来の操作性・物語性・共有性という理論枠組みに沿う。この理論枠組みじたいが間違っているわけではないからだ。むしろこの理論枠組みに考察対象をぶつけるからこそ，そこでの暗黙の前提を弱めうるような観点が浮上すると思われる。

当然ながら，社会や文化によってゲーム経験の現れかたは異なる。「ゲーム」の語じたいも歴史的変遷を経てきたものだ（Aarseth 2016：484）。作品・レヴュー・評論などの数も夥しい。「消えない恐怖」や「衝撃」の考察という小さな課題でさえ，対象の限定が必要である。

ゲームも含めて日本と欧米のホラー作品を比較するという貴重な研究をしたK. マラクは，ホラー表象形式の特徴を論じている。まず日本の恐怖要素は「何か説明が必要なもの」として提示されることが多い。またけっして恐怖要素の導

入が遅くはないのに，物語の筋じたいはゆっくりとしたペースで進む（Marak 2015：15，199）。とすれば，日本の恐怖要素が強いゲーム作品の考察には，時間をかけて謎を解く AVG や RPG がまずは適当だとなろう。当然ながら，こうした AVG や RPG での「消えない恐怖」を生みだす「衝撃」は，強烈であればあるほどプレイ終了後でも持続しやすいと考えられる。であればやはり，プレイヤー自身による「事後の回想」を考察対象とするのが最も有効であるだろう。

　もとより AVG や RPG は，システム・グラフィック・シナリオ・音楽などの諸技術によって作品の雰囲気を追求しやすいジャンルである。とくに家庭用ゲーム機では，FCD も登場して音や画像に割けるデータ容量が増えた1980年代後半に隆盛した（冨島 2015：72）。RPG『ドラゴンクエスト』（1986 エニックス FC。以下『ドラクエ』と表記）などの大ヒットもあり，この時期に日本の家庭用ゲーム市場が FC を中心に確立する（NHK 取材班編 2011：44）。日本社会にゲームが本格的に浸透したのは1986年以降だといってよい。

　その後，日本でのゲームソフトの売り上げは1997年をピークに減少する。1997年は家庭用ゲーム機の覇権が SFC から PS（1994年発売）に移り変わった時期でもある（さやわか 2012：207）。これは日本経済の問題でもあるが，購買層の世代交代の結果でもあった。個別に検討をすれば，むろん購買者は多様である。しかし，少なくとも1994年末に PS が出現するまでの FC・FCD・SFC 世代という社会層の経験は，おおまかにつかみうる[7]。また1990年代後半からは，インターネットなどの新技術の導入により，産業的にもゲームデザインがシングルプレイヤー用からマルチプレイヤー用へと移行し始めた（Myers 2016：331）。ゲーム文化は1990年代後半から全般的に大きく変容し，複雑化したとみてよい。

　以上から，本稿の考察対象を「1986〜94年の日本社会でよく知られた FC・FCD・SFC の AVG・RPG に関して，回想された「消えない恐怖」や「衝撃」」に限定する。経験の基盤たる社会的・文化的状況や個人的主体のありかたも，そこではある程度共通していよう[8]。

　資料群の性質と事例選択の基準を述べておこう。学術研究書以外の資料は，ゲームの雑誌・ムック本・攻略本・プレイヤー体験記集である。当然そこには作品の宣伝や紹介が多い。だが，一般読者による感想の投稿も数多く掲載され，特集記事などでは寄稿者や編集者による考察・批評・インタヴューもある。実際のプレイで感じたことが直截に描かれ，作品への言及の多くが同時にゲーム経験の回想にもなりえているのが，そうした文章のもつ最大の特徴だ。とくに AVG・

RPGは，ある程度時間をかけた自身のプレイ実践がないと感想や考察を書けない。作品を深く知ったプレイヤーに強く意識された具体的内容が，文章の中心となっている。本稿が引用する事例は，そうした文章に「消えない恐怖」や「衝撃」の言表があり，その言表が当該作品のもつ諸要素と明確に紐づけられているものだ。

4－1　『ドラクエⅢ』（1988　エニックス　FC）

　『ドラクエ』シリーズは，時間と労力をかければ必ずシナリオが進んでクリアできる一本道のRPGである。とくに『ドラクエⅢ』は，親切なセーヴシステムによって「ゲーム内における主観的な時間の流れ」を初めて大衆化したゲームである（田村 1994：82；多根 2011：138）。

　ゲームの時間構造を論じたJ.ユールも指摘するように，セーヴを必要とするゲームの多くは探索的な要素をもつシングルプレイヤー用の作品である。これは，安心して長時間取り組めるゲームを可能にする「家庭」という環境とも大きく関わっている（Juul 2006：138-139）。

　だからこそ前節での言表が示したように，安心した1人の環境で当然視されてきた一本道の自己中心的な物語経験がセーヴデータの消失で全く断ち切られたとき，プレイヤーを襲う「衝撃」は徒労感を超えた強烈なものとなる。参照されるべきデータが消失し，続きのプレイで操作できたはずのゲームが反応しなくなり，自身の拠って立つものが根本から揺らいでしまうのだ。この「衝撃」が後を引くために，セーヴデータ消失の経験がしばしば回顧されてきたといえよう。

4－2　『ファミコン探偵倶楽部』シリーズ（1988・1989　任天堂　FCD）

　このシリーズは，『消えた後継者』（1988）と『うしろに立つ少女』（1989）が主たる作品である。前節でみた山本による「恐怖」が「消えない」という言表と同じく，ゲームクリエイターの中澤工も「音の使い方，間の取り方，演出のコントラスト……。これらのテクニックが最も効果的に，ドラスティックに使われたのは『うしろに立つ少女』のクライマックスであろう。……シナリオのリズム，メッセージ送りの間，BGMの落差，絶妙なタイミングで轟く効果音，ショッキングなセリフ……。あれを超える衝撃は，いまだに僕は経験していない」と，「衝撃」の語によって回想している（『アドベンチャーゲームサイド Vol.2』2014：29）。

　学校を舞台にしたこの作品が「「怖過ぎて，ひとりでは校舎を歩けない」という，同級生がボソッと漏らした感想を耳にし」たと述べる雑誌編集者の卯月鮎は，こ

のシリーズのもつ特徴を指摘する（同：17）。それは，任天堂のFCという健全な子どもの遊び名でホラー物に慣れていない層を充分に惹きつけつつ，恐怖要素で震え上がらせたことだ。

プレイヤーが惹きつけられたのは，「ヒーローらしさのない少年」という同一の主人公の設定も大きい。『消えた後継者』では事件の謎を解くとともに，記憶喪失に陥った主人公の謎を解く。『うしろに立つ少女』の世界も「がんばれば手に届くかもしれない日常」程度に感じられるように設定された。これらは主人公への共感を高める。プレイヤー側が主人公視点で物語を享受できたことで，主人公の危機はプレイヤーを震え上がらせた（同：23）。

しかし，これは自己同一化が情動効果を高めるという当然の事実である。この事実をふまえつつ，これらの作品がゲームならではの「衝撃」を生んだ理由を考察しよう。

中澤は「メッセージを進めるためにボタンを押す」操作が演出に活かされた点を指摘する。画面のメッセージはボタンを押すまで表示され続け，ふつうは次に進まない。AVGの重要な点はプレイヤーが介入して「世界の時間が進む」ことにある。これを活かした演出は，ゲームの終わり近くの謎が解けるシーンでとくに効果的に使われた。「メッセージを送るごとに，主人公の背後から，殺意むき出しの犯人の影がジリジリと忍び寄ってくる。当時思わず「主人公！　後ろ！後ろ！」と手に汗握った」という参加感などは，ゲーム経験ならではの怖さと興奮であろう（同：27-28）。

またフリーライターの檜原聖司は，このシリーズがホラーミステリという形式を昇華させた点を指摘する。ホラーでは不可思議な怪異が必要だが，ミステリではそれを解く。ふつうは謎の真相が明らかになると怖さは消え，最も安心するだろう。けれどもこのゲームは違った。『うしろに立つ少女』の意外な真犯人（＝今まで味方だと思っていた人物）がわかるシーンなども，謎が解ける瞬間が最も怖く作られている。このゲームでは，そうした瞬間を狙って反転的な最も恐ろしいシーンが配置されているのだ（同：30，32）。

これら2作品ともに，意外な真犯人が主人公を殺そうと背後から襲うのを，プレイヤーに自ら「ゲーム時間」を進めて目撃させるように作られている。2作品が「衝撃」を生みえたのは，共感を高める設定と操作性による演出とでプレイヤーを物語へ没入させておいたうえで，謎を解く瞬間を狙ってそれまでの物語経験を根元から揺さぶったからだろう。

4−3 『スウィートホーム』（1989 カプコン FC）

同名映画（1989 黒沢清監督）をRPG化したこの作品では，閉じ込められた廃墟の館から脱出するべく5人がモンスターと戦う。AVG要素も濃く，アイテムを駆使して謎解きもする。このゲームでは限られたアイテムでしか体力を回復できず，無駄に使えばクリアに失敗する。また，ときどき現れる「人魂」に触れたキャラクターは遠く離れた部屋に運ばれてしまう（『ユーズド・ゲームズ』2002：856）。当時，これらの厳しい設定は新しかった。

こうした厳しい設定のうえに，登場するキャラクターたちが死ぬさい，顔が溶け出し片目も飛び出して肉がぼろぼろ落ちたり，上半身と下半身が引き裂かれたりなど，非常に猟奇的で残虐なアニメーション演出がある（ファイティングスタジオ編 1990：66, 74）。しかも死んだキャラクターは絶対に生き返らず，消失するように設定されていた。これも当時の日本のRPGではきわめて厳しかった（『OLD GAMERS HISTORY Vol.3』2013：106）。

この作品は操作するキャラクターの消失をさまざまな方法で狙ってくる。キャラクターにはそれぞれ固有の名前・画像・アイテム・能力といった「個性」がある。よって，残虐な映像表現をともなう個性的なキャラクターの消失は，プレイヤーに深い恐怖をもたらした。キャラクターがほかならぬプレイヤーの操作ミスによって消失したとき，プレイヤー自身の物語経験も嫌な感じをともなって断ち切られる。この「衝撃」が厳しい設定や怖い館内やモンスターの描写とも相まって，前節の言表が示していたような「消えない恐怖」を生みえたといえる。

4−4 『弟切草』（1992 チュンソフト SFC）

これは作家の長坂秀佳が中心となってシナリオを書いた怪奇ミステリで，音響と映像が臨場感を演出する「サウンドノベル」という新ジャンルを提唱した，AVG系の作品である（『OLD GAMERS白書 Vol.3』2010：156）。ゲーム業界に与えた影響も大きく，その後には『学校であった怖い話』（1995 バンプレスト SFC）などのホラー系ノベルゲームが続々と発売された（『懐かしスーパーファミコンパーフェクトガイド』2016：48-49）。

『弟切草』では無音や効果音だけの場面も多く，主人公の一人称的な語りでの文章が画面に大量に表示され，プレイヤーはそれを読み入って物語を進める。ときに選択肢が示され，選びかたで物語が分岐する。それぞれのエンディングをもつ複数の物語をたどるには，複数回のプレイが必要だ（さやわか 2012：192-195）。

メインエンディングの1つに，一緒に物語世界を探求してきた「恋人」が主人公の名前を叫びつつ炎にまかれて死ぬことになる，悲劇的なシーンもある。これは物語経験の一種の断ち切りであり，後味の悪い「衝撃」を生みえていた。熱さや痛みといった触覚に訴える表象も，随所に盛り込まれている。

この作品でも，「メッセージを進めるためにボタンを押す」操作が演出に活かされた。メッセージを進めた瞬間を狙い，立体的に聴こえる怖いリアルな音響と不気味なグラフィックを突如出現させ，読書では得られないような「衝撃」を経験させる。タレントの伊集院光はゲーム愛好者として有名だが，風で揺れる扉に赤字で書かれた（その場所と何も関係がなかったはずの）「恋人」の名前が出現する瞬間が最も怖かったと言い，「ずっとゲームと一緒の人生だったんですが，はじめてでしたね，ゲームでホントに「怖い」って感じたのは」とも回顧している（『サウンドノベル・エボリューション1』1999：132-133）。

4−5　うわさ話

情動経験の社会的共有は，かなり普遍的な現象である（大平編 2010：158-159）。都市伝説や怪異話でもわかるとおり，怖い話はとくに伝播しやすい。多くのゲームでは，作品世界の解釈に必要な諸材料を得るのにプレイヤーの積極的な努力が要求され，結果として自由な想像やうわさ話が生まれやすくなる（Juul 2005＝2016：171）。実際に『弟切草』なども1〜2万本ずつの再販を繰り返したが，宣伝やゲーム雑誌の評価が効いたのではなく[9]，うわさが評判を呼んで売れ続けた（『サウンドノベル・エボリューション1』1999：117-118）。「衝撃」や「消えない恐怖」も，うわさ話で伝播・共有されうるのだ。

悪魔が多数登場する『女神転生』シリーズは，怖いうわさ話がとくに多い。なかでも有名なものに，「低確率で，ゲーム起動時にタイトルが出ずに黒い画面が数秒間続き，チープな不協和音とともに画面全体が「すぐにけせ」という赤文字で埋め尽くされフリーズする」という話がある。会社側がこの現象を認めておらず信憑性は薄いが（『懐かしスーパーファミコンパーフェクトガイド』2016：68），インターネット上に出回ったその再現動画は，メディア的な諸技術を駆使した，ぞっとする経験をもたらすものである[10]。そこにはセーヴデータ消失の感覚にも近い，物語経験に入ろうとする意志を突然砕かれる「衝撃」があると思われる。実体のないうわさ話でも，おそらく「衝撃」は経験・伝播・共有されうるのだ。

4−6　音響・映像の効果

　以上の考察からわかるとおり，ゲームでの「衝撃」には物語経験の断ち切りとともに，音響と映像についてのメディア的な想像力の作動が重要な契機となる。実際に，『弟切草』はSFCの音質が非常に良いという点から開発が出発した。それを生かすうえで，怖いミステリの物語が有効だったのである（『サウンドノベル・エボリューション1』1999：111）。

　AVGでは『弟切草』などのサウンドノベルが転機となり，細かい効果音での表現がより重要になった。BGMのメロディも最低限の音数で作られ，しかも必要な場面でのみ流れるものとなり始めた（hally 2013：16）。また，録音機やビデオなどのメディアに入り込んだ音声は一般に怖い効果を生みやすい（小中 2014：96）。「突如，女性の「フフフッ…」という声がサラウンドで聴こえてくるシーンはマジで背筋が凍ります」という『弟切草』のゲームレヴューが示すとおり，メディア的な間接性が想像的に恐怖を煽り，「衝撃」の要因ともなる（『OLD GAMERS白書 Vol.3』2010：156）。さらに，耳は物理的な振動を感覚する構造をもつという点で触覚的な身体器官でもあるため，もとより音響は身体的・物質的な諸経験を導く（勝 2001：17）。つまり，怖い音響効果は「衝撃」を誘発しやすいのだ。

　RPGの『ドラクエ』シリーズも，細部の音でメディア的な想像力に訴えた。先述した「呪われた」ときの不気味な低音ぎみのBGMはその典型である。それ以外でも，『ドラクエ』でダンジョンが深くなるとBGMが遅くなり音も低くなったり，広い大地の移動時には不安や寂しさを感じさせるBGMが使われたりしている（『ゲーム音楽大全』2016：117）。

　『ファミコン探偵倶楽部』の恐怖もメディア的な想像力に訴えたものだ。先の中澤が「衝撃」を生む絶妙なタイミングでの効果音を指摘したように，間の取りかたが特徴的である。曲が変わるときに少し無音状態を入れて切り替えをわかりやすくして，人物が重要な反応をするときにも，細かい表情変化をセリフの合間にわずかな待ち時間を入れながら示した（『アドベンチャーゲームサイド Vol.2』2014：27）。現在のゲームならば，鮮明なグラフィックや音響で臨場感のある描写をおこなうだろう。しかし当時のAVGでは最低限のドット絵やひらがな文字での情報が示されるだけで，細部は描かれなかった。プレイヤーによる想像の余地が充分に残されており，そのことが逆にいっそう強い恐怖を生みえたといえる（同：33）。同じように，音数の少ない淡々としたBGMもかえって効果的だった。

『スウィートホーム』での恐怖もメディア的な想像力に訴えており，とくにキャラクター消失の可能性がある戦闘や移動の部分をうまく演出している。戦闘に入るときにすぐにはモンスターの正体を示さず，暗転する画面と低音ぎみの音楽で煽っておき，その後「これだ！」という感じで気味の悪いモンスター画像を一気に示した（『ユーズド・ゲームズ』2002：859）。また扉の蝶番音やゆっくりと開いていくアニメーションなども，データ容量を割いてまでわざわざ挿入している（『OLD GAMERS HISTORY Vol.3』2013：106）。

このように，「消えない恐怖」を生む AVG・RPG での「衝撃」の発動には，物語経験の断ち切りとメディア的な想像力に訴える音響・映像技術の効果とがともに作用していた。[11]

5．結　論

ゲームという「遊び」は主体的で自由な想像的活動という面をもつ。プレイヤーはそこで何らかの関係性を主体的・能動的に志向する。従来のゲーム経験論はこの前提に縛られるあまり，物語経験の断ち切りのような，プレイヤーをめぐる関係性が切断されるゲーム経験を扱えなかった。「衝撃」が発動するさいにプレイヤーへ作用していた音響・映像の技術的効果も，主体的で自由な活動によるものではないため，この前提が強すぎると充分には扱えない。しかし考察した諸事例からわかるように，「衝撃」や「消えない恐怖」の経験も実際にゲームの面白さや魅力となりえている。ゲーム経験論がこの事実をしっかりと受けとめるなら，その暗黙の前提を弱めて相対化しうる論点を新たに導入するべきである。

前節での考察から，本稿はそれが「譲渡性」だと考える。主体的で自由な想像的活動という以前に，実際のルールや役割や音響・映像の効果などへ積極的に従う受動性をプレイヤー側で開くことが，おそらく情動的なゲーム経験には必要なのだ。美術評論家の藤井雅実は，「ルールに身をゆだねなければ，ゲームの主体となれない。……主体性を得るためには，まずゲームの規則にゲームの法が与える役割に，コノ「私」を譲渡せねばならない」と先駆的に指摘した（藤井・澤野編 1993：12）。藤井の表現を借りると，情動的なゲーム経験にはゲームというメディアへ「身をゆだねる」譲渡性が介在する。メディアへ「身をゆだねる」ことは比喩を越える。人間の脳は画面上のデータも身体の延長として認識しうるからだ。「レーシングゲームに夢中になると，思わず体が左右に動く」「敵に当たった

ときに「痛い！」と声をあげてしまう」などのよく知られた現象も，脳が身体イメージにそくして再学習した結果である（渡辺・中村 2014：64）。これは譲渡性を介して到達された，1つの身体的・物質的な感覚であろう。メディア研究はこうした現象を看過できないはずだ。

　ゲーム経験論は，操作性・物語性の基盤たる譲渡性に着眼すべきではないか。ゲーム経験を成立させている基盤には，「自己（の一部）を譲渡してメディアへ巻き込まれたい」欲望があるのではないか。「衝撃」の共有性にかんがみると，これはやはり社会的に発生・拡大する欲望であろう。そうした譲渡性への欲望が個人的主体のメディア的な受動性を開いていくからこそ，没入的な自在感や主人公感覚や物語経験が導かれ，身体的・物質的な感覚も獲得される。この過程は経験を深めつつプレイの面白さを生む。面白さがはじめの欲望をさらに誘発・強化し，この過程は循環する。そしてプレイヤーが「身をゆだねる」度合いが増すほど，その没入的経験が断ち切られたさいの「衝撃」はより強烈になるのだ。

　1990年前後の日本では，ゲーム操作の理解とコンピュータ依存とが社会的に深化した。これにともない，当時のゲーム経験では身体的・物質的な感覚がある程度成立していた。ゲームの制作現場でも，システムやアフォーダンスなどでの新たな人為的仕掛けを次々に駆使して，プレイヤーの譲渡性とその欲望を常に刺激してきたようだ（［桝山 2001：45，132-134］など）。身体的・物質的な感覚がある程度ゲーム経験で成立しているなか，さまざまな人為的仕掛けで自己（の一部）がうまく譲渡されてゲームの物語に巻き込まれることが強くなればなるほど，メディア的な諸技術が効果的に使われたその没入的な物語経験の断ち切りは，プレイヤーへより強烈な「衝撃」をもたらすことになる。だとすれば，当時の AVGや RPG といった物語性の強いゲーム作品の文化的展開じたいが，ある面では，譲渡性への社会的な欲望や技術的な追求を介して「衝撃」の可能性を生み続けたと考えられる。日本のゲームでのホラー要素は，その可能性を現実化しやすいものだったわけである。

注

（1）　以下，本稿では「ゲーム」をデジタルゲーム（ビデオゲーム）の意に限定する。また，ハードウェアはアーケード版を AC，任天堂「ファミリーコンピュータ」をFC，同「ファミリーコンピュータ　ディスクシステム」を FCD，同「スーパーファミリーコンピュータ」を SFC，NEC「PC エンジン」を PCE，ソニー「プレイステーション」を PS，とそれぞれ略記する。ジャンル名も，アクションゲームを

ACG，アドヴェンチャーゲームを AVG，ロールプレイングゲームを RPG，シューティングゲームを STG，とそれぞれ略記する。

（2）FC では機能拡張チップを ROM カセットに搭載して，本体にない機能を補った。『悪魔城伝説』で採用された「VRC Ⅳ」の効果は圧倒的なものだった（『ゲーム音楽大全』2016：24）。

（3）https://news.denfaminicogamer.jp/hr-history の年表も参照（2017年11月 4 日閲覧）。

（4）恐怖は「凍結・不動」などの反応を引き起こして個体を防衛する（大平編 2010：78）。

（5）この点は次節で論証する。また，他人も想像・共有できるように語るのを困難にする「トラウマ」の語は，本稿では使用しない（[van der Kolk 2014＝2016：80] を参照）。

（6）正確には，「おきのどくですが／ぼうけんのしょ 1 ばんは／きえてしまいました。」。

（7）東京工芸大学が実施した「ファミコン世代のゲームに関する意識調査」（2010年 8 月25日）では，1966〜75年生まれのプレイヤーを「ファミコン世代」とした（上村・細井・中村 2013：192，257）。すると基本的に1994年がこの世代最後の高校卒業期にあたる。

（8）この時期に事件・事故などのショック映像ドキュメンタリーの多くがテレビやビデオで一般的に享受された事実も， 1 つの傍証となるだろう（[小池 2016：102-103] など）。

（9）発売直前の『週刊ファミコン通信』（1992）での評価は40点合計での25点で，なかなか判断が難しかったようだ（『サウンドノベル・エボリューション 1』1999：115）。

（10）https://www.youtube.com/watch?v=j-TfJ9c-m1E を参照（2017年11月 4 日閲覧）。

（11）本稿では割愛するが，ゲームでのバグ現象や奇妙な物語展開による「衝撃」も，この作用の裏返しだろうと思われる（[『OLD GAMERS 白書 Vol.3』2010：124] など）。

引用・参考文献

Aarseth, Espen（2016）'Ontology', Wolf, Mark J. P. and Perron, Bernard（eds.）*The Routledge Companion to Video Game Studies*, Routledge, 484-492.

『アドベンチャーゲームサイド Vol.2』（2014）マイクロマガジン社

Carroll, Noël（1990）*The Philosophy of Horror, or Paradoxes of the Heart*, Routledge.

Dozier Jr., Rush W.（1998＝1999）*Fear Itself: The Origin and Nature of the Powerful Emotion That Shapes Our Lives and Our World*, St. Martin's Press.（桃井緑美子訳『恐怖——心の闇に棲む幽霊』角川春樹事務所）

ファイティングスタジオ編（1990）『スウィートホーム　必勝攻略法』双葉社

ファミコン必勝本編集部編（1988）『ドラゴンクエストⅢ マスターズクラブ』JICC 出版局

藤井雅実・澤野雅樹編（1993）『人はなぜゲームするのか——電脳空間のフィロソフィア』洋泉社

深田洋介編（2012）『ファミコンの思い出』ナナロク社

『GAMER'S HIGH! ぼくらのレトロゲーム特集』（2015）双葉社

『ゲーム音楽大全 ナムコ名作 CD 付き』（2016）宝島社

Gilmore, Linda A. and Campbell, Marilyn A.（2008）'Scared but loving it: Children's enjoyment of fear as a diagnostic marker of anxiety?', *Australian Educational and Developmental Psychologist*, 25(1), 24-31.

hally（2013）「アドベンチャーゲームの音楽史」『アドベンチャーゲームサイド Vol.1』マイクロマガジン社 13-17

長谷正人（2004）「ヴァナキュラー・モダニズムとしての心霊写真」一柳廣孝編『心霊写真は語る』青弓社 63-87

橋爪伸也（1994）『化物屋敷——遊戯化される恐怖』中公新書

Juul, Jesper（2005＝2016）*Half-Real: Video Games between Real Rules and Fictional Worlds*, the MIT Press.（松永伸司訳『ハーフリアル——虚実のあいだのビデオゲーム』ニューゲームズオーダー）

———（2006）'Introduction to Game Time', Wardrip-Fruin, Noah and Harrigan, Pat (eds.) *First Person: New Media as Story, Performance, and Game*, the MIT Press, 131-142.

加藤晴明（2001）『メディア文化の社会学』福村出版

勝道興（2001）『音響のオルガノン——ざわめく波動の存在相へ』晃洋書房

小池壮彦（2016）『心霊ドキュメンタリー読本』洋泉社

小孫康平（2012）『ビデオゲームに関する心理学的研究』風間書房

小中千昭（2014）『恐怖の作法——ホラー映画の技術』河出書房新社

Marak, Katarzyna（2015）*Japanese and American Horror: A Comparative Study of Film, Fiction, Graphic Novels and Video Games*, McFarland & Company, Inc.

桝山寛（2001）『テレビゲーム文化論——インタラクティブ・メディアのゆくえ』講談社現代新書

松本健太郎（2013）「『ゲーム化する世界』がもたらしたもの，もたらしつつあるもの」日本記号学会編『叢書セミオトポス 8 ゲーム化する世界——コンピュータゲームの記号論』新曜社 11-15

『メディアックス MOOK 439 J ホラー，怖さの秘密』（2014）メディアックス

Myers, David（2016）'Research', Wolf, Mark J. P. and Perron, Bernard（eds.）*The Routledge Companion to Video Game Studies*, Routledge, 331-338.

永田えり子（1993）「ドラクエの社会学的解剖——プログラムが世界を作る」佐藤毅編『現代のエスプリ No.312 情報化と大衆文化：ビデオゲームとカラオケ』至文堂 52-68

『懐かしスーパーファミコンパーフェクトガイド』（2016）マガジンボックス

NHK 取材班編（2011）『NHK スペシャル 世界ゲーム革命』NHK 出版

大平英樹編（2010）『感情心理学・入門』有斐閣アルマ

『OLD GAMERS 白書 Vol.3　シミュレーション・アドベンチャーゲーム編』（2010）メディアパル

『OLD GAMERS HISTORY Vol.3　ロールプレイングゲーム創世記編』（2013）メディアパル

Rose, Frank（2011＝2012）*The Art of Immersion: How the Digital Generation Is Remaking Hollywood, Madison Avenue, and the Way We Tell Stories*, W. W. Norton & Company, Inc.（島内哲朗訳『のめりこませる技術——誰が物語を操るのか』フィルムアート社）

『サウンドノベル・エボリューション 1　弟切草　蘇生編　公式ガイドブック』（1999）チュンソフト

さやわか（2012）『僕たちのゲーム史』星海社新書

田村浩一郎（1994）「ドラクエとは何だったのか？——RPG の時代を築いた怪物ソフト」テレビゲーム・ミュージアム・プロジェクト編『電子遊戯時代——テレビゲームの時代』ビレッジセンター出版局　82-83

多根清史（2011）『教養としてのゲーム史』ちくま新書

冨島宏樹（2015）『ファミコンクエスト』三才ブックス

戸山田和久（2016）『恐怖の哲学——ホラーで人間を読む』NHK 出版新書

上村雅之・細井浩一・中村彰憲（2013）『ファミコンとその時代——テレビゲームの誕生』NTT 出版

van der Kolk, Bessel（2014＝2016）*The Body Keeps the Score: Brain, Mind, and Body in the Healing of Trauma*, Penguin Books.（柴田裕之訳・杉山登志郎解説『身体はトラウマを記録する——脳・心・体のつながりと回復のための手法』紀伊國屋書店）

渡辺修司・中村彰憲（2014）『なぜ人はゲームにハマるのか——開発現場から得た「ゲーム性」の本質』SB Creative

安川一（1992）「ビデオゲームはなぜ面白いのか」アクロス編集室編『ポップ・コミュニケーション全書』PARCO 出版　144-177

———（1993）「ビデオゲーム経験の構造——インタラクションという現実構成」佐藤毅編『現代のエスプリ No.312　情報化と大衆文化：ビデオゲームとカラオケ』至文堂　25-43

『ユーズド・ゲームズ　総編集1&2　復刻版』（2002）キルタイムコミュニケーション

「表現の自由」と新聞の役割®
——ムハンマドの風刺画掲載をめぐって

佐 藤 潤 司（ジャーナリスト）

1．問題の所在

　総務省情報通信政策研究所の2017年の報告によれば，「情報を得るための手段（情報源）」として国民が「重要」と考えるメディアは，テレビ（90.6％），インターネット（71.2％），新聞（63.5％）の順であり，新聞の重要度が初めてインターネットを下回った前年よりもその差が拡大した。また新聞通信調査会の2016年の調査によれば，「インターネットなどの普及により新聞の役割が少なくなってくる」と考える者が47.1％，「今までどおり，新聞が報道に果たす役割は大きい」と考える者が35.6％，その差は前年の3.2から11.5ポイントと大きく開いた。いずれの調査でも「信頼度」については新聞の方が高いが，そうした信頼が必ずしも重要度や役割の大きさに結びついていないと言える。その一因として単にテレビやインターネットの情報で十分だという人が多いことが考えられるが，一方で新聞をはじめとする旧来型メディアを「マスゴミ」と蔑むようなマスメディア批判の高まりも無視できない。それらの多くは表面的な批判に過ぎないものの，一部に傾聴すべき意見もある。その一つが，マスメディアは報道すべき重要な事実を報道していないのではないかとの指摘（日隅 2012：9-12）である。

　しかしながら，何が報道すべき重要な事実に当たるのかについて客観的基準が存在するわけではない。したがってその判断は各報道機関の自律に委ねられるが，

仮に社会的関心が極めて高くかつ社会的に大きな論争となっている問題の核心が報じられないとすれば，報道機関としての役割が果たされているとは言えないであろう。表現の自由（言論・報道の自由）の担い手である報道機関には，受け手にとっての表現の自由，すなわち知る権利に奉仕する責務が存在するからだ。「報道の自由が守る・知る権利」，「知る権利 守る新聞 支える読者」……かつての新聞週間代表標語[4]が示すように，新聞はまさに知る権利を社会に広め推進してきた主体に他ならない。

　本稿は，そのような新聞の役割が問われるべき事例として2015年に論争となったイスラム教の預言者ムハンマドの風刺画掲載をめぐる日本の新聞報道を取り上げる。問題の風刺画は，イスラム過激派に襲撃されたフランスの『シャルリー・エブド』紙が発行した特別号の表紙で，涙を流すムハンマドらしき人物を描いている。後述するようにこの画の掲載をめぐって日本の新聞の対応は分かれたが，注目すべきは三大紙と言われる朝日，毎日，読売新聞がそろって不掲載とする一方，掲載した中日・東京新聞が後に謝罪した点である。読者の知る権利に応えることが報道機関の使命だとすれば，最も影響力が大きいであろう3紙がその使命を果たさず，使命を果たしたはずの新聞がそのことで謝罪したのである。こうした事実は，新聞がその役割を果たしていないことを意味するのではないか。

　もちろん風刺画を掲載しなかったことや掲載後に謝罪したことのみを捉えて直ちに新聞はその役割を果たしていないと断じるべきではないだろう。各紙がこの問題について多数の記事を掲載し，風刺画の掲載・不掲載の理由や判断基準を示していれば，また謝罪した社がその理由を読者に説明し，他紙もそうした事実を報じて掲載の是非をめぐる議論を喚起していたとすれば，十分かどうかは別にして新聞は読者の知る権利[5]に応えたとの評価も成り立つからだ。そのため新聞の役割を考察するに当たっては，問題の風刺画に対する各紙の評価（差別的表現・侮蔑的表現と捉えていたのか否か）や掲載・不掲載の判断基準，報道内容や報道姿勢および（掲載・不掲載の判断や中日・東京新聞の謝罪の前後における）それらの変化，さらに主要紙間でそれらに違いがあるのかどうかを検証する必要がある。

　本稿は，日本の主要新聞7紙[6]におけるムハンマドの風刺画をめぐる報道を例に，上記の項目の分析を通じて「表現の自由」の担い手としての新聞の役割について考察する。

２．先行研究と本稿の意義

　風刺画掲載をめぐってマスメディアの「表現の自由」が問われたのは今回が初めてではない。2005年にデンマークの日刊紙『ユランズ・ポステン』がムハンマドをテロリストのように描いた画など12枚を掲載，これを他のメディアが転載したことでイスラム社会が猛反発し国際問題となった。これをジャーナリズム論の視点から論じた李其珍は，12枚の画は欧州において被支配階級であるイスラム教徒にとって最も侮辱的であり，掲載はジャーナリズムの社会的責任に反すると述べた（李 2007：55-56）。同時に李は，掲載に批判的であった日本の新聞に対しても，「節度」や「寛容」，「責任」，「良識」に言及するだけで，ジャーナリズムの「原則」や「基準」を示すための議論に踏み込んでいないとし，そうした明確な自己基準を持たないのであれば「言論の自由」についての二重基準（ダブルスタンダード）を適用する恐れが否定できないと批判した（李 2007：47-49，56-57）。

　今回，表現の自由（言論の自由）に関する二重基準をめぐって『シャルリー・エブド』は，2008年に反ユダヤ的と目された画家を解雇したことが批判の的となった（Chomsky 2015＝2015：21；Bangash 2015＝2017：269；Ridley 2015＝2017：312など）。また，自身を襲撃事件の容疑者になぞらえたコメディアンを逮捕したフランス政府も同様の批判を浴びた（Bangash 2015＝2017：270；Ridley 2015＝2017：314-315など）。イスラムへの侮辱を自由としながら反ユダヤ主義は許さないというヨーロッパの普遍主義の欺瞞に対する，少数派（イスラムおよびイスラムとの共生を重視する立場）からの告発である。こうした批判の一部は日本でも伝えられたが，中でも広く紹介されたのがエマニュエル・トッドの主張であろう。トッドは，イスラム恐怖症（イスラムへの敵意）の拡大がイスラム系移民社会における反ユダヤ主義の拡大につながるとし，差別される弱者の宗教の預言者を冒瀆することは，宗教的・民族的・人種的憎悪の教唆であると述べる（Todd 2015＝2015：28，136-137）。

　一方，2005年から2015年にかけて『シャルリー・エブド』が掲載した風刺画10枚（『ユランズ・ポステン』掲載の２枚を含む）について，主に風刺の成立する枠組みという観点から考察した丸毛美樹は，風刺は弱者が力ではかなわない相手（権力者や権威）の悪行や腐敗，矛盾などを暴くために用いる機知と悪意の融合した抵抗の表現であるとし，10枚の風刺画のほとんどがそのような機能を何ら果たし

ていないと断じる（丸毛 2015：30）。イスラムの人々をただ愚弄し，偏見を煽ることのみが目的のようだというのである。

　これらの論考は，欧州のイスラム教徒が置かれた状況を踏まえてムハンマドの風刺画を批判する点で共通するが，少なくとも特別号の表紙（涙を流すムハンマドらしき人物）については掲載に批判的な側にも「侮蔑的なものではなかった」との見方があり[7]，これを過去の風刺画と同列にイスラムへの冒瀆・愚弄とするのは妥当ではない。またイスラム教は世界的に見れば多数派の支配的な宗教であり，ジハードや「勧善懲悪」といったイスラム法に規定された執行の義務を共同体の成員全員が担うとの解釈を伴い，厳然とした強者の支配権力の一部を構成し，広範囲の地域で規範を施行している（池内 2015：131）。そうである以上，イスラム系移民を疎外された被害者としてのみ捉えることは一面的であり，それを前提にムハンマドの風刺画を社会的弱者への侮辱とする議論はそうした条件を満たす特定の地域でしか成り立たない。つまり普遍的議論たり得ないが，日本では「預言者の否定，侮辱は，ムスリムという人間存在を全面的に否定すること」（内藤 2015：123），「中東やアジアの貧しい人々が信仰する宗教を侮蔑して"自由"を実践するのは何のためなのか」（山内 2015：5）のように，イスラムの特殊性に依拠し「表現の自由」の行使に懐疑的な言説が主流を占める。日本で主流の言説はイスラムとの共生を重視する点でトッドの主張に近いが，トッドが宗教を冒瀆する権利を認めた上でそれを批判する権利も認めるべきだとしている（Todd 2015＝2015：286-287）点は踏まえる必要がある[8]。

　本稿は日本の新聞の「表現の自由」の行使のあり方をムハンマドの風刺画問題を通じて論じるが，特定宗教に限定した議論が狙いではなく，イスラム教の教義や信徒の置かれた状況などその特殊性に依拠した主張はしない。本稿の意義は，ムハンマドの風刺画問題を特定宗教の問題としてではなく，宗教風刺一般の問題として普遍化する形でマスメディアの「表現の自由」との関係を論じることである。

3．風刺画問題の事実経過

　まず，本稿の論述に必要な範囲で事実経過を記す[9]。

　2015年1月7日，イスラム過激派とみられる兄弟がパリの『シャルリー・エブド』紙を銃撃，編集長ら12人を殺害した。同紙はムハンマドの風刺画掲載で批判

を受け，過去には事務所に火炎瓶が投げ込まれた。パリでは警官殺害やユダヤ系スーパー襲撃事件も発生，犠牲者は計17人に上った。こうした事態を受けオランド大統領は「表現の自由への攻撃」とテロを非難，フランス各地の追悼集会では「私はシャルリー」のプラカードが掲げられた。

　12日『シャルリー・エブド』紙は，特別号の表紙（ムハンマドらしき男性の画）を公開。「JU SUIT CARLIE（私はシャルリー）」の札を手に涙する姿で，見出しは「TOUT EST PARDONNÉ（すべては許される）」。フランスでは主要紙の多くがこれを転載するか写真などを掲載，１面全面を使ったリベラシオン紙は転載を控えた外国紙の姿勢を批判した。

　一方，日本の新聞は９日，朝日「言論の自由への重大な挑戦」，毎日「暴力は断じて許されない」，読売「表現の自由に挑戦する蛮行」，日経「表現の自由へのテロは断じて許されない」，産経「表現や言論の自由を暴力で踏みにじる卑劣な行為は断じて許されない」，中日・東京「表現や言論に暴力で対抗することは，絶対に許されるものではありません」，北海道「言論機関に対する史上まれに見る残虐なテロ行為」と，社説でテロを非難した。

　特別号の表紙については，中日・東京新聞が13日夕刊と14日朝刊に掲載。16日朝刊で同紙は「『表現の自由か，宗教冒瀆か』の議論がある問題の判断材料を読者に提供するため」と説明した。[10] 産経新聞と日本経済新聞も14日朝刊に掲載。産経は他紙の取材に同趣旨の掲載理由を説明したが，日経は理由を公表していない。一方，朝日，毎日，読売の３紙は掲載を見送った。14日朝刊で朝日は「特定の宗教や民族への侮辱を含む表現かどうか，公序良俗に著しく反する表現かどうかなどを踏まえて判断している」と説明。毎日は15・16両日の朝刊に「預言者の描写を『冒とく』と捉えるイスラム教徒が世界に多数いる以上，掲載には慎重な判断が求められる」との見解を載せた。読売は15日朝刊に「社会通念や状況を考慮しながら判断していく」との広報コメントを掲載した。この他，共同通信が「読者の知る権利に応える責務がある」として風刺画を配信，北海道，神戸，中国，西日本新聞などがこれを掲載した。また，時事通信の配信を河北新報が掲載した。

　日本在住のイスラム教徒団体は21日，「風刺画掲載はイスラム教への侮辱」として中日新聞東京本社（東京新聞）前で抗議集会を開き，紙面での謝罪を要求した。23日には別の団体も同趣旨の抗議を行った。これを受け中日・東京新聞は，29日朝刊で「イスラム教徒の方々を傷つけました。率直におわびいたします」との記事を掲載した。同紙の謝罪については，朝日新聞と毎日新聞が謝罪に批判的な識

者のコメントとともに報じた。

４．報道内容と各紙の立場および「論調」

　次に第１章で検証が必要とした項目について分析する。本稿はこれをできるだけ客観的かつ科学的に行うため，一部の作業について，近年さまざまなメディア言説の分析に応用されている[11]コンピューターによるテキストマイニングの手法を援用する。

４－１　報道量と報道内容およびその変化

(1)　報道量

　まず，分析対象とする記事を収集する。具体的には，主要７紙のデータベース（北海道新聞はＧサーチ）を利用し，事件発生後３か月間（１月８日〜４月７日）で見出しか本文に「シャルリー・エブド」と「表現の自由」の両方を含む記事を検索した[12]。記事は全国紙５紙については東京本社発行の最終版を対象とし，地方版や別刷りは除いた。他の２紙は地方版も対象とし，異なる地方版間で記事が重複する場合のみ重複分を除いた。中日新聞と東京新聞の共通の記事については，中日新聞の記事のみを対象とした。複数の記事を組み込んで一つの記事としている場合は，重複する部分の記事を除いた。

　次に，収集した記事をテキストデータ化した[13]。データベースでは，検索者の利便性を考慮して見出しが加工されたり紙面にない文字が追加されたりする場合があるが，前者については紙面と同じ文言に修正し，後者については文字を削除した。

　以上の作業により，７紙311件の記事がテキストデータ化された。これをテキストマイニングソフト[14]で意味を持つ最小単位の語（形態素）に分割し，各紙の記事数，文字数，語（形態素）の数，および異なる語の数を記事数の多い順にまと

表１　各紙の記事・文字・語（形態素）・異なる語の数

	朝　日	毎　日	中日・東京	読　売	北海道	産　経	日　経	全　体
記　事	73	70	48	41	33	28	18	311
文　字	105,452	78,670	47,007	47,361	29,092	28,229	14,827	350,638
語	64,073	47,971	28,302	28,479	17,265	16,996	8,894	211,980
異なる語	6,226	5,089	3,622	3,583	2,836	2,773	1,791	11,274

めた（表1）。

　記事の本数や分量から，朝日と毎日が特に問題を重要視し積極的に紙面化を図ったことが窺える一方，日経は比較的関心が薄いと言える。産経の記事数が北海道より少ないが，東京本社の発行が朝刊だけであるためと見られる（北海道は朝刊23件・夕刊10件）。

(2)　記事の内容

　次に各紙の記事が何に言及しているのか，7紙全体の記事中の頻出語を調べた（表2）。

　これら上位20語からは，各紙が「イスラム（教・教徒）」の「過激」派が「仏（フランス）」「パリ」で「テロ」（「週刊」紙「襲撃」「事件」）を起こした事実や，「表現」の「自由」と「預言」者「ムハンマド」の「風刺」画「掲載」の問題について報じたことが読み取れる。

　7紙を個別に調べると，表2と大きな違いは見られない（そのため個別の表は省略する）が，表の枠外の「移民」が日経で7位に，同じく枠外の「言論」が産経で11位に入るなど，両紙についてはある程度の独自性が見て取れる。特に，産経は「自由」が1位，「表現」が4位といずれも他紙との比較で最上位であることから，「表現の自由」や「言論の自由」へのこだわりが強く感じられる。

(3)　報道の変化

　このように一部を除いて報道内容に大きな違いはないが，風刺画の掲載・不掲載の前後や中日・東京新聞の謝罪の前後で報道は変化しただろうか。事件発生から同紙が初報として風刺画を掲載するまでを第1期（1月8日〜13日），同紙を含む4紙が風刺画を掲載してから同紙が謝罪するまでを第2期（1月14日〜29日），それ以降を第3期（1月30日〜4月7日）とし，各時期の報道内容の違いを頻出語から読み取ることとする。[15]

　なお，頻出語の多くは共通する（表2の上位10語は全期間で枠内に入る）ので，違いを分かりやすくするため上位5語以外は各時期に特徴的な語のみを記載した（表3）。[16]

　表3からは，時期によって報道内容が変化したこと

表2　頻出語と出現数	
イスラム	1,277
風　刺	1,143
自　由	1,131
テ　ロ	1,041
フランス	991
事　件	962
表　現	912
仏	583
パ　リ	529
社　会	465
掲　載	451
週　刊	446
教　徒	442
ムハンマド	410
イスラム教	409
過　激	〃
宗　教	386
襲　撃	357
預　言	338
欧　州	286

表3　時期毎の頻出語と出現数

第1期		第2期		第3期	
イスラム	430	イスラム	545	風　刺	350
フランス	378	風　刺	481	自　由	347
事　件	〃	自　由	469	イスラム	302
テ　ロ	375	表　現	404	表　現	293
自　由	315	テ　ロ	390	テ　ロ	276
・		・		・	
・				・	
・		掲　載	279	・	
・		・		・	
・		ムハンマド	206	日　本	131
襲　撃	145	・		・	
銃　撃	138	宗　教	188	宗　教	111
欧　州	134	預　言	181	襲　撃	105
・		・		人	104
・		・		ムハンマド	100
容　疑	127	世　界	117	・	
非　難	114	・		新　聞	91
漫　画	106	新　聞	108	・	

が明確に見て取れる。第1期は事件自体に関する報道やそれに対する反応（テロへの非難）が中心であり，欧州の問題として語られている。第2期は預言者ムハンマドの風刺画掲載についての報道，および宗教風刺と表現の自由についての議論にテーマが移り，世界や新聞への言及が増えている。第3期は上位5語が第2期と同様であるなど際立った違いはないが，宗教風刺と表現の自由についての議論や新聞への言及が引き続きなされる一方，日本への言及が増えている。

4－2　具体的記述と各紙の立場

　では，第2期以降の中心テーマとなった宗教風刺（預言者の風刺画掲載）と表現の自由について各紙はどのような立場で報じたのか。言及数の最も多い第2期について「表現」および「宗教」と密接に関連して使われる共起語の上位10語[17]（表4）を手掛かりに具体的記述を探る。以下，各紙の立場が読みとれる記述（原則として当該共起語を含む部分）については重複を除き全て引用し，それ以外については一部を例示する。

まず「表現」の共起語について見る。「自由」と「守る」は全期間で上位であり，特段の言及は不要と考える。太字のうち「最大限」は第２期特有の共起で，全て「尊重」と共に使われている。具体的には次のような内容の記述が，４紙（朝日，毎日，読売，中日・東京）で計12回現れる。

表4　第２期の「表現」と「宗教」の共起語

表	現		宗	教	
自　由	308	469	的	39	261
守　る	18	52	**冒　涜**	9	18
尊　重	16	42	指　導	9	28
最大限	11	12	民　族	8	18
基　本	8	18	**侮　辱**	10	81
制　限	9	36	批　判	9	90
めぐる	7	20	異なる	6	19
限　界	6	10	対　立	6	20
大　切	7	23	**冒とく**	6	22
結　果	6	16	尊　厳	6	26

※各列は，共起語，共起回数，全体での出現回数

A．表現の自由は最大限尊重する。特定の宗教や民族への侮辱を含む表現かどうか，公序良俗に著しく反する表現かどうかなどを踏まえて判断している（朝日，１月14日）

B．言論，表現の自由は最大限尊重されるべきだ。しかし，言論や表現は他者への敬意を忘れてはならない。絵画による預言者の描写を『冒とく』と捉えるイスラム教徒が世界に多数いる以上、掲載には慎重な判断が求められる（毎日，同15日）

C．表現の自由は最大限尊重すべきものだと考えている。ただし，今回の風刺画を掲載するかどうかについては，社会通念や状況を考慮しながら判断していく（読売，同15日）

これらは風刺画を掲載しなかった３紙の説明だが，表現の自由を尊重しつつもそれ以上に重視すべきものがあるとの立場が読み取れる。ただし「掲載しない」との明言はなく，風刺画への評価も明確ではない。朝日は２日後「イスラム教徒が深く傷つく描写」と判断し15日朝刊でも掲載を見送った旨報じたが，この判断はAで述べられた「宗教や民族への侮辱を含む表現」や「公序良俗に著しく反する表現」と合致せず，「『冒とく』と捉えるイスラム教徒が世界に多数いる」とした毎日の考えに近い。つまり朝日と毎日はイスラム教徒の心情や捉え方を，読売は社会一般の受け止め方を重視したと言える。

「尊重」単独では「日本では表現の自由は尊重するとしながら，社会秩序を乱してまではどうかと考えるメディアがあり対応が割れている」（大石泰彦・青山学院大教授。朝日，１月16日），「風刺画の掲載については……表現の自由を尊重しつつも一定の配慮を求める声が多数を占めた」（読者アンケート。中日，同21日）な

どの記述があり，やはり表現の自由よりも優先すべきものがあるとの（一部メディアや社会の）見方が示されている。

　では「制限」と「限界」についての記述はどうか。

D．「表現の自由，制限ない」仏週刊紙会見　風刺に理解求める（毎日，１月14日）

E．制限は設けるべきではない。…表現の自由の制限は民主主義にとって危険なことだ。裁判所でさえも判断すべきことではない（エマニュエル・ピエラ氏。読売，同15日）

F．フランシスコ法王は15日，仏週刊新聞襲撃事件に関連して，宗教を侮辱するような表現の自由には「限界がある」と述べた（朝日，同16日）

G．差別する表現が無制限に許されるようになっては，社会はむしろ，多様さと寛容さを失い，…表現への権力の介入を招くことにもなりかねない。…他者への配慮を欠き、侮辱・中傷にあたる言動を繰り返すことは，表現の自由の名に値しない（毎日，同16日）

H．表現の自由に制限や条件は禁物という風刺画家たちの主張は一応，分かる。だが，…私自身は「シャルリー」になれない（布施広専門編集委員。毎日，同17日）

　順に記事の見出し，識者の見解，要人の発言，毎日の社説，記者のコラムで，G・Hに新聞の立場が読み取れる（Hは個人の見解だが肩書きには一定の重みがある）。Gについては，見出しが「表現すること　他者を尊重する心も」であり，差別的表現についての言及とはいえ，表現の自由よりも他者への配慮を重視する考えが示されている。Hは表現の自由を重視する主張に理解を示しつつも，結局は否定的立場に立つ。毎日はBでも他者への敬意を強調しており，３紙の中ではより「宗教の尊厳」を重視する立場と言える。一方，D・Eは表現の自由に制限がない，Fは限界があるとしており，前者は「表現の自由」，後者は「宗教の尊厳」を重視している。これら事実報道や第三者の論評については基本的に両論併記の記事が多い。「制限」と「限界」は他にも「表現」と計10回の共起が見られるが，Dの会見を伝える他紙の記事や識者の見解（つまり事実報道や第三者の論評）などが主であり，これ以上は引用しない。その他の共起語については特に意味のある記述は見出せない。

　次に「宗教」の共起語に関する記述を見る。「冒瀆（冒とく）」・「侮辱」と類似する語があるが，後者については，A（朝日の説明）とF（法王発言）がそれぞれ

2回現れる。両者のいずれかを含む記述としては，他に次のようなものがある。

I．問題の風刺画が単なる宗教批判ではなく，侮辱，中傷のレベルであること を認識しなければならない（前田朗東京造形大教授。中日・東京，1月14日）

J．ワシントン・ポスト紙は「（特定の）宗教を故意に侮辱するような掲載は しない方針だ」としながらも，今回の掲載はその方針に反しないと強調（産 経，同15日）

K．「表現の自由があるのは知っているが，ムハンマドもキリストも侮辱すべ きではない」（パレスチナ自治政府アッバス議長インタビュー。朝日，同20日）

L．「『表現の自由か，宗教冒瀆か』の議論がある問題の判断材料を読者に提供 するために風刺画を掲載した」（中日・東京，同16日）

M．本紙は判断材料の提供を目的に風刺画を転載したが，宗教冒瀆や異文化侮 辱とも受け取られかねない表現には慎重でありたい（中日・東京，同20日）

N．「イスラム教を侮辱する意図はまったくなく，表現の自由か，宗教への冒 瀆かという問題の判断材料を読者に提供するために載せた」（中日・東京，同 22日）

I・J・Kは，宗教の尊厳の価値に言及する識者の論評か事実報道である。L 〜Nは，いずれも中日・東京新聞の立場を説明したもので，Lは風刺画掲載をめ ぐる各紙の対応が分かれたことを伝える記事，Mはイスラム団体による抗議集会 の前日の社説，Nはその抗議を伝える記事の記載である。Mの見出しは「仏連続 テロ　他者尊重の融和社会を」で，毎日のGの見出し「他者を尊重する心も」に 近いが，冒瀆や侮辱と「受け取られかねない表現」にまで慎重な姿勢を見せた点 が特異である。風刺画を掲載しなかった3紙と同様，風刺画への評価は明確でな く，また表現自体よりその受け取られ方を重視する姿勢には，イスラム教徒の心 情や社会一般の受け止め方を重視した3紙と通じるものがある。

　以上のように，風刺画を掲載しなかった3紙は表現の自由より重視すべき価値 があるとし，毎日は社説で「制限」を許容した。一方，中日・東京新聞は侮辱と は言えない表現にまで慎重な姿勢を示した。ただし，毎日は2月3日の「社説を 読み解く」でGを取り上げ，「節度や良識という物差しの危険性」，「イスラム教 の国の多くで，表現や言論の自由が制約されている」，「論説室には『まだ議論は 不十分ではないか』という意見もある」と事実上の軌道修正を図っている。この ように，立場（主張）が揺れる新聞や立場を明確にしない新聞もある。そこで， 各紙の記事が表現の自由と宗教の尊厳のいずれの価値に力点を置いているのか，

その「論調」に焦点を当てる。

4－3　各紙の「論調」

　ここで参考となるのが朝日新聞の紙面審議会委員である斎藤美奈子の見解である。斎藤は，風刺画をめぐる議論を「『描く側の論理』と『描かれる側の論理』のせめぎ合い」と位置付け，「当初『描く側の論理』に偏っていた朝日」の論調が1月20日に「変わった」と述べている（斎藤 2015）。正確には朝日の論調はもっと早く変わったが，斎藤が（パリ在住者の声を伝える事実報道も含む）紙面に掲載された様々な意見や見解の傾向を「論調」と捉えた点は，社説以外から新聞の論調を探る方法として意味があろう。

　そこで本稿は，要人の発言や市民の声，記者の見方や評価，識者の見解，社説，コラムなどあらゆる意見・見解・主張の傾向を「論調」とし，特定の記述の有無でほぼ機械的に記事を分類することで，各紙の「論調」を客観的に把握することを試みる。

　まず，a）表現の自由を価値あるものとする記述を特定する。それらは，①表現の自由を「重要・大切・絶対」とするもの，②事件を表現の自由への「攻撃・挑戦・脅威」とし，自由を「侵す・脅かす」と批判するもの，③表現の自由を「支持・主張・擁護」し「守る・貫く」とするもの，④そのために「戦う」との「決意・意志」を示すもので，これら特定の語句を含む記述とする。ただし「表現の自由は表現の自由」，「風刺画の掲載は表現の自由」，「宗教批判は自由」，「表現の自由の存立事態」，「野蛮な行為よりも力」，「表現の自由に制限はない」，「条件や制限がついたものではない」，「見る聞く話すの自由にはどこまでもこだわりたい」は，例外的に a）に該当するものとみなす。

　同様に，b）宗教の尊厳に価値を見出す記述を特定する。⑤宗教や預言者を「神聖・絶対・大切」とするもの，⑥その風刺は「冒瀆・侮辱・愚弄・ヘイト」であり，信者に「屈辱・痛み・不快」を与えるとするもの，⑦信仰を「辱める・嘲る・傷つける」のでなく「配慮・尊重」すべきとするもので，同じく特定の語句を含む記述とする。「他者がどう感じるかへの想像力は失いたくない」，「自由と放埒とは違います」，「『言論の自由』原理主義者の偽善にはもう，うんざり」，「言論の自由ははたして至上の価値なのか，…『文明国の驕り』という内省をつねに失いたくない」との記述は，やはり例外的に b）とする。

　その上でa）だけを含む記事を「表現の自由」に力点を置く記事，b）だけを

含む記事を「宗教の尊厳」に力点を置く記事，a)・b）両方を含む（両論併記）かどちらも含まない記事を「その他」とする。ただし，両方を含む場合でも例えば「表現の自由は大切だが，信仰を害してはならない」という記述であれば，後者を優先していることが明白である。したがってこのようなケースは，両論併記とせず後者の価値に力点を置く記事とみなす。

　以上の分類に従って，報道時期毎に各紙の「論調」を一覧にした（表5）。

表5　各報道時期における各紙の「論調」別記事数

	朝　日			毎　日			中日・東京			読　売			北海道			産　経			日　経			全　体		
	自	尊	他	自	尊	他	自	尊	他	自	尊	他	自	尊	他	自	尊	他	自	尊	他	自	尊	他
第1期	13	1	2	13	0	4	14	4	4	13	0	5	8	0	6	8	0	2	7	0	3	76	5	26
第2期	6	15	11	6	9	20	3	5	10	4	3	4	3	4	6	1	2	9	2	1	1	25	39	61
第3期	4	7	14	3	5	10	2	2	4	5	4	3	0	3	3	5	0	1	0	1	3	19	22	38
計	23	23	27	22	14	34	19	11	18	22	7	12	11	7	15	14	2	12	9	2	7	120	66	125

※「自」は「表現の自由」に力点，「尊」は「宗教の尊厳」に力点，「他」は「その他」（両論併記か言及なし）

　ここで各紙と全体の8つのクロス表の有意性を検定する[20]。Rによる解析では，読売と日経は偶然の確率が9.3%と13.4%であったが，他は有意とされた[21]。つまり，読売と日経を除く5紙および全体では時期ごとに「論調」が変化したと言える。

　具体的には，全体の第1期は「表現の自由」に力点を置く記事が76件，「宗教の尊厳」に力点を置く記事が5件と前者が圧倒的だが，第2期は25件対39件と後者が逆転し，第3期で微差となる。つまり，事件直後の6日間を除けば「宗教の尊厳」が「表現の自由」を上回るか拮抗する。7紙全体の傾向は（それらを一つに括ることの是非は別にして），事件直後のみ「表現の自由」の価値に力点が置かれたが，基本的には両論併記か中立的な報道でありつつ，やや「宗教の尊厳」に力点が置かれた，と言える。

　次に有意とされた5紙を比較すると，「表現の自由」がほとんどを占める第1期で中日・東京の「宗教の尊厳」が4件に上る。第2期は朝日の「宗教の尊厳」が15件と突出し，毎日の9件が続く。第3期は朝日と毎日でやはり「宗教の尊厳」が優位だが，中日・東京は2件と北海道よりも少ない。一方，産経は「表現の自由」が全紙で最多の5件（読売も同数）となる。なお記事数については，当初最も多かった中日・東京が第2期で毎日と朝日を下回り，第3期では読売をも下回るなど減少度合いが大きい。

つまり，朝日と毎日は事件直後を除いて「宗教の尊厳」を重視し，特に朝日は
その傾向が強い。中日・東京は当初「宗教の尊厳」を7紙の中で最も重視したが，
最終的に両論併記に近い中立的な報道となる。北海道は「表現の自由」から「宗
教の尊厳」重視に変わる。産経は第2期のみ両論併記に近いが，基本的に「表現
の自由」重視である。残る2紙に大きな違いはないが，読売がやや「表現の自由」
重視と言える。7紙を「表現の自由」を重視する順に並べれば，産経，読売，日
経，中日・東京，北海道，毎日，朝日となろう。

　重要なのは，第2期（1月14日〜29日）の朝日と毎日の「論調」の変化である。
14日は風刺画掲載をめぐって各紙の判断が分かれた。風刺画の公開後イスラム社
会から抗議の声が上がり，新聞がその影響を受けるのは自然だとしても，なぜ朝
日と毎日の「論調」が顕著に変化したのか。この点は先に見た不掲載の理由が答
えになろう。両紙は「表現の自由」よりもイスラム教徒の心情や捉え方を重視す
る判断をしたのである。このことは読売の「論調」が大きく変わっていない点か
らも窺える。同紙が重視したのは社会一般の受け止め方であり，イスラム教徒の
心情ではないからだ。

　また，当初の記事数が最多で「宗教の尊厳」にも一定の配慮を見せた中日・東
京の報道量と「論調」の推移も見逃せない。第3期（謝罪より後）の記事数は当
初の3分の1ほどと減少度合いが最も大きく，「論調」は全体の傾向とは逆の方
向に動いている。掲載への抗議や謝罪に追い込まれた事情がこうした特異な変化
に影響を及ぼしたと考えられる。

5．新聞はその役割を果たしたか

5−1　分析結果に基づく考察

　以上，本稿が冒頭で挙げた項目の分析結果を基に，新聞が表現の自由の担い手
としての役割を果たしたと言えるのかどうかについて考察する。

　まず風刺画問題に関する報道の量だが，新聞によって差はあるものの相当数の
記事が掲載されている（表1参照）。報道内容は，日経は「移民」，産経は「表現」
や「言論」への言及が相対的に多い点を除いて大きな違いは見られず（表2およ
び関連記述参照），全体として事件自体の報道やテロへの非難から風刺画掲載の是
非や表現の自由と宗教の尊厳をめぐる議論に推移した（表3参照）。報道姿勢につ
いては，事実報道や識者の論評を含む記事の「論調」を調べたが，全体として「表

現の自由」重視から中立ないし「宗教の尊厳」重視へと変わる傾向が見られた（表5参照。以下「論調」については同様）。朝日と毎日は，風刺画の掲載を見送った後に報道姿勢が大きく「宗教の尊厳」重視へと変わったが，両紙と同じく掲載を見送った読売は「表現の自由」を重視する立場が変わるほどではなかった。中日・東京は，「宗教の尊厳」に配慮する姿勢が相対的に薄れた点と，風刺画掲載の前後と謝罪の前後に記事の減少度合いが大きい点が目立つ。

　次に4－2で具体的記述を見たが，問題の風刺画への評価や掲載・不掲載の判断基準については，掲載の有無にかかわらず明確とは言い難い。朝日の説明（A）は判断基準のようでもあるが，風刺画への評価（「特定の宗教や民族への侮辱を含む」のか「公序良俗に著しく反する」のか）が明確でないため，現に適用されたのかは不明な上，2日後に示された不掲載の理由（「イスラム教徒が深く傷つく描写」）とは相容れない。毎日と読売の説明（B・C）は基準というより考え方に止まる。また，3紙はいずれも風刺画が差別的・侮蔑的表現だから掲載しないとの説明は一切していない。一方，風刺画を掲載した中日・東京は，表現の自由か宗教冒瀆かの判断材料を読者に提供するためと説明し（L～N），産経も同様の理由を述べたが，両紙とも自らの判断を示していないため，風刺画が侮辱に当たらないと考えたのか，侮蔑的だが読者の知る権利に応える必要があると判断したのかは定かでない。また中日・東京のおわび記事は，事実経過に記載の通りイスラム教徒を傷つけたことを謝罪しており，一見謝罪の理由が説明されているようである。しかし表現行為は常に誰かの心を傷つける可能性を孕んでおり，不当に傷つけたのでない限り謝罪は不可解と言わざるを得ない。同紙がこうした謝罪に追いこまれたことについては，朝日と毎日が同紙の問題として報じたに止まり，掲載の是非をめぐる議論にはつながっていない。

　このように各紙が風刺画問題について相応の記事を掲載したことは認められるが，報道内容や報道姿勢が必ずしも「表現の自由」を重視するものではなく，むしろ報道量の多い新聞ほど「宗教の尊厳」を重視する傾向が見られたこと，一般的に差別的とも侮蔑的とも言い難い表現が問題とされる中，それに対する各紙の評価や掲載・不掲載の判断基準が示されなかったこと，中日・東京が謝罪した理由が読者に明確にされず，謝罪に関する報道も大きく扱われなかったことを考えれば，やはり新聞の役割不全を指摘せざるを得ない。

5－2　役割不全はどのように起きたか

　新聞の役割不全を言うのであれば，それがどのように起きたのかを明らかにすることも重要であろう。ここでは，一部推論を交えて役割不全の発生経緯について考察する。

　前章で見たように，日本の新聞主要7紙は「シャルリー・エブド」襲撃事件を受けて，日経新聞を除き「表現の自由」に関する報道を大々的に行った。両ワードが共に含まれる記事は発生後3か月間で311件に上り，うち107件が発生後6日間に集中した。その多くが事件自体やテロへの非難を伝えるもので，表現の自由の価値が強調された。ムハンマドを表紙とする特別号の発売を機に宗教風刺や預言者の描画の是非が議論となり，表現の自由の限界も語られた。それらは本来「宗教を侮辱するような表現」に対してであったはずだが，朝日，毎日，読売の3紙は問題の風刺画に対する評価や掲載・不掲載の判断基準を明確にしないまま掲載を見送った。3紙はいずれも表現の自由を最大限尊重するとしつつ，それ以上に重視すべきものがあるとの立場を明らかにしたが，表現が宗教への侮辱か否かを問題としたのは朝日のみで，毎日はイスラム教徒の捉え方を，読売は社会通念や状況を判断材料とした。しかし朝日も結局はイスラム教徒が傷つくか否かを判断材料とした。

　これらの事実は，各紙に明確な判断基準がないか，あっても適用していないことを意味する。大手メディアには当然「侮辱表現は掲載しない」との考え方があるはずだが，3紙はこの点を判断材料としていない。ということは，そうした「考え方」が「明確な基準」となっていないか，今回その基準を適用していないかのいずれかに他ならない。仮に3紙が判断材料とした特定の人々の感情や社会の受け止め方が本当に判断基準になるのであれば，表現の自由などないに等しく，結果として読者の知る権利は守られない。3紙の役割不全に共通するのは，確たる判断基準の欠如かまたは運用の不徹底である。

　また，中日・東京新聞は「表現の自由か　宗教の冒瀆か」を読者に問おうと1月13日夕刊に風刺画を掲載し，翌日には特報として扱った。このため他紙も掲載していた中，唯一抗議を受けた。同紙は事件直後から「宗教の尊厳」に一定の配慮をするなど7紙の中で最もこれを重視し，特報では風刺画を「侮辱，中傷のレベル」と批判する識者の発言（I）を掲載していたが，こうした姿勢は評価されず，掲載自体が侮辱とされた。各紙の対応を検証した16日付記事で同紙は「読者の知る権利に応える責務がある」との共同通信の判断や，配信を受けた多くの新聞が

転載した事実，特報記事を出稿した東京本社（東京新聞）編集局の説明（L）を掲載した他，20日付社説（M）で必ずしも侮辱とは言えない表現にまで慎重姿勢を示した。しかし翌日にはイスラム教徒ら50人が東京本社前で謝罪を要求，23日には別のイスラム団体も抗議を行うなど，要求に応じなければ収拾困難な事態に陥った。同紙は29日朝刊でイスラム教徒を傷つけた旨謝罪したが，掲載は「読者に判断材料を提供するため」で「イスラム教を侮辱，挑発する意図は全くありません」と従来の説明（N）を繰り返した。

　このことは謝罪するという一点を除いて同紙の立場や考え方に変化がないとも考えられ，謝罪の理由を極めて分かり難くした。謝罪に至る経緯や記事の内容から，その理由の一つは事態を収拾させるためであり，もう一つは「掲載で傷つく人」を気遣う読者の声に応えるためと思料されるが，掲載で傷つく者の心情や読者の考えを判断材料とすれば，結果的に読者の知る権利を軽視することになりかねない。謝罪記事の掲載が同紙の本意ではなかったとしても，報道の量や報道姿勢に特異な変化が見られたことを考えれば，同紙は報道への圧力に抗しきれず結果的に報道が萎縮したと言わざるを得ない。

6．おわりに

　本稿はムハンマドの風刺画掲載をめぐる報道を例に「表現の自由」の担い手である新聞がその役割を果たしたのかどうかについて考察した。そして，報道内容や報道姿勢が必ずしも「表現の自由」を重視するものではなかったこと，社会的に重大な関心を集めた風刺画に対する評価や掲載・不掲載の判断基準が明示されなかったこと，掲載を謝罪した新聞が読者にその理由を明確にせず，他紙もこの事態を受けて掲載の是非をめぐる議論を喚起するような報道をしていないことから，新聞の役割不全を指摘した。

　また，風刺画を掲載しなかった朝日・毎日・読売の３紙については確たる判断基準がないか基準を適用していないこと，掲載を謝罪した中日・東京新聞については掲載への抗議が圧力となり，報道内容や報道姿勢に萎縮と言うべき現象が見られたことを指摘した。

　付言すれば，このように中日・東京新聞の報道の自由が脅かされた事態にあって他紙は事実上これを静観したと言える。日本は法治国家であり，言論，出版その他一切の表現の自由が憲法で保障され，報道の自由もその下にある。それらは

公共の福祉（他人の権利と衝突した場合の調整）以外に制限は受けず，特定の宗教的価値観によって制約されることはない。こうした民主的社会の普遍的価値を各紙が明確に打ち出していれば，事態は違う展開を見せたのではないか。この点においても新聞の役割不全が見て取れよう。

　また，問題の風刺画の表現について新聞紙上での批評は極めて貧弱であった。他の媒体においては，この画は多様な解釈が可能だが，どのようにでも解釈できること自体が原理主義という一つの解釈しか認めない思想に抗し，イスラム過激派への痛烈な批判になっている（関口 2015：17）との洞察に富んだ批評が見られたが，新聞では表現の意味に関する論評がそもそも少ない上に表面的な解釈の域を出ないものが主であった。こうした批評の貧弱さは，風刺画の評価を軽視した新聞の姿勢と無関係とは言えまい。

注

（1）　総務省情報通信政策研究所『平成28年情報通信メディアの利用時間と情報行動に関する調査　報告書』2017年7月　88
（2）　新聞通信調査会『第9回メディアに関する全国世論調査（2016）』2016年10月　48
（3）　信頼度は，①新聞70.1％，インターネット33.8％（「信頼できる」の割合）前掲注（1）90，②新聞68.6点，インターネット53.5点（どの程度信頼できるか）前掲注（2）2
（4）　日本新聞協会　http://www.pressnet.or.jp/about/recruitment/slogan/past.html（2017年7月1日閲覧）
（5）　本稿は読者の関心等は実証しておらず，新聞が想定する「読者の知る権利」に止まる。
（6）　ABC協会の調査で発行部数が100万部を超える新聞。
（7）　内藤正典同志社大学教授の発言。ただし「それは非ムスリムの解釈」で，ムスリム（イスラム教徒）の嫌悪は消えないとの趣旨。『朝日新聞』2015年1月20日朝刊　15
（8）　トッドは朝日新聞のインタビューでも「表現の自由」を「絶対」とした上で「シャルリーを批判する権利」もあると述べている。『朝日新聞』2015年2月19日朝刊　17
（9）　記載は7紙の報道に基づく。
（10）　引用は中日新聞から（東京新聞は表現・表記がわずかに異なる場合がある。以下同様）。
（11）　例えば，新聞報道と社会意識との相関関係を調べた樋口（2011），雑誌の記事に描かれた女性の身体イメージを明らかにした谷本（2013），インターネット空間特有の言論構造を論じた佐藤（2014）の研究などがある。

(12)　表記の違いを考慮し「シャルリーエブド」「シャルリー」「シャルリエブド」「シャルリ」の全てを対象とした。「表現の自由」については「言論の自由」と「報道の自由」も対象とした。著作権の関係でデータベースにない記事については，紙面で該当を確認し採集した。

(13)　写真と図表，脚注は除外，および記事の内容と関係のない記載（企画等で次回の掲載日や執筆者を予告するもの）や，記事中の区切りを示す記号等は削除した。

(14)　RMeCab：データ解析を R，日本語解析を MeCab で行うフリーソフト。パッケージの開発バージョン0.66（R version 3.0.2）。詳細は，石田（2008）49。

(15)　記事数・文字数・語数・異なる語数は，第 1 期107件・107,569字・65,122語・5,431語，第 2 期126件・133,755字・80,321語・6,736語，第 3 期79件・109,314字・66,537語・6,414語。

(16)　第 1 期と第 2 期についてはそれぞれに共通する語を除いた。第 3 期については第 1 期・第 2 期の両方と共通する語を除いた（いずれも上位 5 語以外）。

(17)　前後 5 語・計10語内で共起し，有意性を示す T 値・MI 値がともに 2 以上の語。

(18)　全て列挙すると，①「大事・理想・当然・不屈・尊い，基本的人権・権利，普遍的価値・信念，（民主主義の）根幹・原理原則・礎・基礎・基盤」，②「脅迫・弾圧・侵害・侵犯・破壊・封殺・蛮行」，③「尊重・称賛・強調」，「訴える・尊ぶ」，④「闘う・屈しない」。

(19)　同様に，⑤「重要」，⑥「冒とく・冒涜・侮蔑・差別・中傷・攻撃・挑発・揶揄」，⑦「害する・汚す・おとしめる・ばかにする・逆なでする・ちゃかす・からかう」。

(20)　行と列に関連があるのか偶然によるのかを確率で判断するもので，偶然の確率が0.05（ 5 ％）を下回れば有意（関連がある）とされる。詳細は，石田（2008）162。

(21)　朝日0.00002027，毎日0.0002083，中日・東京0.03229，読売0.09268，北海道0.02997，産経0.004621，日経0.13367，全体1.074e-15（小数点を左に15移動。つまりゼロに近い）。

引用・参考文献

Bangash, Zafar（2015＝2017）"Charlie Hebdo and the West's Cultural War on Islam", in K. J. Barrett（ed.）*We Are NOT Charlie Hebdo!: Free Thinkers Question the French 9/11*, Shifting and Winnowing Books.（伊藤力司訳「シャルリ・エブドと欧米の対イスラム文化戦争」板垣雄三監訳『シャルリ・エブド事件を読み解く――世界の自由思想家たちがフランス版9.11を問う』第三書館　266-275）

Chomsky, Noam（2015＝2015）*Paris attacks show hypocrisy of West's outrage*, CNN international, January 20.（佐野智規訳「パリの襲撃事件は，西洋の怒りが偽善であることを示している」『現代思想』2015年 3 月臨時増刊号　18-21）

樋口耕一（2011）「現代における全国紙の内容分析の有効性――社会意識の探索はどこまで可能か」『計量行動学』74号　1-12

日隅一雄（2012）『マスコミはなぜ「マスゴミ」と呼ばれるのか［補訂版］』現代人文社

池内恵（2015）「自由をめぐる二つの公準」鹿島茂・関口涼子・堀茂樹編著『シャルリ・エブド事件を考える』白水社　130-133

石田基広（2008）『R によるテキストマイニング入門』森北出版

李其珍（2007）「風刺漫画とマス・メディアの『表現の自由』——ムハンマド風刺画事件の一考察」『評論・社会科学』82号　31-65

丸毛美樹（2015）「『ムハンマドの風刺画』問題をめぐる一考察——風刺と嘲笑」『笑い学研究』22号　19-33

内藤正典（2015）「メディアは『イスラム国』のような未知の敵にもロジカルな思考で迫れ」『Journalism』2015年5月号　122-130

Ridley, Yvonne（2015＝2017）"Je Suis Confused", in K. J. Barrett（ed.）*We Are NOT Charlie Hebdo!: Free Thinkers Question the French 9/11*, Shifting and Winnowing Books.（伊藤力司訳「わたしは混乱状態」板垣雄三監訳『シャルリ・エブド事件を読み解く——世界の自由思想家たちがフランス版9.11を問う』第三書館　312-316）

斎藤美奈子（2015）「わたしの紙面批評」『朝日新聞』2015年2月10日朝刊　17

佐藤潤司（2014）「ネット空間におけるマスメディア批判言説の分析——アルジェリア人質事件の被害者実名報道を題材に」『マス・コミュニケーション研究』85号　185-204

関口涼子（2015）「表現は誰のものか」鹿島茂・関口涼子・堀茂樹編著『シャルリ・エブド事件を考える』白水社　14-19

谷本奈穂（2013）「ミドルエイジ女性向け雑誌における身体の『老化』イメージ」『マス・コミュニケーション研究』83号　5-29

Todd, Emmanuel（2015＝2015）*Qui est Charlie? Sociologie d'une crise religieuse*, Editions du Seuil.（堀茂樹訳『シャルリとは誰か？　人種差別と没落する西欧』文藝春秋）

山内昌之（2015）「文明間衝突と日本のメディア——イスラムと欧米の間」『月刊民放』2015年6月号　4-8

アーカイヴ化されたテレビ番組が描く
ビキニ事件®

松 下 峻 也（法政大学大学院）

1．はじめに

　2011年3月の福島原発事故は，テレビによって「国民」に経験された危機であった。放送としてのテレビは，無人カメラが捉えた原子炉建屋の水素爆発や「眼に見えない」放射能汚染をナショナルなメディア環境で描き出した。それによって，戦後をとおして日本社会で語られつづけてきた原子力の「安全神話」が崩壊することとなったのである。

　「安全神話」の崩壊は，核の「軍事利用」と「平和利用」との峻別を問い直すことにもなった。震災後においては，チェルノブイリ原発事故をはじめとした原子力災害だけでなく，被爆地である広島，長崎の「黒い雨」や「原爆症」が，低線量域の被曝として福島原発事故による放射能汚染と結びつけて語られるようになっている。そうしたなかで，アメリカによる水爆実験の被害である「ビキニ事件」もまた，かつてとは異なるかたちでメディア環境に立ち現れるようになった。そのきっかけとなったのが，テレビの報道である。

　マーシャル諸島のビキニ環礁におけるアメリカの水爆実験によって，1954年3月に日本の遠洋マグロ漁船である第五福竜丸が被曝したことはよく知られている。乗組員が火傷や脱毛といった「急性障害」を引き起こしたことにくわえて，無線長の久保山愛吉が同年9月に白血病を患ったすえに死亡する。この出来事は，当

時の新聞，ラジオ，グラフ雑誌，ニュース映画によって広く報じられることで，「第五福竜丸事件」として日本社会で知られるようになった。そうした「第五福竜丸事件」は，1950年代半ばにおいて，原水禁運動のひとつのシンボルとなると同時に，わが国の原子力導入期における「原子力平和利用キャンペーン」の展開にも寄与することとなる。

それにたいして，震災後のテレビは，第五福竜丸以外の被災船員を継続的に取り上げた。彼らは，「死の灰」に起因することが疑われるガンなどの病に苦しみながらも，事件後に声をあげることもできなかったという。福島原発事故による低線量域の被曝をめぐって「ただちに人体に影響はない」という言表が繰り返されるなかで，これまであまり知られてこなかったビキニ事件の「晩発性障害」をめぐる問題がナショナルなメディア環境においても描き出されるようになったのである。さらに，それと軌を一にするようにして，震災後には被災船員の被曝の再評価をめぐる政治的な動向が生まれることとなる。

そして近年では，ビキニ事件をめぐるそうしたテレビの報道が，さまざまな技術や制度によって保存されている。かつては放送という文脈で「一回的に」視聴されるしかなかったテレビ番組を，今日では「事後的に」検証することができるのである。そうしたなかで，テレビ番組として描かれたビキニ事件を，震災後における事件史の展開と結びついた史資料のひとつとして読み解くことが可能となっている。

さらにいえば，テレビは福島原発事故以前において，ビキニ事件における低線量域の被曝をめぐる問題を見過ごしてきたわけではない。単発的なドキュメンタリー番組としてではあれ，第五福竜丸以外の被災船員の被曝，水爆実験に観測兵として参加した元アメリカ軍人にたいする補償の問題，あるいはアメリカの核実験場となったマーシャル諸島の環境汚染が，たしかにテレビによって描かれ，そして保存されてきたのである。今日からすれば，それらの番組は，震災後のビキニ事件報道に先行するテレビ・ジャーナリズムの記録であるといえるだろう。

そこで本稿では，テレビ番組の保存と公開，すなわちその「アーカイヴ化」が，ビキニ事件という出来事のメディア環境における意味と経験をめぐって，どのような検証を可能にし，そしていかなる知見をもたらしうるのかを考察する。そのために，まずは先行研究を跡づけながら，1950年代に報じられた「第五福竜丸事件」と震災後のテレビによって描かれた「低線量被曝としてのビキニ事件」とのちがいを，福島原発事故による放射能汚染を経験した今日の視点からあきらかに

する。つぎに，そうした視点から，ビキニ事件をめぐってアーカイヴ化された過去の番組が，震災後の文脈においてどのような示唆をもつのかを考えていく。そのうえで，技術としての「アーカイヴ」をめぐる思想をふまえながら，震災から7年が経とうとする今日において，「低線量被曝としてのビキニ事件」の出来事としての意味を捉えなおしていくことの必要性を提起したい。

2．「第三の被爆」としてのビキニ事件
——1950年代に描かれた「第五福竜丸事件」と急性障害

原子力の「安全神話」の崩壊に至るまで，日本社会では，一方では核の「軍事利用」にたいする批判が，他方ではその「平和利用」の称揚が語られてきた。そして，1954年の水爆実験の被害であるビキニ事件もまた，そうした言説と不可分の関係におかれてきた。福島原発事故による放射能汚染をすでに経験した今日からふりかえったとき，それをめぐる当時の報道は，わが国の原子力開発とどのような結びつきをもっていたのだろうか。

1954年3月に発生したビキニ事件の初期報道は，新聞，ラジオ，グラフ雑誌，ニュース映画が中心であった。そうした報道は当初から第五福竜丸に集中する。事件の第一報である1954年3月16日付の『読売新聞』では，「邦人漁夫，ビキニ原爆実験に遭遇」，「23名が原子病」，「焼けただれた顔」という見出しとともに，焼津港に係留された第五福竜丸の写真が掲載された。『朝日新聞』をはじめとする他の新聞もそうした報道に追随する。そして，同年9月1日に第五福竜丸無線長久保山愛吉の容態悪化，同月24日に彼の死亡が伝えられると，ラジオを含めた報道がさらに過熱していく（山本 2015：27）。

留意すべきは，そうした一連の報道のなかで，第五福竜丸の被曝が広島，長崎につづく「第三の被爆」として語られていた点である。第一報翌日の3月17日付の『朝日新聞』では，はやくも「三度味わった原爆の恐怖」という見出しがうたれている。また，『アサヒグラフ』1954年3月31日号では，「第三の原爆禍」という特集が組まれ，係留された第五福竜丸，港での放射線測定，急性障害を起こした乗組員たちの写真が掲載された。その記事では，「ともすれば忘れがちな広島，長崎の惨禍を思い出し，近代戦の恐るべき破壊力を改めて実感する」と，広島，長崎の被爆との関連性が強調されている。

こうした報道をおこなううえでは，第五福竜丸乗組員の火傷や脱毛といった「急

性障害」の映像が重要な意味をもっていた。この点について，丸浜江里子は，ビキニ事件報道を広島，長崎の惨状を国内で初公開した『アサヒグラフ』1952年8月6日号[3]と関連づけながらつぎのように説明する。

> （『アサヒグラフ』1952年8月6日号からは：筆者）独立直後に被爆の実態を取り上げ，伏せられていた被爆情報を国民に伝えようとした勇気と意気込みが伝わってくる。しかし，「猟奇趣味」「無残な姿」から一挙に「やがて我々自身の上にも生起せぬとも限らぬ，その心構えだけは忘れて貰いたくないのである」へと飛躍する論調にやや違和感を覚える。「犠牲者となった」という過去と，「やがて我々」という未来は語られているが，現実の広島，長崎の被爆者の姿が伝わってこない。（中略）被爆地・被爆者との距離は大きかったということだろう。第五福竜丸帰港後の大報道はこの距離を一挙に縮めた。（丸浜 2011：216）

　このように，第五福竜丸乗組員の急性障害の映像は，占領終結直後の日本社会において描かれた広島，長崎における被爆の惨禍を，改めてメディア環境に呼び起こしたのである。
　それでは，第五福竜丸の被曝が広島，長崎の被爆と結びつくことは，1950年代半ばの日本社会において何を意味していたのだろうか。それを，ふたつの局面から考えてみたい。
　一方で，ビキニ事件は原水禁運動のきっかけとなった。水爆実験の「死の灰」は当時，杉並の主婦たちによる署名運動や漁業関係者による補償要求を呼び起こした。それらの運動では，放射能が「食の安全」や「子どもの健康」にもたらす影響や[4]，マグロの汚染による漁業への経済的な打撃が当初の争点となっていた。しかし，広島，長崎の被爆の記憶が人びとによって想起されるなかで，前者の署名運動が全国規模の原水禁運動へと拡大していくと，その性格が徐々に変化していく。そこでは，より多くの支持者を取り込むために，金銭的な補償をはじめとした具体的な問題ではなく，核兵器の廃絶という普遍的な目標が掲げられるようになったのである（山本 2015：30）。その結果，原水禁運動は超党派的運動として組織され，1955年には広島で開かれた原水禁世界大会に帰結することとなる。そして，そうした盛り上がりとは対照的に，金銭的な補償を要求した漁業者の運動は挫折を余儀なくされていく（丸浜 2011：246-69）。

他方で，ビキニ事件は，わが国の原子力導入期における「原子力平和利用キャンペーン」の展開にも与っていた。1954年3月21日付の『読売新聞』は，「原子力を平和に　モルモットにはなりたくない」という見出しのもとで，急性障害を起こした第五福竜丸乗組員の写真を掲載している。その記事では，「（水爆が：筆者）恐ろしいからと背を向けているわけには行くまい。克服する道は唯一つ，これと対決することである。（中略）その方への道を開いて，われわれも原子力時代に歩み出すときが来たのだ」と語られ，核の「平和利用」の重要性が説かれている。この記事においては，「唯一の被爆国」であるからこそ，核兵器廃絶を訴えるとともに核の「平和利用」を推進すべきであるという，逆説の論理が働かされているのである（吉見 2012：144）。そうした論理が踏襲されるなかで，原子力平和利用キャンペーンは国民的な関心を集めていく。1955年から開催された原子力平和利用博覧会の総入場者数は全国でのべ267万人にのぼることとなる。

　このように，「第三の被爆としてのビキニ事件」は，ある種の両義性のもとで考えることができる。すなわち，第五福竜丸の被曝が広島，長崎の被爆を想起させるなかで，「原水爆実験への反対は，原子力『平和利用』キャンペーンと共存していただけでなく，互いが互いの駆動力となっていった」（山本 2012：158）のである。それをあらわしているひとつの事例が，1957年8月13日の新理研映画『毎日世界ニュース312　原爆許すまじ』である。このニュース映画では，265秒のシークエンスのなかで，広島と長崎の慰霊式典，第3回原水禁世界大会，3年前の久保山の死，そして東海村実験炉の臨界がつづけて描かれている。ビキニ事件は，核の「軍事利用」への批判と「平和利用」の称揚とを言説的に両立させていたという意味においてこそ，「第三の被爆」たりえていたのである。

　このように1950年代においては，久保山の死に象徴される「第五福竜丸事件」が集中的に報じられたことで，ビキニ事件という出来事が「第三の被爆」としてメディア環境で描かれた。そしてそれは，広島，長崎の惨禍を人びとに思い起こさせることで，核兵器廃絶を目標とした原水禁運動の発展に与ることとなった。福島原発事故による放射能汚染をすでに経験した今日の視点から指摘すべきは，そうした展開のなかで，「死の灰」が食卓や健康にもたらす生活の危機や，マグロの汚染にたいする補償の問題などが忘れ去られていったという点であろう。それらは，放射能汚染が身体，環境，そして生活にもたらしうる「眼に見えない」核の被害であった。その意味で，「第三の被爆としてのビキニ事件」は，水爆実験の被害を第五福竜丸乗組員の急性障害に矮小化することによってこそ，原子力

平和利用キャンペーンの展開に寄与することが可能であったのである。

3. 「低線量被曝」としてのビキニ事件
——震災後のテレビが描いた被災船員と晩発性障害

　1950年代の新聞，ラジオ，グラフ雑誌，ニュース映画が描いたのが，第五福竜丸乗組員の急性障害によって特徴づけられる「第三の被爆としてのビキニ事件」であったとすれば，福島原発事故を契機として，テレビはそれをどのように描きなおそうとしたのだろうか。そうしたビキニ事件報道のきっかけとなったのが，日本テレビが2012年1月30日に放送した『放射線を浴びた X 年後』（以下，『X 年後』）である。

　『X 年後』は，高知県室戸で1980年代からビキニ被災船員の発掘調査をつづける元高校教師の山下正寿を，南海放送のディレクターである伊東英朗が8年間にわたって取材することで制作されたドキュメンタリー番組である。それは，NNN ドキュメントとして全国放送されたのち，映画化，書籍化されるなどの反響を呼んだ。「3・11大震災シリーズ27」として放送されたこの番組のオープニングでは，福島原発の水素爆発や周辺住民にたいする放射線測定の映像が映し出されたうえで，つぎのようなナレーションが重ねられていく。

> 　2011年3月，原子炉から放出された放射性物質がばらまかれました。繰り返される「ただちに健康に影響はない」ということば。眼に見えぬ放射能の恐怖に人びとは不安を抱いたままです。しかし，今から58年前，同じ日本で線量計が人びとに向けられたことは知られていません。そして，日本全土が放射性物質ですっぽりと覆われたことも。救済されることなく死んでいった多くの人びとがいることも。

　ここで述べられるように，『X 年後』の主題は，「2011年」の福島原発事故とそこから「58年前」のビキニ事件とを，低線量域の被曝として関連づけることであった。そして，そうした関連づけを可能にするのが，「ただちに健康に影響はない」，「眼に見えぬ放射能の恐怖」であるとされている。すなわち，『X 年後』が焦点化するのは，急性障害のように短期間で可視化されることのない，「晩発性障害」をはじめとした「低線量被曝」の被害なのである。

オープニングにつづくシーンでは，ビキニ事件における低線量被曝の実態が，山下が発掘調査で収集した証言映像によって告発される。そこでは，被災船員とその家族が，「船に乗っていた人間が50代60代で亡くなった」，「みんな若くしてほとんど亡くなった」などと語る。さらに番組の中盤部分では，そうした被害がこれまで知られてこなかった理由を，被災船のひとつである第二幸成丸の元船長の妻が，インタビュー映像のなかで以下のように語っている。

　　　私たちもしゃべりとうないんですよ，こんなこと（マグロと漁船の被曝を：筆者）。しゃべってもなんにもならないで。（中略）その時分っていうのは，日本の国がやっと自分で摑まり立ちができるか，というような情勢でしょ。その柱は何かというたら，石炭と魚ですから。（中略）これは船員に補償がなければいけないと思うた船員もいたかも知れないけれど，そんなことを口に出して言いでもしたら，船に乗れない時代でありました。それだけは言うときます。

　この証言のなかで，元船長の妻は，1950年代当時を「そんなこと（被災とそれにたいする補償：筆者）を口に出して言いでもしたら，船に乗れない時代でありました」とふりかえっている。ここでは，原水禁運動の盛り上がりとは対照的に，マグロの汚染にたいする補償要求が挫折していった歴史が，生活者のことばとして語りなおされているのである。
　くわえて，被災船員にたいする抑圧は，日米政府の外交問題としても指摘される。番組内で解説されるように，水爆実験の翌年，日本政府はビキニ事件の最終決着と引き換えに，200万ドルをアメリカ政府から受け取る。それは，アメリカの法的責任を認めることなく，「見舞金」によって事件の幕引きを図るという「政治決着」であった。それによって，被災船員は政治的な局面においても被曝にたいする補償を訴える機会を失っていく。『X年後』においては，被災船員が社会的，政治的な抑圧のもとで口を閉ざしていったという事実こそが，福島原発事故と放射能汚染を経験した日本社会における差し迫った問題として描かれようとしているのである。
　そのうえで，番組の終盤部分では，被災船員にたいする社会的，政治的な抑圧が晩発性障害にたいする補償の問題へと結びつけられていく。そこでは，「調査を始めた頃，40歳の現役教師だった山下さん。ビキニ環礁での被曝事件を解明し

被災者を救済したいと，いまも活動を続けています。現在は，被曝した乗組員たちが被爆者健康手帳を交付されるように働きかけています」というナレーションとともに，六本木の日本海員組合を訪ねる山下の姿が描かれる。被災船員が口を閉ざしてきたために，彼らの被曝線量はこれまで十分に調査されてこなかった。それにくわえて，低線量域の被曝と晩発性障害との因果関係を科学的に証明することは現在の医学では困難であるとされている。『X 年後』においては，そうした被災船員をめぐる補償の立ち遅れこそが，広域の放射能汚染と向き合いつづけることを余儀なくされた日本社会が抱える課題として提起されているのである。

このように，『X 年後』が取り上げるのは，第五福竜丸乗組員の急性障害とは異なる，その他の被災船員の晩発性障害をめぐる問題であった。そうした病にたいする抑圧や補償の問題を描くことで，福島原発事故による放射能汚染とビキニ事件とが，震災後において結びつけられようとしているのである。その意味で，『X 年後』は，かつて原子力平和利用キャンペーンの展開に寄与することとなった「第三の被爆としてのビキニ事件」には還元することのできない，「低線量被曝としてのビキニ事件」をメディア環境に立ち現わせたといえる。

4．ビキニ事件をめぐる震災後のテレビ報道のアーカイヴ化

『X 年後』が取り上げた被災船員の発掘調査は，2012年以降もテレビによって継続的に報じられた。2014年 8 月 6 日には，NHK が山下をメインパーソンとして『水爆実験60年目の真実〜ヒロシマが迫る"埋もれた被曝"〜』（以下，『60年目の真実』）を放送している。また，同月11日には，日本テレビが『X 年後』の続編である『続・放射線を浴びた X 年後　日本に降り注いだ雨』（以下，『続・X 年後』）を放送した。

これらの番組が放送された時期は，被災船員の晩発性障害の再評価をめぐる政治的な動向と重なっている。『60年目の真実』と『続・X 年後』が放送された翌月の2014年 9 月には，厚生労働省が，いままで「存在しない」としてきた被災船の被曝記録をはじめて開示した。その問題は，同年11月 3 日に日本テレビが放送したシリーズ第 3 作『放射線を浴びた X 年後 3　棄てられた被曝者』でも取り上げられている。そうしたなかで，2016年 5 月には，国家賠償を求める被災船員たちの集団訴訟が提起されたのである。

このように，「低線量被曝としてのビキニ事件」をめぐるテレビの報道は，震

災後における事件史の展開ともかかわっていた。1950年代の新聞，ラジオ，グラフ雑誌，ニュース映画による「第五福竜丸事件」の報道が，原水禁運動や原子力平和利用キャンペーンと結びついていたように，テレビで描かれた被災船員の発掘調査もまた，晩発性障害の再評価をめぐる政治的な動向と軌を一にしていたという点において，ビキニ事件という出来事をめぐる史資料のひとつとなりえているのである。

　テレビの報道をビキニ事件の史資料として検証することは，それを放送という文脈において「リアルタイムで」，「一回的に」視聴する行為とは異なっている。それはむしろ，保存されたテレビ番組を，「事後的に」，ないしは「反復的に」視聴する行為といえる。すなわち，図書館や公文書館に収められた過去の文書資料を読み返すのと同じように，なんらかのかたちで「アーカイヴ化」されたテレビ番組を見返すという実践がおこなわれるのである。

　世界最大規模の視聴覚研究所である INA の発展に携わった B. スティグレールは，アーカイヴ化されたテクストを読解するという事後的な経験を，「後知恵」という概念で捉えようとする。「遅延化された時間として経験されるテクスト性。それは後知恵である」（Stiegler 1996 = 2010：90）。

　どういうことだろうか。たとえば，ビキニ事件を報じた1950年代の新聞やグラフ雑誌は，原子力の「安全神話」の崩壊をすでに経験した今日の後知恵として検証される。2017年においては，そうしたテクストの意味が，水爆実験から63年後，そして福島原発事故から 6 年後という「遅延化された時間として経験」されるのである。それによって，「第三の被爆としてのビキニ事件」という報道が，原水禁運動だけでなく，原子力平和利用キャンペーンの展開にも寄与していたことや，第五福竜丸乗組員の急性障害が顕在化されるなかで，「死の灰」がもたらす「眼に見えない」放射能汚染が忘れ去られていったことが思い起こされる。

　それと同じようにして，被災船員の発掘調査を取り上げたテレビ番組は，震災から 7 年が経とうする今日の後知恵として検証される。2017年においては，2012年，2014年に放送された『X 年後』や『60年目の真実』の意味を，数年間の「遅延化された時間として経験」することができる。それによって，「第三の被爆としてのビキニ事件」には還元することのできない「低線量被曝としてのビキニ事件」が，福島原発事故による放射能汚染と結びつけられていったことや，そうしたテレビの報道が，被災船員の晩発性障害の再評価をめぐる政治的な動向と軌を一にしていたことがあきらかとなるのである。

とくに，放送であるテレビをめぐっては，アーカイヴ化されたテクストを後知恵として検証するという実践そのものが，近年においてはじめて可能になったといえる。テレビ番組の保存と公開が議論されるようになったのは，「ビデオライブラリー構想」が提起された1980年代半ば以降である。たとえば，NHK が発行している『放送研究と調査』は，1984年３月号に「二十七世紀へのメッセージ——ビデオライブラリー構想素案」という記事を，同年９月号に「ビデオライブラリーと権利処理問題」，1985年11月号に「今日の映像文化とビデオライブラリー」というともにシンポジウム記録を掲載している。そうしたなかで「放送番組を総合的に保存し，それを一般の公開利用に供するビデオライブラリーを実現[6]」することの必要性が，放送事業者や研究者のあいだで次第に意識されるようになったのである。

　そうした理念は，2000年代に始動した放送ライブラリーや NHK アーカイブスなどの公的な機関に引き継がれることとなる[7]。くわえて，2011年以降はいくつかの大学がテレビ番組の収集と研究利用を開始した[8]。そうした制度や技術の拡充によって，これまで時間の流れとともに消え去っていったテレビテクストが，徐々にではあれ「遅延化された時間として経験」されるようになっている。その意味で，震災後のテレビが描いた「低線量被曝としてのビキニ事件」をめぐる検証は，近年におけるテレビ番組のアーカイヴ化と不可分の関係に置かれているといえるだろう。

5．アーカイヴ化されたテレビ番組と「後知恵としての先取り」

　1950年代においては，新聞，ラジオ，グラフ雑誌，ニュース映画が第五福竜丸乗組員の急性障害を集中的に報じることで，「第三の被爆としてのビキニ事件」が描かれていった。そうした報道は，原水禁運動だけでなく，原子力平和利用キャンペーンの展開にも寄与していた。それにたいして，震災後のテレビは，第五福竜丸以外の被災船員の発掘調査を報じることで，「低線量被曝としてのビキニ事件」を描き出した。そうしたなかで，晩発性障害を疑われる彼らの病が，福島原発事故による放射能汚染と結びつけられるとともに，その再評価をめぐる政治的な動向が生まれていった。こうした事件史の捉えかたは，震災から7年が経とうする今日の後知恵であり，そうした検証を可能にしているのが，近年拡充されつつあるテレビ番組のアーカイヴ化なのである。

このように，アーカイヴ化されたテレビ番組を検証することは，震災後に描かれた「低線量被曝としてのビキニ事件」が，事件史のなかでどのような意味を有していたのかをあきらかにする。しかしながら，スティグレールのいう後知恵は，テクストのそうした同時代的な意味を読み解くことだけを含意しているわけではない。いいかえれば，テクストが有することとなった「過去」の意味を，「現在」においてふりかえることだけを指しているのではない。スティグレールがその概念によって問おうとしているのはむしろ，特定の時空間に出現した「かつて」のテクストが，それとは異なる文脈で，すなわち「遅延化された時間として経験」されることによってあらわすこととなる新たな意味なのである。

　それを考えるうえでは，『X年後』の制作者である伊東の震災後におけるインタビュー記事が示唆に富む。さきに，2012年に放送された『X年後』が山下への8年にわたる取材をもとにした番組であると述べたように，伊東は，震災以前にも被災船員の発掘調査を取り上げた番組を制作している。そのひとつである『わしも死の海におった』は，NNNドキュメントとして2004年10月10日に全国放送されている。

　しかしながら，『わしも死の海におった』にたいする反響は，映画化，書籍化されることとなった『X年後』とは大きく異なっていた。伊東は，その放送後をつぎのようにふりかえっている。「賞という評価はあったものの，一般視聴者からの反応はほとんどなかった。事件に出会った時に受けた衝撃が，視聴者にも伝わるはずだと確信していた私にとって，それは厳しい現実だった」（伊東 2013：23）。結局，『わしも死の海におった』に追随するような発掘調査の全国報道は，『X年後』までおこなわれることがなかった。[9]

　そのうえで伊東は，震災後に『X年後』が全国放送枠を得たことについて，「原発事故がきっかけとなっていることを考えると複雑な気持ちだった」と告白している。さらに，その放送後の反響については，「8年間番組を作り続けてきて初めての経験だった」（伊東 2013：26-27）とも述べている。福島原発事故による放射能汚染を経験した2012年においては，被災船員の発掘調査が「かつて」とは異なる意味をもって人びとに受けとめられたといえる。

　このように，2004年の『わしも死の海におった』は，被災船員の発掘調査を原発事故以前においてたしかに先取りしていた。しかしながら，そうした発掘調査は，2012年の『X年後』において描きなおされることによって，はじめて広範な人びとの関心を集めることとなった。だとすれば，それとは異なる視点から「低

線量被曝としてのビキニ事件」を先取りしていた「かつて」のテレビ番組もまた，広域の放射能汚染が発生した今日の文脈では差し迫った意味をもつのではないだろうか。

　放送ライブラリーには，「低線量被曝としてのビキニ事件」をめぐって，「ビデオライブラリー構想」が議論された1980年代半ば以降に放送されたいくつかのテレビ番組がアーカイヴ化されている。そのひとつが，NHK が1989年6月28日に放送した『ビキニ・消されざる記憶〜水爆実験35年目の証言〜』（以下，『消されざる記憶』）である。この番組では，水爆実験に観測兵として参加したふたりの元アメリカ軍人が描かれる。当時において，彼らは水爆実験への参加を名誉であると考えていたという。しかし，年月が経つにつれ，ふたりの身体には倦怠感や皮膚ガンなどの不調が生じていく。ところが，晩発性障害を疑われるそうした症状にたいして，アメリカ政府はなんら補償をおこなおうとしない。憤りと失望を感じたふたりは，補償を求めてアメリカ政府と闘いつづけることを宣言する。被災船員の発掘調査と彼らの再評価をめぐる政治的な動向がテレビによって描かれた今日からすれば，『消されざる記憶』は，晩発性障害にたいする補償の問題を先取りしていたことになる。

　もうひとつは，静岡第一テレビが制作し，1994年12月19日に NNN ドキュメントとして全国放送された『失われた楽園〜ビキニ核実験被害から40年〜』（以下，『失われた楽園』）である。この番組では，アメリカの核実験場となったマーシャル諸島の暮らしが描かれる。そこではかつて，漁業を生業とした豊かな海の暮らしが営まれていたという。しかし，水爆実験による放射能汚染によって生活の糧である漁場を奪われたために，島民はべつの島への移住を余儀なくされる。さらに，そうしたマーシャル諸島には，放射性廃棄物の処分場の建設計画が浮上していることがあきらかとなる。福島原発事故による放射能汚染がテレビによって目にされた今日からすれば，『失われた楽園』は，大量の放射性廃棄物が行き場を失おうとしている日本社会の姿を先取りしていたことになる。

　このように，1989年の『消されざる記憶』や1994年の『失われた楽園』は，『X年後』が取り上げた被災船員の発掘調査にとどまらない，「低線量被曝としてのビキニ事件」の国境を越えた広がりを描いている。それと同時に，震災から7年が経とうする今日の後知恵からすれば，それらの番組は，震災後のメディア環境に描き出されることとなった晩発性障害にたいする補償，放射能による環境汚染，放射性廃棄物の処分といった問題を，1990年前後においてすでに先取りしていた

といえる。いいかえれば、アーカイヴ化されたテレビ番組によって描かれるビキニ事件の「過去」が、福島原発事故による放射能汚染の経験という「現在」を「後知恵として先取り」していたことになる。『消されざる記憶』や『失われた楽園』は、震災後の文脈という「遅延化された時間として経験」されることで、それらが「かつて」放送されたときとは異なる意味をあらわすのである。

6. 技術としてのアーカイヴが生み出すビキニ事件

「低線量被曝としてのビキニ事件」の国境を越えた広がりを描いた『消されざる記憶』や『失われた楽園』が、福島原発事故による放射能汚染の経験を今日において「後知恵として先取り」すること、それは、アーカイヴ化された「過去」のテレビ番組が、震災後の「現在」という文脈において新たな意味をあらわすことである。そのようにして、テクストが「遅延化された時間」のなかで新たな意味を生成するという経験を、J. デリダは「アーカイヴ」という技術そのものの構造として捉えようとする。スティグレールとともに INA の発展に尽力するなかで[11]、デリダは1995年に『アーカイヴの病（*Mal d'archive: Une impression freudienne*)』を著している。

　その著作のなかでデリダは、技術としてのアーカイヴを、過去の出来事を保存ないし検証するための「透明な」媒体として考えているわけではない。そうではなくて、「アーカイヴの技術的構造は、アーカイヴ化可能な内容の構造のことも、その出現自体において、そしてそれの未来との関係において決定する」。報道メディアについてのわれわれの経験が示すように、「アーカイヴ化は事件を、記録するのと同じほどに生み出す」（Derrida 1995 = 2010：26）のである。

　「アーカイヴ化が事件を生み出す」とは、どういうことだろうか。デリダにとって、アーカイヴ化された出来事が「かつて」とは異なる時空間で経験されることは、その出来事がべつの出来事と関連づけられる[12]なかで新たな意味を生成することである[13]。たとえば、さきに引用した伊東のインタビュー記事にあらわされるように、『わしも死の海におった』は、山下による被災船員の発掘調査という出来事を、2004年の時点ですでに描いていた。しかしそれは、2012年の『X 年後』において、福島原発事故による放射能汚染というべつの出来事と関連づけられることで、新たな意味をもって人びとに受けとめられた。そうしたなかで「低線量被曝としてのビキニ事件」の「事件」としての意味が捉えなおされたのである。

このように考えるならば，原子力の「安全神話」の崩壊とともに，核の「軍事利用」と「平和利用」との峻別が問い直されようとしている今日においては，「低線量被曝としてのビキニ事件」を，「核エネルギー」がもたらした被害というより広い文脈で捉えなおしていくことができるだろう。それを考える手がかりとなるのが，ビキニ事件の晩発性障害にたいする補償の問題を，「被爆地」や「被曝労働」の視点から先取りしていたテレビ番組である。

　たとえば，「原爆症認定訴訟」が全国的な盛り上がりをみせた2000年代には，「入市被爆」の再評価をめぐる論争を取り上げたテレビ番組が放送されている。そのひとつが，NHK が2007年 8 月 9 日に放送した『原爆のせいじゃなかとですか』（以下，『なかとですか』）である。この番組では，長崎の入市被爆者である森内實が，原爆症認定を求めて国と裁判で闘う姿が描かれた。森内は，「残留放射線」に起因する晩発性障害を疑われながらも，補償を得ることができずに60余年を過ごしてきたという。被災船員の発掘調査と晩発性障害の再評価がテレビによって描かれた今日の後知恵からすれば，『なかとですか』は，ビキニ事件が低線量被曝という点においても「第三の被爆」でありえたことを示している。

　あるいは，1993年には広島テレビが，『プルトニウム元年・Ⅲ　隠される被ばく　ヒロシマは…』（以下，『プルトニウム元年』）のなかで，白血病で死亡した浜岡原発の作業員の労災認定をめぐる論争を取り上げている。この番組があきらかにしたのは，核の「平和利用」としての原子力発電が，「平時」においてすら晩発性障害にたいする補償の問題を生じさせうることである。第五福竜丸乗組員の急性障害によって特徴づけられる「第三の被爆としてのビキニ事件」をめぐる報道が，1950年代において原子力平和利用キャンペーンの展開に寄与していたことを思い返すならば，「唯一の被爆国であるからこそ，核兵器廃絶を訴えるとともに，核の『平和利用』を推進すべきである」という論理が，低線量被曝を等閑視することによってこそ成立していたことがあきらかとなるだろう。被災船員の発掘調査と晩発性障害の再評価をすでにみた今日の後知恵からすれば，『プルトニウム元年』は，核の「軍事利用」としての水爆実験と「平和利用」としての原子力発電という区別が，低線量という点では意味をなしていなかったことを示しているのである。

　このように，2007年の『なかとですか』や1993年の『プルトニウム元年』は，震災後のテレビが描くこととなったビキニ事件の晩発性障害にたいする補償の問題を，「原爆症認定訴訟」や「被曝労働の労災認定」の視点から先取りしていた

ことになる。そして，そうしたテレビ番組を今日の後知恵においてみることで，「低線量被曝としてのビキニ事件」が，原爆による「被爆」と水爆実験による「被曝」，あるいは，核の「軍事利用」としての水爆実験と「平和利用」としての原子力発電のいずれとも切り離すことができなかったことがあきらかとなる。いいかえれば，出来事としてのビキニ事件の意味そのものが，低線量被曝をめぐる長い歴史のなかで捉えなおされていくのである。

7. おわりに

本稿の前半で確認したように，1954年当時において，ビキニ事件は，被爆地である広島，長崎の惨禍をメディア環境に呼び起こすなかで「第三の被爆」として報じられた。そうした報道は，水爆実験の被害を第五福竜丸乗組員の急性障害に矮小化させることで，「死の灰」がもたらす「眼に見えない」放射能汚染の問題を見過ごさせていくこととなった。それによってこそ，「第三の被爆としてのビキニ事件」は，原水禁運動だけでなく，原子力平和利用キャンペーンの展開にも寄与することが可能であったといえる。

それにたいして，震災後のテレビは，「第三の被爆としてのビキニ事件」には還元することのできない「低線量被曝としてのビキニ事件」を描き出した。さらに，第五福竜丸以外の被災船員の発掘調査が，福島原発事故による放射能汚染と結びつけられるなかで，彼らの晩発性障害の再評価をめぐる政治的な動向が生まれていった。ビキニ事件史のそうした様相は，原子力の「安全神話」の崩壊に至るまで，一方では核の「軍事利用」にたいする批判を，他方ではその「平和利用」の称揚を語ってきた日本社会をまさに映し出しているといえる。

そのとき，「低線量被曝としてのビキニ事件」を「後知恵として先取り」していた「過去」のテレビ番組は，ビキニ事件という出来事をどのように捉えることができたはずなのか，それゆえ，これからどのように捉えなおしていくべきかという問いを提起する。第5節で論じたように，たとえば『消されざる記憶』は，水爆実験に参加した元アメリカ軍人を取り上げることで，晩発性障害にたいする補償の問題を1989年の時点ですでに描いていた。また，1994年の『失われた楽園』が取り上げたマーシャル諸島の海洋汚染は，福島の土壌汚染と放射性廃棄物が行き場を失おうとしている日本社会の現状を予見していた。そしてそれらの番組は，『X年後』が取り上げた被災船員の発掘調査にはとどまらない，「低線量被曝とし

てのビキニ事件」の国境を越えた広がりを描き出しているのである。

　さらに第6節で論じたように，「被爆地」や「被曝労働」をめぐる震災前のテレビ番組もまた，ビキニ事件の晩発性障害にたいする補償の問題を「後知恵として先取り」していたことになる。たとえば，入市被爆者による原爆症認定訴訟を描いた2007年の『なかとですか』は，ビキニ事件が低線量被曝という点においても「第三の被爆」でありえたことをあらわしている。また，原発作業員の労災認定をめぐる論争を描いた1993年の『プルトニウム元年』は，核の「軍事利用」として水爆実験と，その「平和利用」としての原子力発電という区別が，低線量被曝という点においてはそもそも意味をなしていなかったことを示している。

　このように，これらの番組は，ビキニ事件という出来事の意味を，核の「軍事利用」と「平和利用」という峻別を越えた低線量被曝の長い歴史のなかで思考させていく。それと同時に，そうした番組はアーカイヴ化されることで，「眼に見えない」低線量被曝の被害を，元アメリカ軍人の補償問題，マーシャル諸島の海洋汚染，入市被爆者の原爆症認定訴訟，原発作業員の労災認定といった具体的なイメージとして人びとに経験させることを可能にしている。そうしたイメージは，核の「平和利用」による広域の放射能汚染を経験した「唯一の戦争被爆国」が，「核エネルギー」といかにして向き合っていくべきかを人びとが考えていくための手がかりともなるだろう。

　ビキニ事件をはじめとして，テレビ番組が描いてきた低線量被曝の歴史は，今日においてたしかにアーカイヴ化されている。そうした出来事の「過去」が，福島原発事故による放射能汚染という「現在」をすでに先取りしていたということ，それは「現在」において，この国の原子力開発の「未来」を，具体的なイメージとして先取りしうることを示しているのである。[14]

注
（1）　橋元良明（2013）が総務省情報通信政策研究所と実施した全国郵送調査では，「原発事故・放射能」の情報にかんして，80.8％の人がテレビの報道が「役に立った」と評価している。
（2）　本稿では，「ビキニ事件」という用語を，アメリカが1954年3月から5月にかけておこなった水爆実験「キャッスル作戦」による被曝という，広い定義で用いる。その直接的な被害者には，同年3月1日に炸裂した水爆「ブラボー」によって被曝した第五福竜丸の乗組員だけでなく，つづく5発の水爆によって被曝したその他の遠洋漁業船の船員や，マーシャル諸島の住民が含まれる。

（3） 占領期には，GHQ の言論統制によって広島，長崎の被爆にかんする報道が厳しく制限されていた。そうしたなかで，この号は，「原爆被害の初公開」を銘打ち，広島と長崎の被爆写真を9頁にわたって公開した。

（4） 「第五福竜丸の遭難，放射能灰をうけた乗組員の原爆症を目のまえにみ，市民たちは原爆まぐろ，飲料水・野菜などの放射能汚染におびえた。このとき，杉並の主婦たちは，戸ごとにあるいて原水禁実験反対の署名運動をはじめた」（帯刀 1960：69-70）。

（5） その成果は，山下正寿（2012）にまとめられている。

（6） 『放送研究と調査』1985年11月号28頁より。

（7） これらの機関の取り組みが本格化した2000年代終盤以降においては，「記録としてのテレビ番組」をめぐる学術的な議論もまた積極的におこなわれた。たとえば，2009年の『マス・コミュニケーション研究』第75号では，「放送アーカイブをめぐるメディア研究の可能性」という特集が組まれ，小林直毅，水島久光，西兼志が，フランスの視聴覚研究所 INA を事例に，テレビ番組アーカイヴのありかたを思想的に検討した。また，丹羽美之，石田佐恵子は，NHK アーカイブス，「個人映像コレクション」にかんする実証的な研究をそれぞれ紹介した。くわえて，2010年には放送ライブラリーに所蔵された番組の教育利用を目的とした「放送番組の森研究会」が発足し，約2年間の活動がおこなわれている。その成果は早稲田大学ジャーナリズム教育研究所・公益財団法人番組センター（2012）にまとめられている。

（8） 「原発震災」を契機としてテレビ番組のアーカイヴ化を開始した事例としては，法政大学サステイナビリティ研究所や日本大学新聞学研究所の取り組みがあげられる。

（9） 伊東が南海放送で制作した番組としては，2006年の『葬送の海』がある。

（10） 「後知恵としての先取りは，本質的に遅延化された時間なのである。（中略）書かれたものに固有な，正書法的エクリチュールで完成する文脈からの引き剥がしの構造が，この差延を，デリダが散種と呼ぶものの遅延化された時間において働かせる。これがあらゆる言表行為，言語的だろうとなかろうと，あらゆる意味と意味作用の産出に影響する」（Stiegler 1996＝2010：90）。

（11） INA をめぐるふたりの思想は，1996年に出版された『テレビのエコーグラフィー（Échographies de la télévision）』にまとめられている。

（12） ある出来事と他の出来事を関連づけることで新たな意味が生成されること，それをデリダは「差延」の運動と名付けている。「差延は，（中略）他なるものへの関連，他性の意味での異なるものへの関連，したがって他性への，他者の単独性への関連」である。それは，出来事を「予期できない仕方で来るもの，到来するものに関連づける」（Derrida et Stiegler 1996＝2005：21）。

（13） アーキビストの E. ケテラールは，アーカイヴにおける意味生成を，デリダの中心概念である「差延＝遅延」から捉え，つぎのように論じている。「デリダは，すべての意味を差異と遅延のふたつのプロセスから作られるものとして考えます。意味は決して完全に提示されることはありませんが，あるものとないもの，そして見えるものと見えないものの相互作用を通して構築されます。見えないものは過去の中に，そしてアーカイブス，図書館，博物館の隠れた場所に置かれています」

（Ketelaar 2004＝2006：42）。

（14）「アーカイヴの問いは，（中略）過去の問いではない。それは，われわれが既に所有していたりいなかったりする，過去すなわちアーカイヴについてのアーカイヴ化可能な概念に関する問いではない。それは未来の問いであり，未来そのものの問いであり，明日に対する応答，約束，責任〔応答可能性〕の問いである」（Derrida 1995＝2010：56）。

引用・参考文献

Derrida, J.（1995＝2010）*Mal d'archive: Une impression freudienne*, Éditions Galilée.（福本修訳『アーカイヴの病――フロイトの印象』法政大学出版局）

Derrida, J. et Stiegler, B.（1996＝2005）*Échographies de la télévision*, Éditions Galilée.（原宏之訳『テレビのエコーグラフィー――デリダ〈哲学〉を語る』NTT 出版）

橋元良明（2013）「調査から見た被災地におけるメディアの役割」『マス・コミュニケーション研究』第82号

石田佐恵子（2009）「個人映像コレクションの公的アーカイブ化の可能性」『マス・コミュニケーション研究』第75号

伊東英朗（2013）「ビキニ水爆実験からフクシマへ　消された被曝から現在を射る」『Journalism』第277号

小林直毅（2009）「メディア／アーカイブ研究の展開へ向けて」『マス・コミュニケーション研究』第75号

Ketelaar, E.（2004＝2006）"Time Future Contained in Time Past: Archival Science in 21st Century",『アーカイブズ学研究』No.1.（児玉優子訳「未来の時は過去の時のなかに――21世紀のアーカイブズ学」記録管理学会・日本アーカイブズ学会共編『入門・アーカイブズの世界――記録と記憶を未来に』日外アソシエーツ）

丸浜江里子（2011）『原水禁署名運動の誕生――東京・杉並の住民パワーと水脈』凱風社

水島久光（2009）「放送アーカイブと新しい公共圏論の可能性」『マス・コミュニケーション研究』第75号

西兼志（2009）「INA とアーカイブの思想：鏡の裏箔としてのアーカイブ」『マス・コミュニケーション研究』第75号

丹羽美之（2009）「アーカイブが変えるテレビ研究の未来」『マス・コミュニケーション研究』第75号

Stiegler, B.（1996＝2010）*La technique et le temps tome2: La désorientation*, Éditions Galilée.（石田英敬・西兼志訳『技術と時間 2――方向喪失 ディスオリエンテーション』法政大学出版局）

帯刀貞代（1960）『戦後婦人運動史』大月書店

山本昭宏（2012）『核エネルギー言説の戦後史1945-1960――「被爆の記憶」と「原子力の夢」』人文書院

―――（2015）『核と日本人――ヒロシマ・ゴジラ・フクシマ』中央公論新社

山下正寿（2012）『核の海の証言――ビキニ事件は終わらない』新日本出版社

吉見俊哉（2012）『夢の原子力——Atoms for Dream』筑摩書房
早稲田大学ジャーナリズム教育研究所・公益財団法人番組センター（2012）『放送番組で読み解く社会的記憶——ジャーナリズム・リテラシー教育への活用』日外アソシエーツ

青森県下北郡佐井村における
初期テレビ受容®

太　田　美奈子（早稲田大学大学院）

1．はじめに

1－1　研究の背景と目的

　日本でテレビ放送が始まったのは1953年2月である。大都市から順に放送局を設置していったため，地方の隅々までテレビの電波が行き届くにはさらなる年月を要した。NHK によるテレビ電波のカバレージが8割に届いたのは8年後の1960年度末のことである（日本放送協会 1961b：367）。

　本研究は地方における初期テレビ受容の一例として，青森県下北郡佐井村のテレビ受容を明らかにするものである。これまで，初期テレビ受容をめぐる議論は大都市を中心に語られてきた。街頭テレビの設置により人々が初めてテレビを体験し，力道山のプロレスに象徴されるような集団視聴でテレビ熱が加速，1959年の皇太子御成婚パレードを契機にテレビを購入する家が爆発的に増え，1964年に開催された東京オリンピックの頃にはテレビが日常生活に溶け込んでいる，という流れが従来の定説である。吉見俊哉は，このようにこれまで語られてきた初期テレビ受容の定説を，テレビとオーディエンスの関係史をたどり直すことで精緻に裏づけている（吉見 2003：26-48）。

　一方，地方における初期テレビ受容には光が当てられてこなかった。飯田豊は「テレビは戦後，全国各地の地域社会の日常のなかに，いったいどのように溶け

込んでいったのだろうか。実のところ，首都圏ではなく地方での普及のあり方は，決して体系的にまとまってはいない」「地方でのテレビ受像機の普及については，資料がきわめて乏しいのが現状である」（飯田豊 2016：338，347）とし，前述した定説が都市に限定されている可能性を指摘している。

　地方の初期テレビ受容を，都市のそれと似たような姿として想像することは難しい。例えば街頭テレビによってテレビ熱が構築されたという定説である。街頭テレビは1953年から日本テレビによって合計278ヶ所に設置され，東京放送や中部日本放送，毎日放送もこれに続いたが，設置場所は基本的に関東と関西に集中していた。他の地域では，街頭テレビの熱狂的な体験を持たないまま，どのようにテレビ熱が生み出されていったのだろうか。また，電波塔の設置状況や，現代よりあらゆる面で都市と地方の乖離が大きかった時代性を踏まえると，テレビの購入から視聴，その後の地域の変化まで，都市と同じ受容の姿があったとは考えにくい。地方における初期テレビ受容を掘り起こす作業は，東京中心のテレビ受容史を相対化し，さらには初期テレビが様々な可能性に開かれていたことを考える契機となり得るはずである。現在，日本の地方における初期テレビ受容について，各地域に焦点を絞り，テレビ熱の動機から購入，視聴，その後の影響までを包括的に調査したものは見当たらない。

　青森県に初めてテレビ局が設置されたのは，東京でテレビ放送が開始された6年後の1959年であった。しかしその2年前にはNHK函館テレビ局が開局し，青森県の多くの地域でテレビが視聴可能となる。函館からの電波によって青森県民がテレビを視聴していたこの2年間，県内で最もテレビが普及した市町村は佐井村という漁村だった（図1）。当時は村内9つすべての小中学校にテレビを備え付け，テレビ教育に関して様々な賞を受けるなどしていた。テレビ普及率の高さから「テレビ村」と称されていたという。

　下北半島の西部に位置する佐井村は，函館との距離が近いため電波のキャッチが比較的容易い。しかし普及率の数値は，同じく函館に近い近隣の町村と一線を画している。日本放送協会編『受信契約数統計要覧』によると，

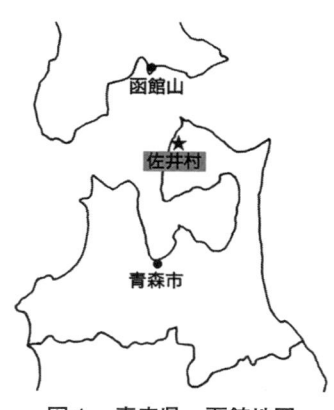

図1　青森県―函館地図

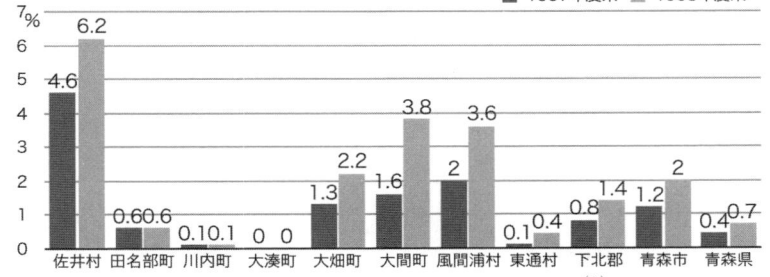

図2　下北郡各町村，その他テレビ普及率[(1)]

当時の佐井村のテレビ普及率は1957年度末に4.6％，1958年度末に6.2％となっており，郡内の町村を引き離している（図2）。郡内のテレビ普及率にはばらつきが見られるが，これは地理的な要因が大きいと考えられる。大間町や風間浦村，大畑町は普及率が比較的高いが，これらの町村は函館との距離が近かったためであろう。またその他の町村は，恐山山地の陰にあたる地域であり普及率が低い。山に遮られ電波の受信が難しかったと考えられる。

　青森県全体の普及率は1957年度末に0.4％，1958年度末に0.7％であり，県内第1位の人口を抱える青森市でも1957年度末に1.2％，1958年度末に2％と佐井村には及ばない。下北郡全体の普及率も1957年度末に0.8％，1958年度末に1.4％となっており，佐井村の特異性がうかがえる。しかし翌年の1959年度末には，青森市など県内5つの市町村に追い抜かれ，1960年度末には県平均の19.6％にも及ばず12.8％に留まる。1959年はNHK青森テレビ局の開局や，皇太子御成婚パレードがあり，県内のテレビ普及が急激に進んだ年だった。1959年より前においてのみ，佐井村は県内でも突出したテレビ村であったことがわかる。

　本研究では，佐井村にテレビが入り，県内でも突出したテレビ村となった1957年から，県内でテレビが一般に普及する節目の年である1959年までを佐井村のテレビ受容初期とし，調査対象とする。表題に用いた「初期テレビ受容」とは，テレビがその土地に登場してから，一般に普及し，現在のような文化形式を獲得するに至るまでのわずかな期間におけるテレビ受容を指している。

　なぜ佐井村の人々はそれほどテレビを欲しがったのだろうか。そして，テレビは佐井村の人々にいかなる影響を与えたのか。佐井村におけるテレビ受容体験を文献資料と聞き取り調査から丁寧にたどると，学校が舞台の中心となり，教育的

な動機からテレビを求める村の人々の姿が見えてくる（第2節）。子どもたちは
テレビ教育によって豊かに開かれ（第3節），やがて，教育の範囲をはみ出すよ
うな受容を展開していった（第4節）。同時期，他県のテレビ受容に目を向けると，
地方において佐井村の事例が特別だったわけではないことがわかる（第5節）。
本稿はテレビ草創期，テレビに教育という意義を見出した村の事例を通して，当
時の地方の人々にとってテレビとは何だったのかを考えるものである。

1−2　研究方法

　当時の様子を知り得る文献資料を収集した。1957年から1959年の間に発行され
た地元紙や全国紙，『青森県教育広報』や『放送文化』などの雑誌から，佐井村
のテレビ受容に関する基本的な情報を得た。さらに，佐井村の小中学校や村役場
が所有する予算・決算の執行報告や村議会議事録から，当時の状況を裏付けてい
った。また2016年9月5日から9日の5日間にかけて佐井村を訪問し，聞き取り
調査を実施した。インタビュー回答者は16名で，当時のテレビの普及に関して重
要な役割を担った人物たちのご子息や，現在の教育関係者，当時のテレビ受容を
体験した人々などである。文献資料と聞き取り調査による彼らの語りを一次資料
とし，佐井村における初期テレビ受容の姿を民俗誌的に編み直していった。

　佐井村の事例を考察するための先行研究として，日本の初期テレビ受容に関す
るこれまでの研究や，メディア考古学，メディア人類学，民俗学の見地からある
時代や場所のメディア受容に迫ろうとするものを読み進めた。しかし前者は東京
中心のテレビ受容史であり都市部以外の視点が欠け，また後者の見地は本研究に
おいて大きな助けとなったものの，実際に特定の地域に焦点を当てて当時のテレ
ビ受容の姿を具体的に論じるものはほとんど見当たらなかった。地理的な条件や
地域の文脈に根ざした受容者研究が必要だと考え，ひとつの市町村について当時
の資料と当時を生きた人々の声から丁寧に記述する方法を選択した。

1−3　佐井村概要[2]

　佐井村は下北半島の西に位置する漁村であり（図3），県内ではウニの名産地
として知られている。神秘的な巨石とエメラルドグリーンの海が有名な仏ヶ浦は
国の名勝および天然記念物に指定され，春から夏にかけて観光客が多い。人々は
古くから，不思議な形をした石に仏像の姿を重ね，美しい海を極楽に例えてきた。
現在の人口は2,125人[4]，978世帯で，県内40市町村中39番目の人口[5]となっている。

今回の調査対象である1957年から1959年あたりの人口は5,671人，965世帯で，県内70市町村中63番目の人口だった。[6]

江戸時代には北前船によるヒバの積み出し港として栄えた。船は一度の航海で一万両とも言われていたと村の人々は語っている。江戸や北陸と通商があったため，その影響は寺院や佐井の言葉などに今なお残っている。ヒバが国有林になった後，村の人々は漁業に転

図3　1957-1959年当時の下北郡地図[3]

向した。1957年当時の生活は貧しく，出稼ぎと失業保険でどうにかやりくりをする人が多かった。渡辺正吉村長[7]は当時の議会において「神武以来の景気と世はゆうものの佐井村は惜しくもその余波に浴さぬのみか反対の現象すら残念乍らあらわれております」[8]と述べている。2年後の議会でも村長は「何分にも村一般経済の逼迫に因つて，税の徴収が妨げられた」[9]と1957年の予算執行を振り返った。高度経済成長に沸いた時代だが，佐井村の経済状況は厳しかった。

佐井村は南北に細長い形をしている。東側には600mから800m級の恐山山地がそびえており，山を越えることは困難であった。陸より海のほうが移動が容易いため，海を隔てた函館を近くに感じ，県内の主要都市よりも行き来があったという。現在も佐井村までの交通は不便であり，村内すべての学校が「へき地指定校」となっている。[10]

地理的な困難さの影響は子どもたちに如実に出た。1951年に佐井村で初めての修学旅行が実施され，小学校5，6年生が函館へ行った。部落の漁船2隻に分乗し，デパート，放送局，教会，消防署，造船所，停車場，市場等を見学し，午後4時過ぎに帰校するというものだったが，子どもたちは函館の街の風景に驚愕したという。「見るもの聞くもの皆初めてのものばかりで，生徒はただ唖然として，函館の人から何を聞かれても返事が出来なく，唖[11]の学校と笑われたという話もあった」[12]という記録が残っている。また，就職のため他の市町村へ赴いた青年たちは「佐井の山猿」[13]と呼ばれた。就職先の地域の常識がわからず，新しい環境に順応することが難しかった。

ここで当時の佐井村におけるメディア環境を振り返りたい。ラジオは1957年度末で普及率67.1％である。青森県平均は74.6％だったため，放送メディア全般に関心が高いというわけではない（日本放送協会 1958）。また紙のメディアは到着が遅れた。新聞は半日もしくは一日遅れだが，雑誌はひと月遅れだったという。懸賞の締め切りが過ぎてから雑誌が届くため，応募できなかったという話を聞いた。映像メディアについては，「西谷」という映画館があったが，たまにしか上映しなかった。巡回映画もあったという。人々の記憶に色濃く残っているのは劇団で，冬になると津軽，秋田の農家の嫁たちがやってきて，演劇，民謡，女相撲，手踊りを披露したという。

2．佐井村の小中学校におけるテレビ設置

2－1　テレビ設置の経緯

　ことの発端は1956年に遡る。佐井村で当時教育長を務めていた奥本静一氏のご子息によると，奥本教育長は以前から親交のあったラジオ商三戸長蔵氏に「テレビを受信できないか？」と話を持ちかけたという。1956年は NHK 函館テレビ局の開局前だったが，開局の１年前から試験電波が流れていた。三戸氏は青森市から中古品を買い入れ，約1ヶ月で電波の受信に成功する。

写真1　テレビが設置された佐井小学校
出典：青森県教育委員会（1959：6）

　佐井村におけるテレビ教育を取材した『放送文化』1958年９月号には，学校におけるテレビ導入の顛末を追った記事が掲載されている。記事によると，奥本教育長と三戸氏がテレビの電波受信に熱中していた頃，近隣の田名部町で下北郡の教育長会議があった。奥本教育長が「視聴覚といえばどこの学校もナトコとスライドしか考えていないようだが，来年春にはテレビも受像出来るという。ここで視聴覚教育を一歩前進させる計画はないのか？」と発言すると，笑い出す他町村の教育長もいたという。しかし指導主事が奥本教育

長の側に寄り「さっきの発言は時宜を得たものだった。ひとつ御村で手をつけて貰えないか？」と励ましたことで，奥本教育長はテレビによる視聴覚教育を現実的に考え始める。テレビはナトコやスライドといった視聴覚教材の延長線上に捉えられていたことがわかる。

1957年3月にNHK函館テレビ局が開局した。佐井村内の電波は良好で，三戸氏の経営する三戸ラジオ店には多くの人が集まったという。5月になると奥本教育長の発議で臨時村会が開かれた。教材用として村内9つすべての小中学校にテレビを備えるという案に対して，100万円という金額の大きさや，テレビが本当に勉強の役に立つのかといった点から批判がなされた。しかし「まんず，おらアだちのわらし共だば，首ッコしばられた山羊ッコみてえなもんだス，世の中のこと何でも知らねすけ，よそさ行って働くこと出来ね，まんずそれ位の銭コですむならテレビ買うてやるだな」との発言が決定打となって話はまとまり，分校を除く7校にテレビを備えるという形で予算は可決された。6月の村議会では分校も含むべきとの議論がなされ，村内すべての小中学校にテレビを購入することが決定，9月には全小中学校で視聴覚教育が始まった。

テレビ設置の経緯に関して重要な役割を担った人物が，教育長の奥本静一氏とラジオ商の三戸長蔵氏である。奥本教育長は1907年佐井村生まれで，仙台逓信講習所高等科を卒業後，青森郵便局や仙台逓信局，野戦郵便局に勤務した。戦後は村で漁業に従事する傍ら，村議，PTA会長を務める。1956年教育長に就任。アイスクリームの移動販売や土器の発掘，仮装行列の企画や益子焼に詰めた練りウニの販売など，様々な仕事に取り組んでいたという。アイディアマンであったと評されており，インタビューでは「素晴らしい男だった」「わ（私は）好きだったな」という声を聞いている。

ラジオ商の三戸長蔵氏は1918年佐井村に生まれ，中学を卒業すると函館へ奉公に出た後，電器関係の勉強をするため東京の学校に進学した。その後村で唯一の電器屋「三戸ラジオ店」を開業する。村人たちからは「三長さん」の愛称で親しまれていた。三戸 陞 氏（三戸氏の長男）は「人が良すぎる商売人」「商売には向いていなかった」と述懐しており，経営は思わしくなかったようである。また，三戸氏は電化製品全般に対して高い技術を持っていた。勉強熱心で，大阪の電器屋へ赴き技術を得ることもあったという。中古品の扱いにも長けていた。1957年度における全国のテレビの種類は，新品88.1％，中古品1.0％，自作品0.8％，不明10.1％であり（日本放送協会 1958：165），中古品は珍しい。技術者の存在が佐

井村のテレビ受容を支えていた。

2－2　テレビ導入の目的

　奥本教育長は元々教育者ではないため，テレビを利用した教育に対して何か知識があったというわけではなかった。奥本算人氏，三男氏（奥本氏の長男，三男）は「教育者じゃないから深い考えはない」「（強いて言えば）僻地のハンディキャップをどう埋めるか。世の中を見せたかったのでは」と答えている。

　当時の渡辺村長は「よそへ出してやつても，劣等感をもたないようなこどもをつくりたい」（青森県教育委員会 1959：3）との思いからテレビの導入を進めたという。教育委員会は当時を振り返り「特に佐井村教育行政の重点施策として意を用いたことは，（中略）観念上からも，実質面からも，僻地性を払拭し脱却するために，先ず僻地教育の充実発展を期することにあった」（佐井村 1971：285）と記している。テレビの導入はこの重点施策の実施例だったという。僻地性を乗り越えるための道具としてテレビは求められた。

2－3　テレビ購入金の出処

　村内9つの小中学校へのテレビ購入費として100万円の追加予算が可決されたことは先に述べたが，1957年度の決算書によると，村の予算からは7つの学校にそれぞれ25,000円しか出されていない。当初の追加予算の2割にも満たない数字である。テレビの値段が安かったのかというと，そうではない。佐井小学校の決算には，17インチのナショナルテレビを118,000円（学校予算，PTA）で購入したと書かれており，残りの93,000円をPTAが負担したと考えられる。また，アンテナも高額だったはずだが，その購入については明記されていない。このことについて三戸陸氏は「村長もお客さんだし，学校は特別。値段はあって無いようなものだったのでは」「物々交換もあった。月賦を払えない人が魚を持ってくることもあった」と答えている。

　三戸長蔵氏が学校に対して商売度外視の態度だったことのほかにも，村人たちの強力な支援がなければテレビの購入は成り立たなかっただろう。元々佐井村は教育熱心な土地だった。現在の佐井村教育長である祐川俊樹氏は「佐井は教育のまちだ」と述べている。彼は下北郡で長く教員を勤めていたが，よく他の先生に「一度佐井に行ってみるといい。村全体が教育熱心で，教師がやりたいようにやらせてくれる」と言われていたという。学校や教育関係でお金が必要となれば，

多少無理をしてでもお金を出し合うのが当たり前だった村の人々も語っていた。教育に関心の高い土壌がテレビ設置の原動力となり，また資金を生み出したと考えられる。

3．佐井村のテレビ教育の実際

佐井村の小中学校ではどのようなテレビ教育が行われていたのだろうか。1959年1月に発行された『青森県教育広報』には，佐井村における当時のテレビ教育の様子が報告されている。この記事を中心に，具体的な教育内容やその後の教育効果を紹介する。

3－1　授業の具体例

当時，NHK総合は午前11時台に教育番組を放送しており，学校ではそれらの番組を見せていた。小学1年生は『おやゆび姫[16]』を視聴している。フィナーレでは手を振りながら，テーマソングをテレビに合わせて合唱した。小学3，4年生になると，視聴する番組は専門的なものになる。『版画のいろいろ[17]』という番組では，子どもたちが食い入るようにテレビを見つめて，時々頷きながら，盛んにメモを取っていた。そのほか『クラシの歴史[18]』『美術教室[19]』などの番組を利用していたという。

教師たちは子どもたちにテレビをただ見せていたわけではなく，日々周到な準備を重ねていた。県教育広報には「テレビの時間割を組み，それから，指導計画表を学年毎に作る。それには，単元名，目標，前指導（目を向けさせる具体的生活環境及び予想される問題），後指導（視聴後予想される問題），学習指導要領の中でそれに相当する項目，などを具体的にしてある」と書かれている。その後，テキストを印刷し，子どもたちに持たせる力の入れようだった。

3－2　テレビ教育の効果

テレビを利用して熱心に教育を行っていた教師たちだが，その教育的効果に大きな期待を寄せていたわけではなかった。当時インタビューを受けた佐井小学校視聴覚教育主任の出崎教諭は「私はテレビを見せたからといって，すぐ何か効き目があろうと望むべきものではないと思っています」と述べている（秋月 1958：29）。テレビ教育はテストの点数に現れるような具体的な効果を狙ったものでは

写真2　テレビを視聴する佐井小の子どもたち
出典：撮影日不明，奥本算人氏所蔵

なく，村以外の世界を知ることで将来的に何か役に立てば良いという穏やかなものだった。

　大らかな意図で始まったテレビの視聴だが，渡辺村長はその手応えについて「結果は非常によい。どこがどうという目ぼしいことはないのですが，修学旅行から帰つてきた子どもたちの話をきいてみても，テレビで視野が広くなつているせいか，いろいろなことを科学的に細かく観察してきているようです」と述べている。テレビを視聴する以前の子どもたちは，函館の街の規模にただ驚くばかりで，コンクリートの道路や電車，大きな建物の話しかしなかったという。しかしテレビ以後の子どもたちは，街を見る視点を多様に持ち，函館の様子を村長に話していたようである。「啞の学校」と呼ばれた初めての修学旅行とは見違えた姿である。「とに角，劣等感がなくなつたのが何よりです」と村長は話している。

　教師たちもテレビ教育に手応えを感じていた。どの学校でも図書館の利用が増加し，朝や昼休みの時間には子どもたちが足の踏み場もないほど詰めかけるようになった。テレビによって想像力が豊かになり，寓話や小説のフィクションに抵抗を感じなくなったという。「外の世界を見せたい」という大らかな意図で始まったテレビ教育は，結果として視野の広がりや自発性，明るさなど，教師たちの想定を超え出る豊かな効果をもたらした。

4．教育をはみ出す子どもたちのテレビ受容

4－1　授業以外の自由視聴

　学校では授業時間のほかに，放課後や夜，地域に向けてテレビを開放した。夕方の自由視聴では『二宮金次郎』[20]を見た子どもたちが泣き，居合わせた先生方は

むしろ異様の感に打たれたという（青森県教育委員会 1959：6）。夜になり大人たちが学校に集まると，テレビの前は賑わいを増した。特に大相撲となれば村人たちが学校に押しかけ，夜の10時頃まで盛り上がっていたという。

　テレビの集団視聴は学校に留まらず，テレビを持つ家庭の居間にも及んでいく。奥本教育長は村費で購入したテレビを自宅に導入し，「テレビ子ども会」を行った（図4）。公民館がわりに開放した8畳の居間と廊下には，毎日20人以上の子どもたちが見に来ていたと村の人々は語っていた。奥本教育長以外の家庭への訪問視聴も頻繁に行われた。玄関先では「テレビ見せてけさまい」（テレビを見せてください）「あがせあがせ」（どうぞ上がって）という定番のやりとりがあったという。

　視聴マナーについては学校から指導があった。まず玄関では靴を揃える。テレビの前に一列に並んで正座をし，手を膝の上に乗せて視聴する。おしゃべりはしない。お菓子を食べることは論外であったと，村の人々は話していた。学校が訪問視聴を見据えたテレビ教育を行っていたことがわかる。しかし当時の作文には，浜で相撲を取った後に奥本教育長の自宅を訪問して居間を砂だらけにしてしまう姿や，「靴をはいたまま，入つてしまう人もあります。あれでは，奥本さんに気の毒です」「見れないで泣いている子どももあります。もうすこし，中学の人が整理してくれるとよいと思います」といった感想がある（青森県教育委員会 1959：6）。子どもたちはテレビを前に興奮を抑えきれなかったようである。

4－2　佐井村の子どもたちの変化

　テレビの視聴によって子どもたちには様々な変化が見られた。まずは遊び方の変化である。例えば野球では野手の動き方が本格的になり，相撲の取り口も驚くほどであったそうだ（秋月 1958：29）。これまでラジオで聞いていたスポーツの動きを

図4　「テレビ子ども会」を報じる新聞記事
出典：『河北新報』青森版　1959年10月18日朝刊7面

テレビで体得したようである。また，流行に敏感になった。佐井村では東京と同時にフラフープが流行した。青森市でフラフープが流行する頃には，佐井村でのブームは終わっていたという[21]（青森県教育委員会 1959：7）。さらに，空想的な世界を広げていった。子どもたちはアニメに刺激されてマントのようなものを持ち出し，高所から飛んだり跳ねたりしていたという。挙げ句の果てには捻挫することもあった[22]。子どもたちはテレビに触発されて世界を拡大し，教育的な効果をはみ出すような遊戯性や想像力を獲得していった。

5．考察——他地域との比較から

5－1　都市部のテレビ教育

　都市部においてもテレビを教育的に受容しようとする動きはあった。東京都教育委員会は「テレビ教育研究指定校」を4校選定し，テレビ放送が開始された1953年から早くも実験的にテレビ教育を行っている。しかしその手法は佐井村と異なり，テレビの悪影響を恐れ視聴番組を厳しく制限するというものだった。テレビはあくまで教科の勉強を補助する目的で用いられた。

　1953年11月に行われた第2回テレビジョン教育研究会では，テレビ教育研究指定校の教師たちがテレビを使用した教育方法について議論を行っている（日本放送協会 1954：36-38）。板橋第三中学校の日比野輝雄教諭は「また教師と生徒とテレビの結びつき方と申しましょうか，即ちテレビはあくまで学習用のものであるという躾けです。（中略）わたしたちの学校では教師も生徒も学校のテレビを娯楽用のものとは全く考えていないのでございます。娯楽としての考え方が習慣づけられてしまったら，学習としての効果はあがらないのではと思います」と述べている。また，青山中学校の岩本時雄教諭も「ラジオに対する観念を教えなおすのに非常に苦労をしたものでした。（中略）即ち学校のテレビはどこまでも教育のためのものであること，そしていかにして教育の上に位置づけるかということが根本的な問題であると思います」と語っている。当時は早くも「テレビを見るとバカになる」という空気が醸成され始めていた。低俗番組を批判した大宅壮一の「一億総白痴化」が流行語となったのは，佐井村でテレビの導入が始まった1957年である。

5−2　地方における「啓蒙」のテレビ

　テレビ草創期，テレビ受容の可能性を追求した舞台は地方にあった。文部省とNHKはユネスコの要請を受けて，1956年に国内64の町村でテレビの集団視聴に関する実験調査を行っている（文部省社会教育局視聴覚教育課 1958）。農村の生産活動や生活の改善を主な目的としたものだった。農業や村の近代化に関する番組をよく視聴し，視聴後の話し合いなどに重きをおいていたようである。またNHK単体でも様々な取り組みがなされている。ただし，これらの事例は都市部の人々が地方を「啓蒙」するための装置としてテレビを使用しているものである。都市と地方の教育格差を埋めることが放送教育としての重要な課題であった。対して佐井村の事例では，地域の人々が自発的にテレビを受容しようとした姿があった。彼ら自身が実りあるテレビ視聴を希求し，彼ら自身の手によってそれがなされたという点で，これらの事例は佐井村と異なっている。

5−3　佐井村と類似した事例：新潟県から

　同時期，新潟県においても佐井村と類似した事例があった。松之山村の浦田口小学校は1957年3月当時，新潟県内でテレビを持っていた唯一の学校である。教育的な動機に賛同した村人たちがお金を出し合った（秋月 1957：30-33）。テレビの導入を話し合う会議においてこのような発言があったという。「のう皆の衆，おらあ松之山の山猿というて町場のもんにゃ猿と一しょの人間のようにバカにされてきた。おらあ一汽車も二汽車も乗り遅れた人間よ，おらが一生終ったようなもんだ。だども子供らにゃ今の世の汽車に乗り遅れねえようにさしてやりてえよ，子供ら，孫らにな，一番汽車に乗せてやりてえよ」。部落総代の老人の発言に会場では賛同の声が湧き，テレビの購入が決定した。この台詞は佐井村においてテレビ購入を決定づけた「まんず，おらアだちのわらし共だば…」の発言とよく似ている。松之山村は山間の雪深い僻地である。東京からテレビセットが送られてきたときは，村で一番の荷物かつぎと言われる青年が最寄駅から7時間かけて運んだのだという。僻地において子どもたちの将来を憂うが故にテレビを求める事例は，佐井村だけではなかったようである。

　テレビが学校に導入されると，子どもたちには変化が見られた。山へ行っては虫を捕まえて羽をむしったり首をもいでいた子どもたちが，虫の名前を先生に訊ねたり，「飼ってみよう」という方向に変わっていった。相撲に関しては今まで聞いたこともないテクニックで批評をするようになるなど，様々なことに興味関

心を広げていったという。これまで「松之山の山猿」と揶揄されてきた子どもたちは自信や明るさを獲得し，想像力を豊かにしていった。

　テレビ導入の動機から経緯，その後の子どもたちの変化に至るまで，浦田口小学校の事例は佐井村と非常によく似ている。佐井村のテレビ受容が当時の地方にとって特別な事例ではなかったということがわかる。長谷正人は同時期の類似した事例として，1959年4月に栃木県塩谷郡土呂部部落の分校でテレビが貸し出された事例を報告している（長谷 2014：21-35）。子どもたちはテレビによって興味関心を豊かにし，閉ざされた日常空間は遊戯的な世界へと開かれていった。テレビを「愛のようだ」と書いた当時の子どもの詩は，現在テレビを受容する私達の感覚からは程遠いだろう。

　他地域のテレビ受容を振り返ると，テレビに教育的な意味を見出そうとした動きが都市にも地方にもあったことがわかる。「1950年代に大宅壮一の『一億総白痴化』という刺激的な言い回しが流行語になったのも，逆にいえば当時の人々が『教養・教育のテレビ』をタテマエでは信じていたからに他ならない」と佐藤卓己は指摘している（佐藤 2008：11）。NHK教育テレビの設立が決まったのは1957年，佐井村でテレビが導入された年である。教育的な意味をテレビに見出そうとする意欲が熱心な時代であった。しかし都市と地方ではテレビに期待する教育的な意味の方向性が違っていた。視聴番組を厳しく制限する東京の小学校に対し，佐井村や新潟県松之山村では教育に「外を見る」という意味が担保されていたため，様々な番組を幅広く見せていた。その結果，子どもたちがテレビに触発され自らを開いていく風景があった。都市の子どもたちも学校以外の様々な場所でテレビに触れ，自らを開いていったのだろう。しかし佐井村や新潟県松之山村ではその行為が大いに肯定され，地域ぐるみで積極的にテレビの光を浴びようとする姿があった。

6．結　論

　佐井村は彼らのテレビ草創期において，テレビを視聴覚教材の延長として捉え，村ぐるみで教育的に受容しようとした。その結果，教育を超え出るような子どもたちの変化があった。「教育」という娯楽以外の可能性を村人自らがテレビに見出した姿や，テレビの娯楽性をも子どもたちを開くものとして肯定した事実は，これまで語られてきた初期テレビ受容の枠に収まらない。都市部から離れたいわ

ゆる僻地にある佐井村では，子どもたちが外の世界を知らず，高度経済成長を迎えた社会の波から彼らが取り残されることを村人たちは恐れていた。こういった状況がテレビに教育という意味を与えたことから，今回の事例は地方における初期テレビ受容の一端を表すものだと考えられる。

テレビははじめから今のように日本全国均質な文化形式を獲得していたわけではない。草創期には雑多な受容が存在し，やがて現在のような形に収斂されていった。テレビが登場したとき，人々は地域の歴史や文化の中でテレビを様々なものの延長線上に捉え，日々の暮らしの中に位置づけていったと考えられる。佐井村においてテレビは，その土地の文脈から視聴覚教材の延長線上に置かれた。テレビがひとつの文化形式に収斂されるまでのわずかな時期，テレビという文化形式が不確定だった頃の雑多な受容を掘り起こす作業は，テレビというメディアの自明性を揺るがすことに繋がると考えられる。

佐井村の人々が村一丸となって開いた窓は，ただの窓ではなかった。子どもたちは窓からの光を一身に浴び，大人たちには思いもよらないような変化を見せていく。視野の広がりや自発性，明るさなど，教師たちの想定を超え出る豊かな効果があったとともに，子どもたちはテレビに触発されて世界を拡大し，教育的な効果をはみ出すような遊戯性や想像力までをも獲得していった。マクルーハンは，聴覚の拡張であるラジオ，視覚の拡張である写真と区別し，テレビについて触覚を拡張させるメディアであると語っている（McLuhan 1964 = 1967：399-438）。「テレビは受動的な視聴者体験をもたらすという，通俗的な文字教養人の判で押したような発言は，的外れもはなはだしいものである。テレビは殊に創造的に参加しようとする反応を起こさせるメディアである」（McLuhan 1964 = 1967：437）。佐井村の子どもたちの反応はマクルーハン的なテレビ観に沿っている。テレビに開かれている可能性の一部分がこのような形であることを，佐井村の事例は具体的に指し示している。

地方においてテレビが草創期にこのような意味を持ち，また豊かな受容の姿があったという事実は，日本でテレビ放送が開始してから65年の歴史の中で一体テレビが何をしてきたのかを再考する端緒ともなろう。本稿はテレビ草創期，テレビを豊かに受容する萌芽が地方にあったことを示すとともに，テレビの受容形式が雑多であった時代を解き明かすための第一歩である。

（1）　日本放送協会編（1958，1959）『受信契約数統計要覧』日本放送協会より筆者が算出。台数／世帯数（総理府統計局編 1958）で計算，小数点第2位以下は四捨五入（後の『受信契約数統計要覧』で算出されたテレビ普及率の方法に同じ）。脇野沢村は当時，受信契約数の調査が行われていなかったためグラフに含まれない。

（2）　以下に参照される村人の話は，すべて2016年9月7-8日に行った聞き取り調査に拠るものである。回答者は，岡本良夫氏，川岸延子氏，坂井幸人氏，中村優子氏，宮野政彦氏，若山悦子氏。

（3）　1942年11月3日から1959年8月31日までの町村区分。9月1日から田名部町と大湊町が合併して大湊田名部市（現・むつ市）となり，下北郡から離脱する。

（4）　佐井村―Sai village―　http://www.vill.sai.lg.jp/gyousei/index.html（2017年7月19日閲覧）

（5）　青森県統計データランド　http://www.pref.aomori.lg.jp/kensei/tokei/dataland.html（2017年7月19日閲覧）内の「平成29年6月1日推計人口」より算出。

（6）　青森県企画政策部統計分析課編（1958）『昭和32年青森県統計年鑑』青森県31-33

（7）　後に渡辺幸定と改名。

（8）　佐井村（1957）『昭和32年　佐井村議会定例会会議録』「第一回佐井村議会定例会会議録」より。

（9）　佐井村（1959）『昭和34年議決書　昭和34年3月25日　第一回佐井村議会定例会議案　議案第1号』「昭和32年度予算執行による実績報告書」より。

（10）　全へき連　全国へき地教育研究連盟〈東北ブロック〉www.zenhekiren.net/link/tohoku.html（2017年7月20日閲覧）

（11）　差別的表現であるが，当時の佐井村の子どもたちの状況を理解する上で必要な記録であると判断し，そのまま引用した。

（12）　佐井村編（1971）『佐井村誌 上巻』佐井村　351より磯谷小・中学校沿革の記述。

（13）　秋月桂太（1958）「さい果てのテレビ村」『放送文化』第13巻第9号　27-29より。「仮りに中学校を出て小店員や女中に就職出来たとしても，昔から佐井の山猿といわれて来た子供らは，汽車は小学校の修学旅行で見たことがあるという程度では，使う方も使われる方も二の足をふみたくなろうというものだ」。

（14）　ナトコとはGHQが民主化教育のため全国に無料で貸与した16ミリ発声映写機。映写機とともにCIE（民間情報教育局）の教育映画も貸与され，西洋の文化や社会の紹介，民主主義の啓蒙，生活の改善などを目的とした。

（15）　佐井村『議案第20号　昭和32年度青森縣下北郡佐井村歳入歳出追加更正予算』（歳入／歳出の表）の「歳出」より。

（16）　1958年9月から12月の全16回，毎週水曜11：00-11：15に放送。初回タイトルは『二学期のおくりもの　人形劇「おやゆびひめ」―プロローグ―アンデルセン原作』。

（17）　1957年3月から1959年1月までのテレビ番組表にあたったが，番組名を発見することはできなかった。ただ，『おやゆび姫』も放送された1958年12月17日11：35－11：55にNHK総合で『私たちの発表「版画」』という番組が放送されている。

(18)　1956年4月開始の番組。はじめは概ね月1～2回の頻度で放送されていたが，1957年9月から毎週木曜放送となる。1959年1月からNHK教育でも放送された。1988年3月に番組終了。本研究の対象である1957年から1959年までの放送時間は基本的に11：30-11：50もしくは11：35-11：55。学校の長期休暇期間中は休止。初回タイトルは『学校放送「小学校高学年」「くらしの歴史」―土器を使う人々―』。

(19)　1957年9月開始の番組。1959年1月からNHK教育でも放送され，同年3月に番組は一度終了し，1960年4月からNHK教育のみで復活する。1964年3月に番組終了。本研究の対象である1957年から1959年までの放送時間は基本的に隔週土曜の11：30-11：50もしくは11：35-11：55。学校の長期休暇期間中は休止。初回タイトルは『学校放送「小学校高学年」「美術教室」―世界の子供―(1)』。

(20)　1957年3月から1959年1月までのテレビ番組表にあたったが，番組名を発見することはできなかった。しかし1958年5月5日18：10-19：00にNHK総合で『児童劇映画「二宮尊徳の少年時代」』という番組が放送されている。尊徳とは金次郎の本名。

(21)　佐井村のフラフープブームに関しては当時の新聞も言及している。フラフープはアメリカでの大流行を受けて日本にも輸入されたが，フラフープが原因とみられる事故が発生し，流行は1958年の10月からわずか2ヶ月弱で終焉を迎える。

(22)　「ふるさとあの瞬間　テレビがやって来た⑧　佐井村の放送教育⑦」『東奥日報』2008年7月12日夕刊　1

(23)　松之山村は市町村合併により現在は十日町市の一部。浦田口小学校は近隣の学校と統合し，現在は松之山小学校となっている。

引用・参考文献

・書籍／学術論文

秋月桂太（1957）「村のテレビ学校」『放送文化』12（4）　30-33

―――（1958）「さい果てのテレビ村」『放送文化』13（9）　27-29

青森県教育委員会編（1959）「さいはての地に咲く　テレビ教育」『青森県教育広報』1-7

長谷正人（2014）「アウラとしてのテレビジョン――1950年代日本のテレビ受容をめぐって」『早稲田大学大学院文学研究科紀要』（60）　21-35

Huhtamo, E. and Parikka, J.（2011＝2015）"Introduction : An Archaeology of Media Archaeology", *Media Archaeology: Approaches, Applications and Implications*, Berkeley: University of California Press.（太田純貴訳「メディア考古学の考古学」『メディア考古学――過去，現在，未来の対話のために』NTT出版）

飯田崇雄（2005）「（モノ＝商品）としてのテレビジョン」『放送メディア研究』（3）　119-150

飯田豊（2016）『テレビが見世物だったころ――初期テレビジョンの考古学』青弓社

―――（2009）「テレビジョン・フォークロア――テレビ受像機の民俗学，その今日的意義と学問的系譜」『福山大学人間文化学部紀要』（9）　45-61

北村充史（2007）『テレビは日本人を「バカ」にしたか？――大宅壮一と「一億総白

痴化」の時代』平凡社

McLuhan, Marshall（1964＝1967）*Understanding Media: The Extensions of Man*, Mc-Graw-Hill.（後藤和彦・高儀進訳『人間拡張の原理——メディアの理解』竹内書店）

文部省社会教育局視聴覚教育課編（1958）『テレビと社会教育——農村におけるテレビ集団聴視実験調査報告書』日本放送教育協会

日本放送協会編（1954）「座談会　テレビジョンを利用して」『放送文化』9（1）　36-38

——————————（1958-1961a）『受信契約数統計要覧　昭和32-36年度』日本放送協会

——————————（1961b）『NHK 年鑑　1962』日本放送協会

佐井村編（1971）『佐井村誌　上巻』佐井村

佐藤卓己（2008）『テレビ的教養——一億総博知化への系譜』NTT 出版

吉見俊哉（2003）「テレビが家にやって来た——テレビの空間　テレビの時間」『思想』（956）　26-48

・行政資料

佐井村『昭和32年　佐井村議会定例会会議録』

———『議案第20号　昭和32年度青森縣下北郡佐井村歳入歳出追加更正予算』

———『昭和34年議決書　昭和34年3月25日　第一回佐井村議会定例会議案　議案第1号』

佐井小学校『創立〜昭和48年度　学校沿革誌』（購買記録など）

・統計資料

青森県企画政策部統計分析課編（1958）『昭和32年青森県統計年鑑』青森県

総理府統計局編（1958）『昭和30年国勢調査都道府県編　第五巻その2』総理府統計局

・新聞記事

「ふるさとあの瞬間　テレビがやって来た⑥〜⑧　佐井村の放送教育㊤〜㊦」『東奥日報』2008年7月8，11，12日夕刊　1

「自宅でテレビ教室　佐井村教員長　よい子を毎晩集めて」『河北新報』青森版　1959年10月18日朝刊　7

社会を変える映画論の射程®
——映画評論家・岩崎昶の「大衆」観を中心に

花 田 史 彦 （京都大学大学院）

1. はじめに

1－1　問題の所在

　本稿では，日本の大衆社会化過程において，社会の担い手たる「大衆」像がいかに構想され，そして映画というメディアはその「大衆」に対していかなる役割を果たすべきだと考えられたのか，という問題を歴史的に考察することを目的とする。ここで大衆社会化とは，歴史学者・大岡聡に従い，「それまでの近代社会とは異なり，大衆の存在が全体社会の状況を規定するようにな」ることとする[1]。また大岡に依拠し，1920-30年代を，第二次世界大戦後に本格的に成立する大衆社会の端緒と位置づける。そして本稿では，戦前・戦後を貫く大衆社会化と映画というメディアとの関係を考察するため，当該時期に活躍した映画評論家の言説を分析する。

　映画評論家研究の重要性については，すでにアーロン・ジェローが指摘している。日本映画評論史を概観し，その時期区分を画定したジェローによれば，1920-70年代は「イデオロギー批評」の時代にあたるという。彼のいう「イデオロギー批評」の特質とは，「映画の中心的問題の一つを扱う取り組み」であり，「その問題とは，映画が商業的であり大衆的なメディアだったという事実である[2]」。そして「文芸批評は純文学に焦点を合わせることで大衆文学の問題を避けること

ができたが，映画批評はそうはできなかった」という[3]。

　ジェローの議論を敷衍すると，大衆社会化という状況に対し，いわばひとつの「最前線」において向き合うことを要請された存在が「イデオロギー批評」の時代の映画評論家だったと言える。さらにジェローは，「イデオロギー批評」の時代をリードした「概念の番人」として岩崎昶（1903-81）を挙げている[4]。大衆社会化状況のなか，岩崎はいかなる意味で映画評論の世界の「番人」として振る舞ったのか。本稿は，「イデオロギー批評」の時代を代表した人物である岩崎の「大衆」観を主に扱うことで，日本映画史における「大衆」概念をめぐる言論空間の様相を明らかにする試みである[5]。

1－2　先行研究の整理と本稿の位置づけ

　前項で述べた作業の前提として，本項では岩崎の業績と従来の評価を確認し本稿の位置づけを述べる。まずは1981年の『朝日新聞』に掲載された岩崎の訃報記事を見ておこう。

> 昭和二年に東大独文科を卒業後，日本プロレタリア映画同盟に加入し，左翼の戦闘的な評論家として活躍。昭和十六年には，映画を国家統制下に置く映画法の施行にただ一人反対し，左翼言論人の良心を貫いた。戦後は日本映画社，新星映画で製作者として活躍しながら，啓蒙的な評論活動に健筆をふるった。多数の著書があり，主なものに「映画芸術史」「日本映画作家論」「占領されたスクリーン」など。昨年九月に出版した「映画が若かったとき」が，最後の一冊になった[6]。

　このように岩崎の業績が端的にまとめられたあと，映画評論家・佐藤忠男（1930-）のコメントがつづいている。佐藤は，岩崎を「戦前からの一貫した左翼の批評家として節操が固く良識の人でした」と述べ，「戦時中には映画法に反対して投獄されたが，当時映画人としてこれだけの良心を示した人はほとんど岩崎先生一人だった。すぐれた行動だったと思う」と高く評価している[7]。佐藤のこの言説に顕著に現れている，いわば「抵抗」の映画人としての岩崎像は，以後の学術研究にも受け継がれる。

　ピーター・B・ハーイは，戦時期における岩崎を「彼は，映画法の導入に反対した唯一の者ではなかったが，最も大胆な者であった[8]」と評し，また治安維持法

で岩崎が逮捕され仮釈放されたのち，映画プロデューサー・根岸寛一（1894-1962）の勧めで満洲映画協会（以下，満映）の東京支社に勤務した事実に対し，「最後には岩崎昶さえもが，あれほど断固として戦ってきた体制に呑み込まれていった」[9]と述べている。すなわちハーイは，岩崎を「抵抗」の映画人とし，その「抵抗」が挫折した歴史を描いている。[10]

「抵抗」の映画人としての岩崎評価は，占領期映画史研究においても引き継がれている。たとえば平野共余子によって，日本映画社製作局長時代の岩崎の占領軍との折衝の過程が明らかにされているが，そこでも岩崎は占領軍の検閲に反対したことが述べられている。[11]

もちろん，上記の先行研究で指摘されている岩崎の映画法への反対行動や投獄，占領軍との葛藤は重要な歴史的事実である。ただし，これまで岩崎について論じてきた映画史研究がこうした権力に対する「抵抗」の側面を強調してきたことは否めない。[12]それは，世紀転換期の1903年に生まれ，第二次世界大戦から長い年月を経た1981年に死去した岩崎という人物の一面に過ぎない。このような，戦時期から占領期における「抵抗」の映画人という評価に偏りがちな岩崎像の相対化が，本稿の企図するところである。具体的には占領期以降も射程に入れた分析を行なう。その作業は，岩崎の人物像の多面的な叙述に貢献し，また映画と社会との関係がどう語られてきたのかという問題の考察を意味する。

「抵抗」の映画人としての岩崎像を相対化するにあたり本稿で着目するのが，岩崎の「大衆」観である。「大衆」およびその啓蒙は，後ほど資料を挙げながら説明するように，岩崎が生涯を通して向き合った主題であった。そもそも岩崎が学生時代を送った1920年代は，歴史学者・有馬学が指摘したとおり「大衆」という言葉が知識人の間で流行した時代である。[13]また岩崎の壮年期から晩年にあたる1950-70年代には，1920年代とは異なる都市と農村との格差が解消していく実体としての大衆社会化が進行する。[14]

岩崎が，このような戦前・戦後を貫く大衆社会化の過程に生きていたことを認識する必要がある。そして，社会のそうした巨大な変化に対して，映画というメディアについて論じることで向き合った人物として，彼を再定位する必要がある。岩崎が抱え込んだこの問題系は，決して過去の一時点に留まるものではなく，ポピュリズムの世界的拡大が言われる今日の社会にも未完の問いとして引き継がれているものである。岩崎の「大衆」に関する考察は，その問いと向き合う土台を提供するものであると考える。

上記の問題意識にもとづき，本稿では，岩崎の「大衆」観を同時代資料から分析し，それがいかなる内容を持ち，またいかなる反響を呼んだのかということを明らかにする。具体的な資料として扱ったのは，岩崎の全著作（再版，共著，編著も含む）および雑誌記事・新聞記事である。雑誌記事・新聞記事は，岩崎自身の手によるもの以外にも，岩崎について言及した他の論者のものも含む。これらの資料のなかから，本稿ではとくに「大衆」や啓蒙といった主題に関わる文章をピックアップし，考察を行なった。

　また上記の素材を分析する視角として，本稿では政治学者・河野有理がいう「論争ないし論争的関係に着目する視点[15]」を採用した。後述するように，岩崎はひとりで「大衆」について論じていたわけではなく，後続世代の論者と実際に議論を行ない，彼らの批判の的となるなかでその思想を展開していた。その議論の内実を明らかにすることで，本稿では岩崎を基軸とした，とりわけ戦後日本映画史における「大衆」論の展開過程を叙述する。

2．戦前における岩崎昶の「大衆」観

2−1　岩崎昶の経歴とその映画論

　岩崎は1903年に東京に生まれ，府立一中，一高を経て1923年，東京帝国大学独文科に進学した。先に述べたとおり，当時の知識人や学生の間では「大衆」という言葉が流行しており，また大学という場は，竹内洋が指摘するようにマルクス主義隆盛の「左傾」の時代であった[16]。そして岩崎も帝大生として「左傾」の洗礼を受けた[17]。

　さらに帝大在学中の1924年，『キネマ旬報』同人として同誌において映画評論家としてデビューした[18]。1927年には東京帝大独文科を卒業し，洋画輸入業の田口商店に入社したがすぐに同店は倒産し[19]，岩崎は文筆業で生計を立てていくことになる。

　1929年には日本プロレタリア映画同盟の創立に参加し，翌1930年には委員長に就任する[20]。本格的に左翼映画運動に傾倒するなか，彼は著作の刊行も精力的に行なっていく。なお本稿では，岩崎の活動家・実作者としての側面の重要性は理解しつつもひとまず措き，その活動の前提となっている彼の思想の次元に焦点をしぼる。

　同年，岩崎の初の論文集である『映画芸術史』が刊行された。同書に依拠しな

がら，まず岩崎の映画論を分析する。岩崎は，映画というものが資本主義と密接に関わりながら発展してきた歴史を叙述し，その特質を以下のようにまとめている。

　　映画は最も巧妙な機械力を利用しての莫大な複製品を生産するのをその本質とする。巨大な生産資本の集積はそのために絶対的に欠く可からざるものである。これは現在の認識を根拠として判断する時，たしかに映画そのものゝ第一次的な属性として理解される。だが，それは，映画の本質を資本主義と結び付けることゝは全然反対である。映画の資本主義は，生産手段が全く少数の資本家の手中に委せられてゐる現在の経済組織に規定された固有の現象であつて，この経済組織そのものと同様に，それ自身何等の永続性を持つてはゐない。つまり，生産資本支配の変化と共に，映画は無産階級化され，××主義化され得るのである。[21]

　つまり岩崎は，映画製作はたしかに多くの資本を必要とし，そのことは映画の属性のひとつとして認める必要があるが，映画が現在の資本主義の在り方に従属する必要はないと論じている。これは，莫大な資本を要する映画製作が資本家から無産階級の手に奪取されなくてはならないという，マルクス主義の階級闘争史観の影響が濃厚な叙述である。

　さらに注目すべきは，岩崎が同書において，映画にとって重要なのはその「形式でもない。内容でもない。機能である」と述べていることである。[22] ここで「機能」とは，「形式と内容とがその相互作用によつて果す対社会的効果の謂であ」り，「より具体的に言へば，大衆を如何に退屈させ，娯しませ，ある時は帝国主義戦争にまで興奮させ，またある時は××にまで煽動し，――等，等，の役割を果してゐるか，である」という。[23]

　また岩崎は，1931年に刊行された『映画と資本主義』において，映画『傘張剣法』（辻吉郎監督，1929年公開）や『斬人斬馬剣』（伊藤大輔監督，1929年公開）を例に取り上げ，これらが「文字通り全国津々浦々にわたる数百の常設館網に隈なく上映され，それによつて感化され，煽動された大衆の数は，恐らく数十万，数百万に上るであろう」と述べている。[24] つまり岩崎にとって映画とは，それが及ぼす「感化」の「数」の多さという点で，「大衆」への思想伝達手段として最も優れたメディアであった。

ここまで見てきたように岩崎の映画論は，個々の作品の内容論ではなく，受け手に対する効果に重きを置いた，いわば「メディア論」であった。そして，その効果の対象とされたのが「大衆」であった。では彼は，いかなる「大衆」観を抱いていたのだろうか。

2－2　岩崎昶における客体としての「大衆」

　岩崎は，「大衆」という言葉を，「極めて的確でも，また極めて曖昧でもあり得る規定」と表現し，それは2種類に区分できると述べている。1つ目の「大衆」とは，「無産階級解放運動に於て，正しい運動理論によつて把握された唯一の大衆」としての「工場労働者，農民」である。そして岩崎が重視するのは以下に引用した2つ目の「大衆」である。

> 　僕等が，政治的な地下的な組織ではなく，プロレタリア芸術に於ける大衆化，を問題とする時，その，「大衆」は決して右の意味，農民に用ひられ解されてはゐない。それは明かに未組織大衆を指しその中には，小市民，自由労働者，兵士，学生，等の，雑多な街頭分子を混淆してゐる。／前記の「大衆」は敢て数字的に大であり衆であることを要求しない，否，現段階にあつては，むしろそれを排除するのを本質とする。が，後者は，自ら風俗の見解に於ける「大衆文学」，「大衆作家」等の例に於けると同じく，意識程度の低い，最大多数を指示するのである。

　岩崎が，映画の受け手として想定したのは，労働者や農民に留まらない「雑多な街頭分子」を含む，「未組織大衆」であった。有馬学がいう「『ブルジョア観念』から独立していない，自然発生的には左翼化しない」「ニュートラルな存在」としての「大衆」である。この認識自体は，当該時期の知識人の間で共有されたものであった。この社会的文脈において岩崎は，自身があるべき映画として措定する「プロレタリア大衆映画」を「意識の遅れた，大部分は未組織の無産大衆のための，宣伝煽動の映画」と定義するのである。

　このように「大衆」を階級闘争の担い手として組織していく手段として岩崎が映画を捉えた背景には，1920-30年代半ばまでの日本の都市におけるメディアの受容形態も密接に関係していた。有山輝雄が指摘するように，当時の都市におけるメディア受容には階層間格差があった。比較的豊かな給料生活者は，雑誌・新

聞の定期購読や書籍購入，映画鑑賞など多様な娯楽を享受することができたが，そうではない人々は，新聞の購読，あるいは時々の映画鑑賞が関の山であったという[30]。したがって，映画は比較的，階層横断的な性格の強い，まさに岩崎がいう「大衆」のメディアであった。

　また，北田暁大が指摘するように，そもそもこの時期に映画「観客」というものが誕生したことも岩崎の議論の前提となっている。岩崎の映画論・「大衆」論は「『大衆』とも『プロレタリアート』とも，そして『国民』とも代置されうる『観客』を，何等かのイデオロギー＝思考が注入されるべき『からっぽな器』と見なし，『効果』をもたらす武器として映画をまなざす視線」の成立を前提とした営みであった[31]。

　では，「大衆」を啓蒙する映画はいかに製作され得るのか。この問題については，岩崎も明確な答えを出すには至っていない。『何が彼女をさうさせたか』（鈴木重吉監督，1930年公開）などのいわゆる「傾向映画」を挙げ，それらがどれほどの「大衆的浸潤力を持つたか」を調査する必要を述べるに留まっている。しかし，それだけでは足りないことは岩崎も自覚しており，そのように調査をして何かが分かったところで，その結果はあくまでも「大衆といふ，この多頭の怪物のほんの小さな一瞥にすぎない」と述べている[32]。

　「多頭の怪物」という言葉に象徴されるように，岩崎は「大衆」の捉えどころのなさも認識していた。だからこそ，彼はそこに変革の可能性を見出していたのである。

　ここまで，戦前における岩崎の「大衆」観，および「大衆」に対する映画の役割についての議論を見た。では，「多頭の怪物」への「宣伝煽動」を目指す岩崎の思想は，戦後いかなる形で継続し，いかなる反響を呼んだのだろうか。以下，それについて考察する。

３．戦後初期における岩崎昶の「大衆」観

３−１　「何をなすべきか──日本映画の再出発に際して」について

　岩崎が敗戦直後の1946年に発表した有名な文章に，「何をなすべきか─日本映画の再出発に際して」（以下，「何をなすべきか」）がある。戦時日中映画交流史研究において，しばしば引用される資料である[33]。たとえば，「支那映画との結びつきを何よりも重大に考へるべきだと信ずる」や「支那の日本に対する勝利は東亜

に新しい秩序を生み出さうとしてゐる[34]」という箇所などは，それが中国革命（1949年）よりも前に書かれたものであることを考慮すれば，日中連帯の可能性などに関する先駆的な判断であったと言える[35]。

　しかし本稿で着目したいのは，むしろこの資料の日中連帯論に至るまでの部分を占める，敗戦後の日本映画の役割に関する岩崎の議論である。そもそも彼は戦後，自国の「大衆」に対していかなる働きかけをしようとしたのだろうか。

　藤木秀朗は，岩崎の『映画芸術史』復刻版に寄せた解説のなかで，「〔岩崎は〕大衆の熱狂やその組織化がナショナリズムに転化しやすいという側面に対してはどのような認識をもっていたのか[36]」と問題提起をしているが，「何をなすべきか」からは岩崎が「大衆」啓蒙を通した革新ナショナリズムへの投企を図るさまを看取することができる。以下，資料に即しながら具体的に岩崎の思想を見ていく。

　岩崎はまず日本人の戦争責任に言及している。「日本人は日本人としての立場において」「戦争に協力してきた」としながらも，東久邇宮内閣が主張した「一億総懺悔」は「戦争責任を道義上名目上の連帯性に帰して了ひ，つまりは誰も懺悔しないことになつて了ふ[37]」と述べる。では，さしあたり誰が戦争責任をとるべきなのか。岩崎によれば，「指導者，東條，近衛をはじめ，軍人，官吏，政治家，哲学者，芸術家，ジャーナリスト，等，所謂イデオローグと総称し得る人々があげて全責任を負ふべきだといふことにな」り，これを彼は「一万総懺悔」と呼ぶ。そして，「戦ひの間，映画は『兵器』として役立つて来たところから考へて，映画人はこの『一万総懺悔』の筆頭に位置すべき[38]」だと主張している。前章で，岩崎は「大衆」を映画による思想注入の客体として見なしてきたことを確認したが，それゆえに戦後は彼のなかに映画人としての責任意識が芽生えたのである。

　それでは，「兵器」として戦争の片棒を担いだ映画はもはや棄却されるべきものなのだろうか。岩崎はそうは考えない。彼によれば，映画界が「こゝで罪を購ふの道は，滅茶々々にされた国民に活を入れ，これに思想的な背骨を支へてやる以外にあり得ない」のであり，「軍部の戦争に協力した誤りを国民に覚らせ，人民の権利と責任に於ける社会秩序を実現するに役立つ映画を作ることを内的慾求として自らに課すべき[39]」なのである。しかし，岩崎によれば実際の映画製作者には，「その気配が甚だ稀薄であ」るという。そう述べたあとで岩崎は，映画製作者批判を以下のように展開している。

　　彼等は主張したがる。敗戦とインフレーションと失業と飢餓の予感に戦慄し

てゐる国民大衆の今求めてゐるものは，この暗澹たる現実苦を忘却せしめる明るい娯楽であると。〔中略〕だがそれは結局一時的な刺戟と煽情でしかない。しかもそれはその方向として不健康で刹那的であり，今日の大衆をして建設的な勤労から背き，退職手当を懐にして徒食させ，或は巷に満つる闇屋に転向せしめつつあるあの無気力と怠惰と頽廃の生活感情と全く歩みを共にするものである。[40]

ここで重要なのは，次の2点である。1点目は，岩崎が第二次世界大戦において「兵器」として機能した映画のメディアとしての再利用を試みているということであり，2点目は，岩崎がありのままの「大衆」を許容してはいなかったということである。岩崎にとって敗戦直後の「大衆」とは，放っておくと「無気力と怠惰と頽廃」へと流れてしまう存在であり，だからこそ啓蒙的な映画によって「思想的な背骨」を与えられるべき存在であった。したがって，「何をなすべきか」を岩崎の「大衆」観を示す資料として見たとき，彼は日中連帯の前提としてまず自国の「大衆」の啓蒙を重視していたのである。

岩崎は1946年1月から10月まで，日本映画社の製作局長としてニュース映画の製作に携わる。そこでの検閲をめぐる岩崎と占領軍との葛藤は，先に述べた通り平野共余子が詳細に跡づけているが，その岩崎の活動を背後で規定していたのは，上に述べた「大衆」観と，その「大衆」に対して映画人が果たすべき啓蒙的役割に対する強い義務感であった。

3−2 「日本映画の道徳」について

前項で述べた岩崎の啓蒙的義務感は，具体的な作品ジャンルやそこでの描写に対する発言としても現れている。岩崎は1950年に「日本映画の道徳」という文章のなかで，戦時と戦後を貫く日本映画における「道徳」の不在を批判的に論じている。岩崎は，戦時中に軍部の命令どおり「道徳的にすぐれた日本人像」を喧伝してきた映画が，戦後はその反動で「偽善から偽悪」へと転回することになったと述べている。[41]この「偽悪」とは露悪とほぼ同義であろう。ここで「偽悪」的な作品とされているのは，「卑賤醜悪な人間群像を描くことに没頭」する「エロ映画，ギヤング映画，犯罪映画，スリラー，パンパン映画」である。[42]そして，岩崎の議論は以下のようにつづく。

われわれははじめていまわれわれの道徳をもつことができる。しかも，この
ときに不幸にも道徳を見失つている。天皇制が，天皇制のために，作りあげ
たいつわりの道徳をのりこえて，人民の道徳を作りあげることが，われわれ
が幸福になる道である。そしてそのために，映画も力をつくさなければなら
ない。ヤミ屋のあんちやんとパンパンの性慾なんかを描いている暇はないは
ずである。[43]

「ヤミ屋のあんちやんとパンパン」の性愛描写を引き合いに出したこの議論の
主眼は，天皇制批判であり，またその役割を果たしていない日本映画批判である。
こうした批評を通して，彼は映画の質の向上とそれによる「大衆」の啓蒙を果た
そうとしたのである。

本章では，戦後初期における岩崎の「大衆」観と映画論を分析した。そこでは，
「大衆」を啓蒙の客体と見なしているという意味で，戦前以来の一貫性を読み取
ることができた。

こうした岩崎の「大衆」観は，戦後における実体としての大衆社会化が進行す
るなかで，それ自体いかなる帰結を迎え，またいかなる議論を招くことになった
のか。それを明らかにするために，次節では戦後における岩崎をめぐる言説の系
譜をたどっていく。

4．岩崎昶をめぐる戦後の論者たちの言説

4－1　今村太平による岩崎昶批判

本項では，映画評論家・今村太平（1911-86）による岩崎批判を紹介する。今村
は1951年に映画評論家・飯島正（1902-96）と岩崎とを比較した人物評を書いてい
る。これは岩崎の「大衆」との向き合い方を批判的に論じたものである。

今村は映画評論を文学の領域に高めた飯島の功績を認めつつ，しかしもはやそ
の文章は「御隠居の盆栽いぢりに似てきている」と評している。そのような飯島
に対し，「岩崎昶の映画評論は，つねに若々しく青年的である」という書き出し
で今村の岩崎論は展開していく。当時の映画論壇における岩崎の存在感の大きさ
をうかがうことができる文章である。

今村は，以下のように岩崎の人物像を描いている。

岩崎昶は誰にもおなじ態度で接する人である。その態度は淡々とし，いささ
かも感情をまじえない。この点，彼は映画批評家中，随一の社交性をもってい
る。彼はまた大衆との接触の多さにおいても，映画批評家中，随一である。
しかし私は，彼を真の大衆的映画批評家とよぶことに躊躇する。岩崎昶の評
論は，きわめて明快ではあるけれども，一方はなはだ高踏的である[44]。

　それでは，今村はなぜ「躊躇」しているのだろうか。彼は，岩崎の文体と風貌
の「高踏的」な部分を以下のように指摘している。

　たとえば彼は「日本映画は，八千万人のアダムとイヴをつくらうとしている」
（「ソヴェト映画」）というような表現を好んで用いるところがある。これは〔中
略〕工場労働者には何のことだかわからないはづである。／〔中略〕岩崎昶
の批評用語は，彼の顔のようにノーブルであり，その身なりのように瀟洒で
ある。このような岩崎昶を工場労働者のなかにおけば，〔中略〕おそろしく
そぐわぬものとならう。彼が労働者のサークルでしやべっている姿は，想像
するだに不似合である[45]。

　この今村の指摘は，岩崎が「大衆」を啓蒙の客体として認識していたこととも
関わる。すなわち今村は，「大衆」それ自身にはなることができない岩崎のハビ
トゥスを言い当てていたのである。具体的には，「交際はつねに公的社会的であ」
り，「つねに他人と一線を画し，けつして肌を見せ」ず，「私的な交際や談合」を
「好ま」ず，「面白い雑談のさい中でも，時間がくれば，彼はサツサツとひきあげ
る」という場面を挙げ，今村はこうした岩崎の言動を「貴族的性格」という言葉
で表現している[46]。映画で「大衆」を階級意識に目覚めさせ社会変革を起こすとか，
映画によって「大衆」の「堕落」を食い止めるといった，映画による啓蒙の可能
性に今村は岩崎批判を通して疑問を呈していた。今村もマルクス主義に傾倒した
人物であり[47]，客体としての「大衆」像自体は岩崎と共有しただろう。しかしその
今村にしても，岩崎の「高踏的な」（＝啓蒙的な）姿勢は批判対象になったのであ
る。
　今村によって批判された岩崎の「大衆」との関わり方は，さらに後続世代の論
者によって問い直されていくこととなる。

4－2　岩崎昶と鶴見俊輔とのすれ違い

　1959年，岩崎は心理学者・波多野完治（1905-2001），社会心理学者・南博（1914-2001），そして哲学者・鶴見俊輔（1922-2015）の座談会「映画とはいかなるものか　連続座談会・第1回　映画とテレビそして大衆」の司会をしている。タイトルからも分かるように，この座談会のテーマはまさに「メディアと大衆」であった。この前年は映画の観客動員数がピークを迎えた，映画史上の画期とされる。また，テレビが普及しはじめた時期でもあり，「大衆」にとっての基軸メディアの過渡期であった。

　そのような時期に開催された座談会のなかでも，本稿でとりわけ注目したいのは次の2点である。1点目はテレビや8ミリカメラといった当時のニューメディアの普及に対する岩崎と鶴見の認識である。そして2点目は，「十五年戦争末期の陸軍の兵営を舞台にした人情喜劇とでも呼ぶべきプログラム・ピクチャー」であり「誰にもほとんど誰にも予想できなかった大ヒットを記録した」と評される，『二等兵物語』シリーズのうちの1作，『二等兵物語──死んだら神様の巻』（福田晴一監督，1958年公開。以下，本作を『二等兵物語』と表記）に対する岩崎と鶴見の評価である。

　まず1点目についてであるが，鶴見と岩崎との対話は以下のように展開されていく。

> 　鶴見　8ミリなんかを使って，それを〔『朝日新聞』の〕「ひととき欄」と同じ形でとって行く。投書して行く。それを大衆が番組として，コメントなんかつけて載せて行く。大衆社会において，非常に大きな循環がテレビを通じて映画産業の中に出て来る。これは全く新しい映画の発展形式だ。
> 　岩崎　たしかに8ミリ映画の普及は，大衆の映画へ対する受け取り方を変えた。今まで大衆はシナリオを書くぐらいしか，映画製作に参加することができなかった。最近アマチュアが8ミリという形でアイディアやストーリーを出す。製作者がそれを再構成してシネスコの大作をつくる。こうして大衆作家が出て来るのではないか。これにテレビがつけば，さらに多角的になる。

　ここで鶴見によって提起され，岩崎が受け止めている問題は，8ミリカメラなどの普及によって製作者と観客という二分法が解体されるのではないかということである。すなわち，鶴見によって，これまでは映画を観て啓蒙される客体であ

った「大衆」が，映画をつくる主体へと読み替えられたということになる。そして，メディアの変化が「大衆」像の変容をもたらし，戦前とは異なる実体としての大衆社会が到来することを，岩崎も察知していたのである。その意味で，両者の同時代認識には共通性を認めることができる。

　しかし，具体的な映画作品の評価をめぐっては，岩崎と鶴見との間には温度差がある。そのことをよく示す2点目の『二等兵物語』についての両者の対話は以下の通りである。

　　岩崎　最近の日本映画などを見ても，全体的な傾向はあまりよくない。もちろんこれは映画だけが悪い，テレビだけが悪いのではないが，要するにこれらに代表される日本の文化，あるいはさかのぼれば政治や経済の問題になると思うが，人間が非常に理想を失っているこの時代を反映しているのでしょう。鶴見さんあたりは，どうお考えですか。
　　鶴見　今年の映画では，「二等兵物語」の「死んだら神様の巻」これは面白かった。今年のベスト・ワンです。見ましたか。
　　波多野　見なかったですよ。
　　鶴見　これを見なくちゃあ駄目だな。映画研究者として。（笑）とくに面白かったのは，二等兵が自分から前線に出してくれと頼むところでね，部隊長の命令に，「私は承服できません，たとえ大元帥陛下の命令でも従うことはできません」と云う。このように天皇制を使うと云うこと，天皇制のために動かされるものが，逆に動くわけです。そこにつまり作者の非凡な目を感じた。
　　岩崎　そうかな，ぼくは見ていないが，一寸思いすごしじゃないかな。
　　鶴見　いや，「真空地帯」をしのぐ作品ですよ。国民文学的なものだ。「真空地帯」はインテリ的でしょう。昔国民は軍隊を楽しいものと感じた面もあった。軍隊に入って，一種の解放感を味わったクラスもあった。それらをも含めて，その上で批判している。[51]

　ここで鶴見が岩崎批判を企図していることは明白であろう。『二等兵物語』に対置されている映画『真空地帯』（山本薩夫監督，1952年公開）をプロデュースしたのは，岩崎だったからである。『真空地帯』は軍隊の非人道性を告発した作品であるが，鶴見は軍隊に入った人々を単なる受け身の被害者として捉えることは

せず，彼らには多様な思惑があったはずだと問題提起をしている。それは，「大衆」を「一万総懺悔」から除外されるべき啓蒙の客体として捉えた岩崎とは異なる認識であった。鶴見は，「大衆」とは多様でありかつ主体的な存在であるということを，『二等兵物語』をめぐる岩崎との対話のなかで示したのである(52)。歴史学者・北河賢三によれば，『思想の科学』を拠点に大衆文化研究を行なった鶴見の立場は，「知識人のなかに大衆性をみるとともに，大衆のなかに知識人をみて取っており，そういう意味で大衆主義だといい得るが，追随主義ではない(53)」という。

　8ミリカメラに関する議論から分かるように，岩崎と鶴見はともに時代の変化を鋭敏に察知していた。ただし鶴見が「大衆」それ自身の思想を汲み上げることへの強い志向を持っていたのに対して，岩崎は「大衆」に対する映画の効果に重きを置く戦前以来の「メディア論」的な立場を貫いていたと言える。

4－3　岩崎昶と松本俊夫との相克

　最後に，高度経済成長を経て実体としての大衆社会が成立した1970年代における岩崎と後続世代の論者の議論にも触れておきたい。

　1971年，岩崎は『現代映画芸術』を上梓した。本書において岩崎は，テレビやビデオの普及によって「初期映像芸術の集団性は急速に後退して，一人から数人を単位とする観客がそれぞれ切り離された家庭の切り離された空間で画面にむかって坐ることになった(54)」と書き，「しかし，人間は，このようにして失われた対人関係や連帯性をいつかどこかで回復したいと望まざるを得ない。旅行，遊園地，遊戯場，野外音楽大フェスティヴァル，大博覧会，その他で人間はその本来の群居性をとりもどそうとする。いわゆる『大衆社会』の裏にあるものが，歴史あって以来はじめての『孤独社会』だということを彼らは身にしみて知っている(55)」のだと述べる。

　岩崎の1970年代における大衆社会認識が示された文章である。では，「大衆社会」において「群居性」を求める人々はどこに行き着くのだろうか。岩崎の認識は悲観的である。彼は，『ウッドストック――愛と平和と音楽の３日間』（マイケル・ウォドレー監督，1970年公開。以下，『ウッドストック』）を挙げ，「大衆社会」の行く末を次のように論じている。

　　この映画を見たとき，私が連想したものとは何か。〔中略〕私はニューヨー

クの草原のイメジのむこうに，ハーケンクロイツの旗じるしにおおわれたナチス党の「ニュルンベルク大会」を思いうかべたのである。〔中略〕ウッドストック大会はちがう！　それが，〔中略〕ベトナム和平，兵役拒否など，若いアメリカの反戦反体制の意識をかかげていることを私は知っている。けれども，そういう一面とほとんど同じほどの強さでまた別の一面が存在している。この集会の反戦，反体制のメッセージを心にうけとめている人間よりも，麻薬と麻薬的なロック音楽とモブとによる集団的エクスタシーにしびれて知覚も思考も失っている四〇万の大群がウッドストックの本質だった，という角度も私は否定できないと思う。[56]

　岩崎は，ウッドストック・フェスティバルのベトナム戦争反対という「思想」よりも，「集団的エクスタシー」の危険性のほうを重く見ている。「ウッドストック的現象は，ある日その国の政治的なクライメートが変り，社会的勢力が変動しかかれば，地すべり的にまたファシズムにも転化しうる」[57]と岩崎は考えていたのである。この言説からは，かつての「多頭の怪物」としての「大衆」像が岩崎のなかで一貫していることを確認できる。
　この岩崎の『ウッドストック』評価を批判したのが，大島渚（1932-2013）や吉田喜重（1933-）と並ぶ日本のヌーヴェルヴァーグの映像作家・松本俊夫（1932-2017）であった。松本は，『朝日ジャーナル』に寄せた『現代映画芸術』の書評で，[58]岩崎の『ウッドストック』評価を「『ウッドストック』の集団的狂気を，『地すべり的にまたファシズムにも転化しうる』というセンテンスに力点を置き，そこに表現されたアンチ・エスタブリッシュな原点志向の文明論的な意味を主要な問題提起として受けとめようとしない」[59]ものとして論難している。つまり岩崎とは異なり，1970年代の大衆社会で行なわれたイベントに反体制運動のポジティブな可能性を見たのが松本であった。しかし，この批判は岩崎の議論の核心を捉え損なっている。岩崎は，その運動が掲げる思想が反体制的なものであろうとなかろうと，あるいは戦争反対であろうとなかろうと，運動そのものが本質的に孕み得る「集団的エクスタシー」を問題視したのである。ここに，岩崎と松本との大衆社会をめぐる認識の相克を見てとることができる。前者はそこにファシズムの萌芽を見，後者はポジティブな反体制運動の思想的可能性を見たのである。

4-4　小　括

　ここまで，戦後の論者との対照において岩崎昶の思想を見てきた。今村太平は岩崎の「大衆」に対する啓蒙的な姿勢を批判し，その営みの困難さを指摘した。さらに鶴見俊輔や松本俊夫は，戦後の大衆社会が成立するなかで，「大衆」の多様性・主体性に着目し，そこから戦争批判や反体制運動の思想的可能性を汲み上げようとした。それに対して岩崎は，客体としての「大衆」観を堅持しつづけた。そのような岩崎にとっては，戦後の日本社会が高度成長を経て平準化され，大衆社会の形成が本格化する過程は，逆に，啓蒙することが可能だった「大衆」の減少過程でもあったはずだ。それは，『現代映画芸術』に見られた「大衆社会」への危惧に象徴されていよう。かつての岩崎であれば，映画によって「大衆」を啓蒙すればよいと考えただろう。しかし映画産業が斜陽期に入って久しく[60]，また「高度経済成長とその成果を享受しようとする私生活主義の蔓延[61]」が顕著となった1970年代には，その可能性は絶たれていたのである。

5．おわりに

　最後に，ここまで行なってきた議論をまとめ，得られた知見を確認しておく。

　本稿の目的は先にも述べたとおり，映画評論家・岩崎昶を基軸とした，日本映画史における「大衆」をめぐる議論の叙述である。そのためにまず第1節では，先行研究において，戦時期から占領期における「抵抗」の側面が強調されてきた岩崎が，その一方で，生涯を通して「大衆」について論じつづけた人物であったことを指摘した。

　第2節では全体の議論の前提として，戦前における岩崎の「大衆」観を分析し，彼が「大衆」を社会変革のための啓蒙可能な客体として認識していたことを明らかにした。

　第3節では戦後初期における岩崎の「大衆」観を紹介し，戦前から引き継がれまた戦後に強化された彼の啓蒙的義務感を明らかにした。

　第4節の第1項では，岩崎の「大衆」啓蒙への疑義を提出した言説として，今村太平の岩崎評を紹介した。これは，鶴見や松本の主体としての「大衆」論へと至る過渡期的なものと見なすことができる。第2項では，啓蒙への疑義だけでなく，そもそも客体としての「大衆」像自体が岩崎批判を通して問い直されていく過程を追った。「大衆」とは受動的でも一枚岩的な存在でもないことが鶴見俊輔

によって示された。また第3項で見たように，松本俊夫によって大衆社会における反体制運動の可能性が論じられた。しかし最終的に岩崎は，戦後の論者とは異なり，眼前の大衆社会にファシズムへのネガティブな契機を見出すこととなった。それは彼が客体としての「大衆」像を堅持してきた帰結であった。

　本稿で追いかけてきたのは，岩崎が戦前から戦後にかけて一貫して「大衆」について論じつづけ，その「大衆」像が今村，鶴見，松本という後続世代の論者によって問い直されていく過程である。アーロン・ジェローは岩崎が「イデオロギー批評」の時代の「概念の番人」であったと述べた。本稿は，その「番人」・岩崎の果たした仕事とは，客体としての「大衆」像を堅持することによって，日本の大衆社会化過程における主体としての「大衆」像展開の契機のひとつとなったことであったと結論づけるものである。岩崎という人物は，戦前から占領期の「抵抗」に留まらず，戦後の長きにわたっても映画論壇において存在感を示しつづけ，後続世代の論者のスプリング・ボードになったのである。

　最後に，今後の展望を述べておきたい。本稿で対象とした「イデオロギー批評」の時代の映画評論家は，無論岩崎だけではない。現在，岩崎とは異なるタイプの映画評論家（津村秀夫，今村太平，佐藤忠男等）の分析にも研究を展開中である。その作業により，「大衆」と向き合うことを必然的に要請された「イデオロギー批評」の時代の映画評論家たちの「イデオロギー」の多彩な内容や，「イデオロギー」の相互連関の様相を明らかにすることができる。それは，メディアと社会との関係の構想史を描くことに他ならない。

注

（1）　大岡聡（2014）「大衆社会の端緒的形成」大津透ほか編『岩波講座日本歴史17——近現代3』岩波書店　211
（2）　ジェロー，アーロン（2011）「映画の批評的な受容——日本映画評論小史」藤木秀朗編『観客へのアプローチ——日本映画史叢書14』森話社　121
（3）　同上　121
（4）　同上　121
（5）　映画というメディアは人間や社会を総合的に描く力をもっている。たとえ制作者がひとつの価値観のもとで作ろうとも，映像が対象を多面的に描く力は容易には消えない。従って，映画を言葉に置き換える作業としての映画評論には，文芸評論等以上に言葉の限界が露呈する可能性がある。しかし逆に言えば，映画評論を，それが掬い落とすものも含め研究することで，社会認識，あるいは「大衆」といった集合的な表象の歴史的な分析に関して有効な知見を見出すことができるのではないか。

そういう発想が本研究の原点である。

（6）　『朝日新聞』1981年9月17日付夕刊。なお本稿では引用に際し，旧字体から新字体にあらため，改行は／であらわした。引用文中の筆者による補足箇所は〔　〕であらわした。

（7）　同上

（8）　ハーイ・B，ピーター（1995）『帝国の銀幕——十五年戦争と日本映画』名古屋大学出版会　54

（9）　同上　293

（10）　なお門間貴志（2010）「岩崎昶の神話——『私の鶯』への道」四方田犬彦・晏妮編『ポスト満洲映画論——日中映画往還』人文書院では，満映時代の岩崎も映画『私の鶯』（島津保次郎監督，1945年公開）製作を通して帝国日本への「抵抗」を模索していたと論じられている。ただいずれにしても，岩崎を「抵抗」の映画人とする見方はここでも共通している。

（11）　平野共余子（1998）『天皇と接吻——アメリカ占領下の日本映画検閲』草思社　189-234

（12）　この傾向は，岩崎昶（1975）『占領されたスクリーン——わが戦後史』新日本出版社，岩崎昶（1977）『日本映画私史』朝日新聞社，岩崎昶（1980）『映画が若かったとき——明治・大正・昭和三代の記憶』平凡社という自伝三部作や，風間道太郎（1987）『キネマに生きる——評伝・岩崎昶』影書房という評伝にも見られる。

（13）　有馬学（2013）『「国際化」の中の帝国日本1905-1924』中央公論新社　288-293

（14）　同上　342-343

（15）　河野有理（2014）「はじめに」河野有理編『近代日本政治思想史——荻生徂徠から網野善彦まで』ナカニシヤ出版　ⅱ

（16）　竹内洋（2002）「『左傾学生』の群像」稲垣恭子・竹内洋編『不良・ヒーロー・左傾——教育と逸脱の社会学』人文書院　31

（17）　岩崎前掲（1980）139-140

（18）　同上　348

（19）　同上　385-403

（20）　風間前掲（1987）28-35

（21）　岩崎昶（1930）『映画芸術史』世界社　100-101

（22）　同上　132

（23）　同上　133

（24）　岩崎昶（1931）『映画と資本主義』往来社　266

（25）　同上　266

（26）　同上　266-267

（27）　同上　267

（28）　有馬前掲（2013）282

（29）　岩崎前掲（1931）269

（30）　有山輝雄（1984）「192,30年代のメディア普及状態——給料生活者，労働者を中心に」日本出版学会編『出版研究』15号　35

(31)　北田暁大（2004）「〈キノ・グラース〉の政治学——日本 - 戦前映画における身体・知・権力」北田暁大『〈意味〉への抗い——メディエーションの文化政治学』せりか書房　232

(32)　岩崎前掲（1931）272-273

(33)　たとえば，佐藤忠男（2004）『キネマと砲聲——日中映画前史』岩波書店；晏妮（2010）『戦時日中映画交渉史』岩波書店

(34)　岩崎昶（1946）「何をなすべきか——日本映画の再出発に際して」『映画評論』1・2月号　3

(35)　日本の知識人界における中国革命の衝撃については，小熊英二（2002）『〈民主〉と〈愛国〉——戦後日本のナショナリズムと公共性』新曜社　267

(36)　藤木秀朗（2004）「解説」岩崎昶『映画芸術史——日本映画論言説大系11』ゆまに書房　19

(37)　岩崎前掲（1946）1

(38)　同上　1

(39)　同上　2

(40)　同上　2

(41)　岩崎昶（1950）「日本映画の道徳」『わだち』3月号　110

(42)　同上　110

(43)　同上　111

(44)　今村太平（1951）「飯島正と岩崎昶」『映画評論』4月号　43

(45)　同上　43

(46)　同上　43

(47)　杉山平一（1990）『今村太平——孤高独創の映像評論家』リブロポート　26

(48)　四方田犬彦（2014）『日本映画史110年』集英社　166

(49)　中村秀之（2002）「〈二等兵〉を表象する——高度成長期初期のポピュラー文化における戦争と戦後」小森陽一ほか編『岩波講座近代日本の文化史9―冷戦体制と資本の文化1955年以後1』岩波書店　135

(50)　岩崎昶・波多野完治・南博・鶴見俊輔（1959）「映画とはいかなるものか　連続座談会・第1回　映画とテレビそして大衆」『キネマ旬報』1月上旬号　83

(51)　同上　84

(52)　なお，中村前掲（2002）では，鶴見俊輔（2000）『鶴見俊輔集・続1―新しい開国』筑摩書房　265を引き，鶴見が『二等兵物語』シリーズを「『復古調の時代』の徴候」として捉えていたとのみ述べているが（中村前掲　2002：138），本稿で指摘した通り，1959年の時点で鶴見は『二等兵物語』を絶賛していた。

(53)　北河賢三（2014）「鶴見俊輔の思想・方法と大衆の思想」赤澤史朗ほか編『戦後知識人と民衆観』影書房　355

(54)　岩崎昶（1971）『現代映画芸術』岩波書店　10

(55)　同上　10

(56)　同上　14-15

(57)　同上　16

（58）　ジェロー前掲（2011）　126-127

（59）　松本俊夫（1971）「思想的建前の許容範囲――岩崎昶『現代映画芸術』」『朝日ジャーナル』1971年12月24-31日号　77

（60）　四方田前掲（2014）190

（61）　安丸良夫（2012）「戦後思想史のなかの『民衆』と『大衆』」安丸良夫『現代日本思想論――歴史意識とイデオロギー』岩波書店　92

2017 年度春季研究発表会 ワークショップ報告

ワークショップ 1
若者とメディアの 50 年
――語りの分析からみえてくるもの

司　会　者：守弘　仁志（熊本学園大学）
問題提起者：小谷　　敏（大妻女子大学）

　「若者とメディア」というテーマは現在でも若者たちがスマートフォン，タブレットとテレビを駆使しての情報利用像などが示され，われわれにとって大きな関心のあるテーマの 1 つになっているといえよう。

　問題提起者の小谷敏会員は 1990 年代以降，継続的に若者論の研究を行っている。まず小谷会員より 1960 年代以降現代までの若者論研究の大まかな紹介とその解説，論点の整理，その若者論上の意味づけなどの紹介がなされた。まず問題意識として 1960，70 年代の学生運動の分析による「青年論」からメディアと若者の関係の分析による 1980 年代の「若者論」への変容においてメディアと若者との関連性が注目されたこと，さらには現代におけるスマートフォンや SNS 利用における約 50 年の若者とメディアの関係の分析へと継続していることが述べられた。さらに 1996 年の小谷会員編「若者論を読む」では新人類批判という成果があったとした。また 1970 年代の「カプセル人間論」と 1990 年代の「島宇宙」論の相似性を指摘し，特に宮台真司の若者論が女性や地方の若者，中高生へと広がりを持ったことを指摘した。

　2000 年以降の若者論は，他者のまなざしに敏感な若者のミクロな人間関係への関心が中心となる一方，若者バッシングも出現し特にメディア利用と関連づけ

られた「怠け者」の若者という意味づけも行われた。これに対して2000年代後半にはこのような若者バッシングを批判するなど，若者自身による若者論への参入があったことが特徴であるという。このような経過をたどり，2000年代以降はメディアの発達により若者のコミュニケーション空間は縮小しメディアによる「人間縮小の原理」が生まれたとした。

　ディスカッションでは，若者論の議論は都会の大学生，しかも男性に偏っているのではないか，地方の大学生ではない若者のアプローチ，社会構造との連関から若者の階層化への着目の必要性が論じられた。

　また若者論を論じることが上の世代によるものであり，若者自身は距離を置いているというリアリティがあるのではないかという意見もあった。大きな論点として，実態分析による若者論と若者論の言説分析は異なるのだが切り分けられないところに問題があるのではないか，流行現象の担い手として割り切って若者を分析するあいまいな手法があるのではないかという発言があった。これに対してかつての若者論の根底にはある種のイデオロギーがあったが近年の研究は政策的な含みから若者を分析するという回答があった。

　また，ポピュラーカルチャーが若者のアイデンティティを作る上でデータベース化し入れ替え可能なものになったという点が指摘された。入れ替え可能なアイデンティティで入れ替え可能なキャラクターを演じるという点に対して，かつてのようにポピュラーカルチャーがアイデンティティを卓越化させるのに不可欠だというとらえ方と，一方で入れ替え可能なものにもアイデンティティをかけるというとらえ方もあり，この点が細分化され濃淡がある若者論の問題になるのではないかという議論があった。(参加者11名)

（守弘　仁志）

オリンピック／戦争の記憶
——オリンピックをめぐる語りの変容

司　会　者：石川　德幸（日本大学）
問題提起者：浜田　幸絵（島根大学）
討　論　者：山本　昭宏（神戸市外国語大学）

　日本における「記憶とメディア」に関する研究は，これまで主として戦争（アジア太平洋戦争）の記憶に関して論究されてきた。それらの研究では，新聞記事，知識人の評論，文学作品，マンガ，アニメ，映画，モニュメント，ミュージアムなど，様々なメディアが分析対象として取り上げられており，ツーリズムや記念日についても論じられてきた。こうした研究の蓄積によって，戦争の記憶がどのように語られてきたのか，ひいては戦後日本の戦争観がどのように形成されてきたかという問題が明らかにされてきている。

　こうした一連の「記憶とメディア」に関する研究をふまえ，本ワークショップは，これまであまり注目されてこなかったオリンピックの視点から当該問題を捉えなおすことを目的として実施された。メディアが形成する集合的記憶を考えるうえで，従来の研究が主題としてきた「戦争」が重要な素材であることは論を俟たない。しかし，スポーツ・イベントやスポーツ選手の活躍もメディアが提供する物語によって集合的に記憶されることも，スポーツ文化に関する研究ではしばしば指摘されている。さらに，戦後日本が「復興」を目標に掲げ「平和国家」として自らを規定していったことを踏まえれば，少なくとも 1964 年東京オリンピックの頃までの日本では，オリンピックをめぐる語りは，戦争の記憶のあり方とも深く関係していたと考えられるのである。

　こうしたフレームワークのもと，まずは問題提起者である浜田幸絵会員が，「記憶とメディア」に関する研究の動向について述べたうえで，戦後日本におけるオリンピックの記憶のあり方について史料を示しながら論じた。具体的には，「1940

年から 1964 年へ 〜2つの東京オリンピックの連続性〜」,「子供向けに語られる オリンピックの記憶 〜小学校国語教科書を中心に〜」,「オリンピックの中の音楽・儀式」,「1964 年東京オリンピックにおける『戦争』の記憶」といった多角的な視点から，当該テーマに関する論点が提供された。

　これを受けて，山本昭宏会員から，「戦争の記憶」と「スポーツ・イベントの記憶」を捉える上で，戦争という一回性のものと4年に一度というサイクルをもつオリンピックとの性格の違いや，「オリンピックをめぐる語り」を規定する空間的連続性の問題に関する指摘がなされ，「オリンピックをめぐる語り」をみる際に有効な視座には何があるのかといった問いが立てられた。また，フロアーの参加者からは，1964 年の東京オリンピックが先の戦争と空間や人的資源が同じであるならば，集合的記憶だけでは説明し難いのではないかという指摘があった。

　これらに対して，研究上克服すべき難点について議論が展開され，オリンピック期間中だけではなく大会以前／以後の数年間を集中的に調査する必要があることや，ナショナルな記憶と地域的な記憶との比較も必要となることなどの問題点が示された。

　総じて，今回の議論は，これまでの研究の蓄積によって一種のパラダイムを確立しつつある「記憶とメディア」という分野に，新生面を開くための方向性を示すものとなったと言えるだろう。「記憶とメディア」という観点は，戦争だけではなく，平和の祭典といわれるオリンピックや大規模な災害・事故についても有効に捉えることができる。また，共同体が何を記憶として残すかだけではなく，逆説的に，何を忘却するのかという問題も興味深い視点である。今回の問題提起と討論を契機として，当該分野における更なる発展が成されることを期したい。

（参加者 10 名）

（石川　徳幸）

放送番組確定表から探る「上方」放送文化の成立
—— JOBK のメディア史研究に向けて

司　会　者：後藤　美緒（日本大学）
問題提起者：丸山　友美（法政大学大学院　院生）
討　論　者：村上　聖一（日本放送協会）

　放送事業がはじまって 90 余年が経つ。その間，節目の時期には NHK や民放各局が「放送史」や社史を編纂し，放送事業を鳥瞰する土壌が整備されてきた。また，近年では，放送事業者の番組アーカイブスの整備とその活用も進んでいる。とりわけ，NHK アーカイブスの学術利用が展開されたことによって，放送事業に関する研究は多様な進展を見せるようになっている。しかし，アーカイブスを利用した研究が進む一方で，放送史は東京を中心とする視点で描かれることが多く，各地の放送局の活動やその意義については十分に検討されてこなかった。

　こうした背景を踏まえ，本ワークショップでは，新たな視点での各地の放送局の活動を描いていくにあたってのアーカイブデータやデータベースの利活用とそれをもとにした地方局の独自性探求の可能性について議論をおこなった。なかでも，日々の放送の記録である番組確定表をとりあげ，日本放送協会の大阪放送局（以下，JOBK）の特徴を描き出すことが試みられた。

　ワークショップでは，まず司会者の後藤から企画の経緯が説明された。ここでは，対象とアプローチの異なる丸山友美会員と後藤が，NHK アーカイブスの閲覧を通じて，放送史の空隙として JOBK 史があることに気づき，番組制作と放送を通じて形成される放送の地域性という示唆を得たことが述べられた。

　それを踏まえて，丸山会員が問題提起をおこない，まず，番組確定表の概要について紹介があり，通史的閲覧で得られた歴史史料としての利用可能性を検討していく上でのポイントが指摘された。具体的には(1)枚数，段組みといった形式の変遷，(2)略式記号の利用，(3)事後的な記入（捺印や構成作家や出演者等の書き込

み），(4)東京放送局（JOAK）との比較である。以上に留意した作業によって，二局のあいだで放送開始時間や番組名の一致が見られなかったものが徐々に統一されることによって JOBK の独自性が縮小・喪失していったこと，他方で番組名や制作局の記載から JOBK が子どもや演芸の番組に独自性を見出す姿勢が判明したことが示された。また，番組構成者の情報から，草創期においてラジオと新聞メディアの交流が確認できたことが述べられた。人材やテーマの地域資源の発掘が JOBK の独自性を形作っていったことが番組確定表から明らかになることが示された。最後に，さらなる研究発展の課題として，研究の進展のための史資料の利用権限の拡大が求められること，また，正史にあらわれない事実への着眼が重要であることが述べられた。

　以上の問題提起を受けて，村上聖一会員からコメントがあった。まず，JOBK と番組確定表に着目する意義が紹介され，つぎに番組確定表の資料的な問題点について述べられた。すなわち，(1)網羅的な記録とは限らないこと，(2)番組変更情報が加えられていない場合があること，(3)番組確定表が事後的に構築された可能性があることである。そのうえで，番組確定表を用いる際の留意点として，当時の新聞番組表などと比較しつつ，資料を精査する必要性が提起された。さらに，番組確定表を活用することで，語学番組や実験的な番組が JOBK から始まった点について検証できるのではないかとする見方が示された。最後に，資料の研究者向け利用の可能性について提案があった。

　このあと，フロアから質疑応答を含めた自由討論となった。このなかでは，JOBK 研究の対象と範囲をどのように設定するのか，といった議論が提起された。また番組確定表に着目することで JOBK の特徴とされる教育番組に関して放送局の果たした役割と新聞社・百貨店のそれとの相違が浮かび上がってくるのではないかという指摘や，放送事業草創期の放送局と新聞社の関係性が検証できるのではないかといった見解，番組確定表を資料として放送ジャンルの形成過程研究を進めることが出来るのではないかといった見方など，多様な論点が示された。

　議論を通じて，これまで十分に検討されてこなかった各地の放送局の特性について，番組確定表を通じて理解を深めるとともに，それぞれの放送局が有する長い歴史に向き合うことの重要性があらためて確認され，活発な議論のうちにワークショップは終了した。(参加者7名)

（後藤　美緒）

「表象の文脈化」に何ができるか

——韓国公共放送の「8・15」ドキュメンタリーと「歴史認識」の分析から

司　会　者：伊藤　高史（同志社大学）
問題提起者：崔　　銀姫（佛教大学），美馬　秀樹（東京大学）
討　論　者：毛利　嘉孝（東京藝術大学）

　日韓両国の間に横たわる歴史認識の問題は，両国メディアの報道姿勢とも密接にかかわった問題であり，メディア研究者が取り組むべき重要な課題であるが，その一方で，研究者の政治的見解も問われる扱い辛いテーマであるかもしれない。本ワークショップでは，こうした問題に新しい方法論から取り組んでいる崔銀姫会員と，崔会員の研究を方法的な側面から支える，画期的なテキスト・マイニング・ソフト「MIMA サーチ」の開発者の美馬秀樹氏から問題提起をしてもらった。その上で，討論者の毛利嘉孝会員を中心に，テキスト・マイニングの可能性と限界や，日韓両国の「反日」言説を研究する際の留意点などについて，参加者と活発な意見交換を行った。

　崔会員はまず，現在取り組んでいる研究の理論的な背景と概要などを紹介した。ジョン・フィスクの理論を応用して，日本放送協会（NHK）のテレビドキュメンタリー番組における「アイヌ」表象の変遷を明らかにした著書『表象の政治学：テレビドキュメンタリーにおける「アイヌ」へのまなざし』（明石書店）を 2017 年4月に刊行したばかりの崔会員は，韓国におけるドキュメンタリー番組へと分析の対象を移した。韓国の公共放送局（KBS）が開局（1961 年）以来，毎年夏に制作・放送している「8・15」テレビドキュメンタリー番組の分析を通じて，「韓国」のアイデンティティと「反日」言説との関係等を明らかにしようとしているのである。崔会員は従来，前述のフィスクの諸理論を応用してドキュメンタリー分析のツールを作成して，「アイヌ」へのまなざしの歴史的な変容について質的な表象分析を行ってきたが，「8・15」ドキュメンタリーの研究では，視聴可能

な番組のナレーションを全て文字化し，それらの文字データを総体として量的に分析し，その結果をさらに構造的に可視化することで「表象」を文脈的に解釈するという課題に取り組んでいる。その際に用いられているのが，「MIMA サーチ」である。

このような崔会員の報告に続いて，美馬氏からテキスト・マイニングおよび「MIMA サーチ」の仕組みについて説明があった。MIMA サーチの特徴は，テキスト・マイニングの結果を視覚化し，分析対象のテキストの中で使用された単語同士の共起関係などを感覚的に理解できるようになっている点である。美馬氏は出席者から自由に提起されたキーワード（例えば「慰安婦」や「教科書」，「独島」，「靖国」など）に基づいて MIMA サーチによるテキスト分析を実演し，そこから得られた新たな視座の特徴を示した。

討論者の毛利会員からは，MIMA サーチを使った分析手法について，「数値的に把握可能な分析方法への挑戦であり，非常に興味深い。今後の内容分析に大きな変化を与える可能性のある研究だ」と評価した。その上で，今後の課題として，実際の分析作業においては番組のセリフの文字起こしなどのために多大な労力が必要とされることを指摘し，それらの作業を軽減する可能性について言及した。さらに，「反日」といった単語の日韓でのニュアンスの違いや，時代における変遷を意識して丁寧に検証していく必要性を指摘したほか，視聴者の反応をも分析するため，新聞での読者投稿などにもテキスト・マイニングの手法を使って研究することの可能性を提案した。

フロアからは，MIMA サーチの特性や実際の利用方法などについて質問が出たほか，出席者が独自に行った活字メディアの分析結果との比較を踏まえたコメントが出された。また，「『反日』という言葉は日本人が韓国での反日感情の盛り上がりなどを指して使う単語で，韓国では一般的に使われる単語ではないのではないか」といった，それぞれの国での社会的文脈を十分に意識して分析することの重要性などが指摘された。(参加者 12 名)

（伊藤　高史）

メディアとしての空間と公共性
——建築・インフラ・デザイン

司　会　者：村田麻里子（関西大学）

問題提起者：宮田　雅子（愛知淑徳大学）

　　　　　　谷川　竜一（金沢大学）

　このワークショップでは，物理的な「空間」というメディアに着目し，その公共性について考えることで，メディア研究の空間論的転回を試みた。都市や公共施設，娯楽施設などの空間に関する研究は，メディア文化研究，都市社会学，ポストモダン地理学などの領域がそれぞれに影響を与えながら，徐々に増えつつある。一方で，これまでのメディア研究において，公共性の概念は，専らマスメディアが創り出す言論空間として議論されてきた。言論によって成立する公共圏とは別に，身体を介在することによって成立しうる空間の公共性とは何だろうか。あるいは，空間に公共性が立ち上がるのは，どのような時なのだろうか。今回はアーレントの「私的領域／公的領域」の概念と，ルフェーブルの「均質空間／差異空間」の概念を足がかりにそれぞれ問題提起してもらった（※準備をする過程で，司会と問題提起者2名という形に変更した）。

　まず，宮田雅子氏から，「サインシステム：情報伝達デザインは公共性を創出するのか」と題して，街中のサインから公共性を考える視点が示された。サインは公共空間に設置されるものか，それとも公共空間を生産するものかという問いのもと，1930年代から現在に至るまでのサイン普及の系譜が述べられた。日本では1964年の東京オリンピックを契機として非言語コミュニケーションが可能なピクトグラムが普及し，その後「標準案内用図記号」が策定されるなど標準化の方向に進んできた。街中には，これらのサインが張り巡らされている。しかし，国家や行政によってつくられたこれらの公共空間に必ずしも公共性があるわけではない。また，サインが立ち上げる公共性は必ずしも均質ではない。それは瞬間

的に立ち現れたり，ある部分にだけ強く働いていたりする。そして，均質空間に生まれる僅かな隙間や亀裂にこそ，公共性とは何かの問いがひそんでいたり，時に権力に「抵抗」する空間にもつながるのではないかと，宮田は指摘した。

　次に谷川竜一氏からは「公共空間の逆照射：北朝鮮の建築・都市史研究から」と題し，北朝鮮の首都平壌において歴史的に形成された空間特性について発表があった。平壌とは，国内外に「みせる」場として設計されており，そこでは私的な空間と公的な空間が完全に分離されることが目論まれている。公的な空間としては，スターリン通り（現・勝利通り）と金日成広場という「社会主義のショーウィンドウ」のような場所があり，駅舎，ホテル，映画館，レストラン，博物館，新聞社などが建ち並ぶ。しかし，市民の姿は少なく，一方で，人々は生活に必要な施設を完備した住宅小区域のなかで暮らしている。私的領域である生活空間の充足性が高まることで，理由や許可なしに公的領域に行くことが困難となる。理由なくそぞろ歩くといった行為が困難な都市構造が成立しているのだ。これはまさにアーレントが言うような公共性の喪失であり，それを踏まえれば公共性と非公共性はセットで考察されねばならないという視点が提出された。

　このように，宮田はルフェーブルの均質空間／差異空間の枠組みを，谷川はアーレントの私的領域／公的領域の枠組みを使いながら，空間の公共性に対する議論をそれぞれ展開した。ディスカッションでは，発表者が想定した建築・インフラ・サインといったモノよりも，さらに生活圏のミクロなモノから空間を考えられないか，空間の充足性を高めすぎると必然性のない行動が逆に制限されて公共性が減少するのではないか，全体主義時代に提案されたアイソタイプと今日のサインの思想的な関連について，サインの公共性という観点から何が言えるのか，といった，物理的な空間を考える際の手立てや方法論に関する本質的な指摘や質問が参加者から投げかけられ，活発な議論が交わされた。今後も継続的に考えるうえで，実りの多い会となった。(参加者 13 名)

（村田麻里子）

ワークショップ6
「アニメ・マンガ・ジャーナリズムの接点を考える」

司　会　者：茨木　正治（東京情報大学）
問題提起者：永田　大輔（筑波大学大学院　院生・学術振興会特別研究員）

　本ワークショップでは，アニメ・マンガ実践や研究において，社会性や政治性をどのようにとらえてきたのか，逆にジャーナリズム（研究）の中で，アニメ・マンガ（研究）はどのようにとらえられてきたのかを探ることを目的とした。まず，そのためにアニメ・マンガとジャーナリズムとの接点を探ることを試みた。

　具体的には以下の手順を想定した。

①アニメ研究がマス・コミュニケーション研究や放送研究から独立していく過程を概観して，アニメ研究の独自な視点の構築がなされてきたことを示す。

②マンガ研究におけるマス・コミュニケーション研究との関係を，マンガ研究史を概観することで見出していく。

③ジャーナリズム報道における「アニメ・マンガ的視点」の有無をジャーナリズム研究あるいは実践から確認する。

④①から③の相互関係を討論する。

　今回は，①について問題提起を行い，それを参加者と討論していくことにした。

　問題提起者の永田大輔氏は，自らの研究を，アニメファンのビデオ受容に着目したテレビ研究，社会学研究，受け手研究であると位置付け，この研究がアニメ研究とどのような接点を持つかについて言及した。アニメーション批評において，芸術性と商業性，海外・世界と日本といった視座から，アニメーションのジャンルが分かれ，前者が後者の上位に立つといった視点が向けられていた。この分化は国家の政策や大学の大衆化に伴う「実利志向」によって，優位性は後景に退きつつ進行した。内なる分節化は，外との区別，特に映画から分化されたものとい

った認識がアニメ評論や研究の中にみられた。この傾向は，アニメーション研究のデータベース作成過程からも見ることができる。最近の傾向として，産業／労働としてのアニメーション研究が登場してきている，とアニメーション研究を概観する。さらに報告者は，テレビアニメがテレビ研究の中では，アニメーション研究での扱われ方とは対照的に，ほとんど取り上げられていない（体系化の試みがされていない）とする。それは，送り手からのアニメーションについて，ファンダムといった名辞で与えられる，ビデオによって主体的に関わる受け手の姿がアニメーションにおいては見出されるからである。一方，テレビについては，受け手の実践活動を通じての放送内容，放送行為といったものへのかかわりが研究として，実体として見出されないでいる。報告者は，しかしながら，テレビ放送を中心としながらテレビアニメが通常のテレビ文化と異なって，一つのファンダムを形成するのではないかと問うている。そこにアニメーションとは異なったテレビの（ビデオ視聴）の作用の可能性を見出そうとしている。

　永田氏の問題提起を受け，参加者全員で討論に入った。

　ファンダム形成に関わる「アニメ史のテレビ」と「テレビ史のアニメ」の問題について，テレビドラマの実践から，録画率を意識した制作へ変わってきていることや，テレビ番組制作の中に，番組は一回生起的であるという意識があった（あるのではないか）という指摘があった。また，ビデオによる再現性，と簡潔至極のなかでの「共有性」が，メディア全体をどう変えたかという点で見れば「メディア史のなかのアニメ」というように，視点の拡大が求められるのではないかといった指摘がなされた。これは，グローバル化や国から正統性を付与された「アニメ」が，既存の制度や枠組みと関わっていく（入っていく）際に，異なる諸領域に横断的に，あるいは埋め込まれるという形で独自性を保つ必要があるという主張につながっていき，従前の主要メディアからのまなざしへの対抗として考慮されうるものとの声もあった。産業／労働としてのアニメーション研究の意義は，「大人・子どもメディア」観と併せて，メディア組織に内在する問題性をアニメの側から提示したことなど様々な意見がなされた。（参加者7名）

（茨木　正治）

ワークショップ7
テレビドキュメンタリーの質を測る物差し
──音声の種別分量から

司　会　者：伊藤　　守（早稲田大学）
問題提起者：宮田　　章（日本放送協会）
討　論　者：藤田　真文（法政大学）

　2000 年代後半以降，日本では過去のテレビ番組の公開が加速し，テレビ・アーカイブ研究が盛んに行なわれている。これらはテレビ番組を歴史的な資料として再評価しようとする，新しいテレビ研究の動きである。

　しかし，その研究の多くは，「テーマ別研究」か「制作者研究」に偏っている。前者は特定のテーマ（例えば戦争や農村など）についてテレビがどのように描いてきたかを明らかにしようとし，後者は特定の制作者や脚本家の作家性を明らかにしようとする。テレビ・アーカイブ研究の勃興から約 10 年が経ち，これから目指すべきは，「テーマ別研究」や「制作者研究」にとどまらない研究なのではないか。本ワークショップでは，新しいテレビ・アーカイブ研究を開拓するための方法論を探った。

　まず，宮田章会員（日本放送協会）から，日本最初期のドキュメンタリー番組NHK『日本の素顔』(1957-64) と，現在放送中の NHK のドキュメンタリー番組『NHK スペシャル』(1989-) と『ドキュメント 72 時間』(2006-) を用いての報告がされた。宮田会員によれば，テレビドキュメンタリーとは「映像・音声の構成物」であり，各番組テクストは現場でのロケやその後の編集作業などによって意味づけされたものである。

　その際，テクスト内の「音声」だけに着目してみると，番組における音声は「現場音（インタビューなど）」と「非現場音（効果音，ナレーションなど）」の2種類に大別することができる。この音声種別の構造を把握することは，番組を読みとくための重要な方法論の一つとなる。とくに「現場音と非現場音それぞれの分量（秒

数）とその分量比」を見てみると，上記の番組の明確な違いが，数量的に明らかになると報告があった。このような分析枠組は，従来のテーマ別研究や制作者研究では見えてこなかった，テレビ番組を読みとくための新しい「物差し」となる。

　報告を受けて会場からは，番組の「音声分析」は，これからの番組研究の十分な指標となり得るといった好意的な意見が大半を占めた。とくに放送現場出身の研究者からも「現場実感にもあった分析指標である」と述べられ，テレビの経験知と学術知の接点となる指標であることが確認された。その一方で，討論者の藤田真文会員（法政大学）から指摘があったように，内容分析は多くの時間と労力を必要とするため，「研究の精度」をあげていく必要がある。今後は「音声分析」の方法論を開示し，誰でも参入可能な研究体制を作っていくことで，テレビ・アーカイブ研究のさらなる発展の可能性を探っていくべきだろう。(参加者 12 名)

（松山　秀明）

臨時災害放送局から考える
地域ジャーナリズム

司　会　者：笹田　佳宏（日本大学）

問題提起者：大内　斎之（新潟大学博士研究員）

討　論　者：市村　　元（関西大学）

　東日本大震災では，過去最大の 30 にのぼる臨時災害放送局（臨災局）が開局，うち 15 局が 1,000 日を超える放送を行った。これまでにない長期間の臨災局の運営からみえた，放送内容の変化や被災者との関わり，今後の課題などを議論した。

　まず，臨災局の復旧・復興期の実態研究を行っている大内会員が報告した。りんごラジオ（宮城県山元町）は，東北放送の元報道局長が運営を担当した。報道経験を活かし開局当初から，一方的な行政情報の提供だけでなく町民のインタビューを放送し，町民の被災や生活の状況を共有，これに行政も対応するという双方向的な情報の流れを作った。復興・復旧期は，町議会の生中継を行い，復興・復旧計画案の検討過程を提供，被災者である町民の参加を促した。「ウオッチドック的なものではなくグッドネイバーだ」とまとめた。

　ひばりエフエム（福島県南相馬市）は，スタッフのほとんどがラジオ放送未経験者で，最初の半年間は行政情報が中心だった。しかし，放送内容に対し「おまえらわかっていない」とのクレームがあり，被災者には様々な立場があることを認識し，市民のインタビューを交えるなど双方向の情報の流れに転換した。1 日 3 回の生放送や，若者や移住者たちの町づくり討論番組などを放送，「市政や町政に市民が参加する意識を促進する仕組みを作った」と指摘した。

　報告を踏まえ大内会員は，運営が長期化するなかでの臨災局の地域ジャーナリズムの役割について，「被災者のための，被災者のメディアであるべき」「行政情報の提供というトップダウンだけでなく，ボトムアップの情報経路構築が重要性だ」「『上からの復旧・復興』から『下からの復旧・復興』を実現する」ことなど

指摘した。

　これを受け市村会員は，臨災局は「地元自治体が緊急時に行政情報を住民に提供するため」に作られた制度であり，制度化した際の運用期間は2か月が目途だったと説明した。しかし，東日本大震災では，被害が広範かつ長期化したことで，情報需要も長期化し，復興支援情報の必要性が生まれた。臨災局の役割が「緊急時の情報提供」から「復興を支える情報の提供」に変質せざるを得なかったとした。また，長期運営できたのは，復興交付金，地域再生交付金など公的資金の支援や放送コンテンツの無料提供があったことを挙げた。

　一方，その過程で9局の閉局要因を次のように説明した。人件費や制作費は，公的資金が頼りだが，自治体が支援・補助を継続しない場合があった。公的資金は単年度予算で，継続決定は年度ぎりぎりとなる。このため，雇用が不安定になりスタッフ数が維持できない場合もあった。さらに，自治体が運営の継続の必要性を認めないケースもあった。

　また，公的資金に支えられた臨災局には「経営の不在」があり，コミュニティFMに移行した局は，経営困難に直面したと指摘。民間企業としてどう自立した経営を成り立たせるか，恒常的な資金調達や自治体の支援などが課題となっているとした。

　最後に東日本大震災を通じて見えた4点を指摘した。①臨災局の免許期間は，「被災地の災害対策が進展し，被災者の日常生活が安定するまで」。この曖昧さが復興を支える情報提供など長期かつ多様な放送を許容した。②臨災局の認知が進み，設立のノウハウ，送信機等の備蓄などが確実に進展した。その一方で課題として，③免許主体である自治体との協力や関係をどのように構築し，継続するか。④被災者のための放送を継続したいという臨災局の想いと，放送局としての現実的な運営をどのように行うか，を挙げた。

　以上の報告を受けて，自治体と放送スタッフが考える放送のあり方の意識の違いや，放送を継続していく難しさ連携などについて参加者を交えて議論を行った。
（参加者9名）

（笹田　佳宏）

大学のジャーナリズム教育とメディアの現場との接点

——専修大学人文・ジャーナリズム学科のカリキュラム編成と出版現場の経験から

司　会　者：阿部　圭介（日本新聞協会）

問題提起者：植村　八潮（専修大学）

　本ワークショップは，ジャーナリズム研究・教育部会が昨春のワークショップでテーマとした東海大学のジャーナリズム実践教育と対比する形で，専修大学人文・ジャーナリズム学科のカリキュラム編成の狙いや現状評価を聞き，ジャーナリズム教育の在り方について議論を深めることを目標とした。また，これまで当学会であまり取り上げられてこなかった出版という視点をジャーナリズム教育に取り入れることも目指した。

　問題提起者の植村八潮会員（専修大学）から，専修大学人文・ジャーナリズム学科が2019年に予定する学科改組に向けた新たなカリキュラムの考え方が示された。メディア・ジャーナリズム関係に人材を供給することを意識しつつも，それ以外の分野に進む卒業生も多いことにも鑑みた編成を考えているという。多様な視点を持ち，社会事象に関心を抱き，真実に迫ることや，課題を発見し，自らの考えを主張し他者に伝えることといったジャーナリズム教育が持つ要素は，今の情報社会で求められている能力を育てることだと位置付け，善き市民を育てることになるのだとの考え方が示された。また，できる人なら職に就き2週間〜1か月くらいでキャッチアップできるような技術を，大学で1年，2年かけてやる必要があるのだろうかとの問題提起もなされた。

　討議では，まず，フロアから清水一彦氏（江戸川大学，元マガジンハウス）より，江戸川大学で行っている実践の試みが紹介された。江戸川大学では，学生が実際に雑誌を作ったり，千葉日報社の企画に参加し本紙に掲載される新聞紙面を作ったりしている。清水氏は，江戸川大学の学生にとっては，こうした実践から学べ

ることが多く，就職にも役立っていると話した。

　昨春のワークショップで司会兼問題提起者を務めた水島久光会員（東海大学）からは，改めて実践教育の狙いについて説明があった。東海大学広報・メディア学科は，送り手教育をうたっており，発信者としての責任を学ぶ過程として実践教育の密度を高めているという。

　3大学ともメディアやジャーナリズムに興味や意識をもった学生を現場に送りたいという意識は共通していた。しかし，ではそのために何をどこまで大学で教育するのかといった点については，学生がこれまでしてきた経験などにも左右され，一つの答えがある訳ではないことが改めて確認された。

　一方，新聞社の記者教育部門担当者からは，新聞社を取り巻く現状から既にOJT は限界を迎えており，大学と現場との接点が必要であることは理解しているとの発言があった。では大学側に何を求めるのかといった点については，現場側ではいまだ十分に言語化できていないと率直に語られた。

　大学側，現場側とも，ジャーナリズム教育について互いの接点を見いだそうという機運が高まっていることは確認できた。今後，大学側としてはどのような学生を，どのような状態で送り出したいのか，そのためにはどのような教育をすればよいのかといった点をさらに検討する必要があり，現場側もメディアやジャーナリズムに興味を持った学生たちにどのような能力を身につけてきてほしいのか検討し，示していく必要があるだろう。(参加者 11 名)

（阿部　圭介）

ワークショップ10
"Post-Truth" とジャーナリズム
——「偽ニュース」から現代のネットメディアを考える

司　会　者：関谷　直也（東京大学）
問題提起者：藤代　裕之（法政大学）
討　論　者：藤村　厚夫（スマートニュース株式会社）

　トランプ政権の誕生に至る過程やその後の動きは，ジャーナリズムと政治の関係性という視点から見ることもできれば，ネットの影響力の変化や「フェイクニュース（Fake News）」「オルタナティブ・ファクト（Alternative fact）」「ポスト・トゥルース（「post-truth」）」などのジャーナリズムに対する視座の変化とみることも可能である。スマートフォンの登場により，LINE，スマートニュース，グノシー，ニューズピックス，BuzzFeed のような新たなニュースメディアも台頭し，報道機関に限らず誰もが情報を発信できるようになり，ニュースの生産・流通構造というジャーナリズムのありようそのものが変化してきてもいる。

　本ワークショップでは，『ネットメディア覇権戦争　偽ニュースはなぜ生まれたか』（光文社新書）を上梓した藤代氏にこれらの問題について問題提起をしていただき，ネットニュースとジャーナリズムの流れを振り返りながら，現在のジャーナリズムの変化そのものを見据えることとした。

　藤代氏からは，フェイクニュースがデマ，噂，不確実な情報，自分と異なる意見，権力者にとって都合の悪いニュースなどの意味として多義的に使われていること，そしてフェイクニュースの背景として，①スマートフォンとソーシャルメディアの普及によるネットの影響力の増大，②まとめサイト，ニュースアプリの登場によるニュースの生産と流通の分離が起こっていること，③「個人の意見」などがニュースとなり，ニュース概念が揺らいでいること，④マスメディアへの不信，⑤アルゴリズムによるニュース表示の変化の結果として，人々が趣向に合うニュースを見ているという「フィルターバブル」という個人の志向や，特定の

情報が拡大する「エコー・チェンバー」が生まれていること，などが指摘された。

　その上で世界の潮流としてはネット企業やマスメディア間の連携によりファクトチェックなどが行われつつあるが日本の場合は論調・評価とファクトチェックが混ざってしまっていること，GoogleやFacebookなどのネット事業者，プラットフォームとコンテンツ制作の分離が重要とも指摘された。

　討論者として迎えた藤村氏からは，広告収入を増やすためのビジネスとしての「フェイクニュース」が存在すること，「ロシアゲート」「マクロンリークス」などにみられるように真偽のほどは別としてフェイクニュースが政治的なプロパガンダや高度なスピンコントロールとして政治的影響力を有するようになってきていること，だが産業構造の問題としてそれに対応できていないことなどが指摘された。そのうえでファクトチェックの自動化の可能性などについて指摘された。

　会場からは「ネットニュースについて，メッセージだけでファクトチェックを行うことは難しいのでは」という質問があったが，そもそも，ファクトチェックを自動化するのは難しいとした上で，個別分野ではデータベースの生成が可能かもしれないこと，争点が成立していることなどのある程度のシグナルを検出することは可能であろうこと，ただし食品の安全性など専門性が必要な点についてはファクトチェックは単純にはいかないことが指摘された。

　また「ネット上でアクセス至上主義を前提にすると政治問題が取り上げられなくなっていくのではないか」との指摘があったが，エンターテイメント性がないものに人は集まらないので全体でアクセス数を稼いだ上でそこに硬軟おりまぜていく必要があること，ニュースについて量的な価値観で評価するのではなく，質的な価値観での評価をどのように対抗軸として作っていけるかが課題であることが指摘された。

　両者共通して，記者の勉強や倫理観醸成，報道機関が協働してこの問題に取り組むこと，フェイクニュースに対抗するためのガイドラインやプロトコルの整備の重要性が指摘された。(参加者24名)

（関谷　直也）

インターネット社会において再び「マス」を考える

司　会　者：山口　　仁（帝京大学）
問題提起者：津田正太郎（法政大学）

2016 年は，現代のメディア社会を考えるうえでは大きな転換点だった。事前の予想を覆した英国の EU 脱退の国民投票や米国大統領選挙の結果は，現代社会に分断が存在すること，その分断に対して向き合っていなかったようにみえるジャーナリストや研究者に対し批判を突きつけたようにも思える。こうした状況下では，評価は分かれるにせよ「大きな社会（としての国民国家）」，「大衆社会」の存在を前提としてきたマス・コミュニケーション研究も岐路に立っているのではないか。

本ワークショップはこうした問題意識にもとづいて企画されたもので，ナショナリズムとマス・メディアについて理論的な観点から研究されている津田会員に問題提起していただいた。津田会員によれば，現代社会は「マス」の存在を担っていたマス・メディアの存在感が薄れ，人々が「マス」を認識しづらくなっている一方，特定の話題や作品が人々の注目を集める現象としての「マス」は依然として継続しているという二面性が存在するという。ここから津田会員は，①「マス」とはそもそも何を意味するのか，②「マス」の希薄化は何をもたらすのか，③「マス」が希薄化する時代におけるマス・コミュニケーション理論の課題とは何か，の３つの問題を提起する。

①に関して，「マス」とは「大量」「画一化」「中間層・中流」「想像の共同体」「中間集団の解体」など様々な意味を持つ概念である。そのうえで「マス」を考える際には，それを「実体」としてとらえるのか，「想像（イメージ）」としてとらえるのか論じ分ける必要がある。②現代社会では想像としての「マス」の希薄化が進行している。つまり他者との同一性の低下が強調され，人々は自分が他者と同

じ集団に属しているという認識を持ちにくく，自らが疎外されていると各自が認識するようになっていく。これが他者への不信へとつながり，その結果として例えば社会福祉をはじめとする再分配政策についての社会的合意も得られにくくなる。③こうした状況で，マス・コミュニケーション理論もむしろ多様な社会を「分断」として否定的にとらえるものへと移行しつつある。マス・メディアも人々のつながりと知識の共有をもたらすものとして再評価されつつある。そうした中で，「マス」概念がもたらす弊害（人々の差異を不可視化し，同調圧力を生み出すことなど）を回避しつつも，人々の間に共通性を意識させうるイメージを創出していくことが可能か，そうした作業にマス・メディアがどう貢献できるか，理論的な考察が求められている。

　こうした問題提起を受け，フロアからは「そもそも現代社会で『マス』が必要なのか」「政治制度が大衆民主主義（マス・デモクラシー）である以上，マスは欠かせない」など根源的なコメントが寄せられた。

　またマス・メディアとマス・コミュニケーションを直結させる必要がないとのコメントもあった。ラジオはマス・メディアとして登場したが，今ではオーディエンスとの距離感がテレビとはかなり異なる。「マス・メディア」と一緒くたに論じることに疑問も呈された。これと関連し，「大衆社会」といっても，宗教のあり方や社会制度，教育制度などのその実情は各国によって大きく異なっており，そうした状況を踏まえる必要があるとのコメントも寄せられた。ただしこれらのコメントも，「マス」概念を広く考察すること自体を否定するものではなかった。さらに，大局的な見地から「『マス』は20世紀を論じる重要なキーワードだったが，21世紀は何か」というコメントも寄せられた。

　最後に，こうした抽象度の高いテーマのワークショップは継続的に行ってこそ，学会にとっても研究の進展にとっても意味があるので，今後も継続的に実施していきたいという意思を確認してワークショップを終えた。（参加者12名）

（山口　　仁）

警察取材記者の過重労働と市民の知る権利

司　会　者：山際　永三（日本映画監督協会）

問題提起者：浅野　健一

　　　　　　（同志社大学［学校法人同志社と地位確認係争中］）

　浅野会員は，共同通信記者時代の経験からも，新人記者の多くが警察回りから仕事を始める業界の慣習が，いかに才能をスポイルし，否応なく上司の指示による長時間労働を当然のように受け入れざるを得ない環境のなかで，市民の知る権利に応えるべき記者のアイデンティティを失うことになり，自分の労働条件が劣悪であることから，取材相手など他人の人権を考える余裕を失っていく状況が続いていることを報告した。

　電通における加重労働違法問題は，やがて他のメディア関係職場にも波及していくのは必然で，すでに朝日新聞社では一部の職場で上司が部下の出退勤記録を改ざんし，秋田魁新報社では従業員 220 人につき残業代未払いが発覚し，共に労基署からの是正勧告を受けている。

　浅野会員の報告は，ワークショップに際して現場記者 10 人のアンケート結果を引用しながら，事例を指摘してその原因を論ずるものとなった。

　ある中央紙記者は「拘束時間は長いのは仕方なく，その中でどう休むか，気分転換を図るかが大事だと教えてこられました。(中略)かつて某社の後輩記者が放火で逮捕される事件がありました。背景には先輩からの叱責があったと思います。記者クラブ内で，連日先輩に怒鳴られて，うつむく彼を見ていました」と答え，ブロック紙の記者は，「夜回り先でセクハラに遭った他社の女性記者もおり，女性記者がこれだけ増えた時代に，いつまでも夜回り取材に頼り切るという手法は改善したほうがいい」と答え，地方紙記者は，「経営側は裁量労働制導入で法律上の問題をクリアしたいと考えるが，長時間労働を減らす根本的な解消にはなら

ず，（中略）若手記者の多くが警察担当を敬遠する傾向にある」と回答した。浅野氏の報告は多岐にわたり，その危機感を共有しようとするマスメディア学者がどれだけいるかを問うものとなった。

　参加者は少数だったが，質問は非常に積極的で，まず報告者の問題提起を受け止めたうえで，千葉県で起きた在留ベトナム人小学生（女児）殺害事件における被害者父親のテレビ・インタビューに答える言葉が，日本人の被害者家族の言葉とは異なる点をどう考えるかが討論となった。ベトナム人父親は，「もし逮捕された人が本当に犯人であるならば」という留保の意味を語っており，同様事件における日本人の「犯人が憎い」といった言葉とは明らかに違うのはなぜか？　前提としてテレビ・インタビューは，記者の誘導的質問のもと喋ってほしいことが予め決めてあり，答えの中から放送では数秒しか使わないルーチン的編集も考慮すべきという話になり，やはり日本における長年の教育が，無罪推定の法理を取り挙げないことから，日本人の言葉が規定されたという分析も行なわれ，討論の方向としては，やはり原因を教育だけに絞るのではなく，マスメディアがルーチン化した「あるべき被害者の言葉」という物語性を繰り返してきた結果と言えるのではないかという，メディア責任・記者の職能倫理の問題としても捉え返す必要があるだろうというところに収斂されていった。

　司会者からは，浅野・山際の企画で，すでに数回のワークショップを行なってきたが，学会からは完全に異端者のレッテルを貼られているためか，今回は参加者が極端に少ない。それでも充実した討論を行なうことができたのは望外の喜びではあったが，残念との発言があり，特に2015年春期発表会ワークショップ「警察リークと犯人断定報道／袴田事件から氷見事件まで」の報告文が「マス・コミュニケーション研究」誌（2016年1月発行）において本文白紙のまま強制発行されるという，言論表現の自由に関わる暴挙が学会で起きたことにつき，内外で問題提起していくとの報告がなされた。（参加者3名）

（山際　永三）

『マス・コミュニケーション研究』投稿規程

1．投稿資格

(1) 日本マス・コミュニケーション学会会員であること。

(2) 投稿時点で，投稿年度までの学会費を完納していること。

※共著の場合は，すべての著者が投稿資格を満たしていること。

2．投稿原稿

(1) テーマ　本学会の趣旨に添うもの。

［参考］マス・コミュニケーション学会規約第3条

本学会は新聞・放送・映画・雑誌等ジャーナリズムおよびマス・コミュニケーションに関する研究，調査ならびにその研究者相互の協力を促進し併せて外国の学会との連絡を図り，以て我が国文化の向上に貢献することを目的とする。

(2) 内　容　未公刊の論文

「論文」とは，独創性・新規性のある研究成果を論理的・実証的に展開した内容のもの。

(3) 形　式

① 原稿を記述するための言語は，日本語とする。

② 原則として，Word あるいはテキスト形式で作成した原稿に限る。

③ 原稿は，1頁あたり40字×35行で作成する。

④ 図表等は，本文中に，内容が判別できる大きさで挿入する。なお，本文中に電子データで図表等を挿入することができない場合は，図表等が挿入されるべきスペースを空白にし，郵送するハードコピーの該当箇所に貼り込む。

⑤ 別途掲載の「執筆要領」に記された点に注意して記述する。

(4) 分　量

上記(3)の形式で作成した原稿15枚以内（タイトル・本文・注・参考文献・

図表等を含む。氏名，所属等は記載しないこと）。ただし，全体で，スペース分を含め，21,000 字を越えてはならない。

3．投稿原稿の受付
(1) 投稿予定者は，学会会報及び学会 HP に掲載された「募集のお知らせ」に記載された申込要領にしたがって，申込締め切りまでに投稿申込を行う。
(2) 投稿原稿は，学会会報及び学会 HP に掲載された「募集のお知らせ」に記載された投稿要領にしたがって，投稿締め切りまでに投稿する。

4．投稿原稿の掲載
(1) 投稿原稿は，編集委員会委員および編集委員会から委嘱された査読者による査読を受ける。
(2) 投稿原稿の掲載の可否・順番などについては，編集委員会が決定する。掲載が決まった論文が多数の場合，一部の論文の掲載を次号へ送ることもある。

以　上

『マス・コミュニケーション研究』執筆要領

1．原稿の形式と分量

(1)　形　式
① 原稿を記述するための言語は，日本語とする。
② 原則として，Word あるいはテキスト形式で作成した原稿に限る。
③ 原稿は，1 頁あたり 40 字×35 行で作成する。
④ 図表等は，本文中に，内容が判別できる大きさで挿入する。なお，本文中に電子データで図表等を挿入することができない場合は，図表等が挿入されるべきスペースを空白にし，郵送するハードコピーの該当箇所に貼り込む。
⑤ 和文は全角文字を，数字・英文などは半角文字を基本とする。『マス・コミュニケーション研究』は横書きで印刷されるので，年月日などは算用数字で記述する。

(2)　分　量
　上記(1)の形式で作成した原稿 15 枚以内（タイトル・本文・注・参考文献・図表等を含む。氏名，所属等は記載しないこと）。ただし，全体で，スペース分を含め，21,000 字を越えてはならない。

(3)　注意事項
　執筆の際には，投稿者の氏名，所属などが査読者に判別されないよう記述に注意する。氏名，所属などの記載が必要な場合には，掲載が決まって，初校を校正する際に加筆する。

［氏名，所属などが判別されやすい記述の例］
　「拙著『（文献名）』で論じたように」「本論文は科研費（研究代表者名）による共同研究の一部である。」「本調査は著者が所属する（大学名）の学生を対象にした。」

2．句読点

本文の句点は全角「。」を，読点は全角「，」を用いる。

3．本文の見出し

本文に章・節の番号を付け，その後に章・節のタイトルを付ける。章・節を番号のみで分けるのは不可とする。

［見出しの例］
　1．幼児期のテレビ視聴
　　1－1　調査の概要

4．注

補注を必要とする場合は，(1), (2), …の記号で本文該当箇所右肩に示し，巻末の引用・参考文献の前に〈注〉と明記のうえ一括して記載する。

5．引用・参考文献，本文および注での引用

(1)　引用・参考文献等の記述
　　引用・参考文献は以下の例に準じて記述する。

①　本文中の引用文献・参考文献を著者名のアルファベット順に一括して並べ，論文の末尾に記載する。

②　同一の著者の場合は，発行年の古いものから順に並べる。論文名は「　」を書名には『　』を付す。

③ 文献の著者はファミリーネーム，ファーストネームの順で示す。

④ 欧文の書名，雑誌名はイタリック体（斜体）で表記する。

⑤ 外国文献の記載は，それぞれの言語の標準的な表記形式に準ずるものとする。

［引用・参考文献の形式］
　単行本（単著）：著者名（公刊西暦年）『書名』発行所
　単行本（共著の一部）：著者名（公刊西暦年）「論文名」編著者名『書名』発
　　行所
　雑誌　引用論文著者名（公刊西暦年）「表題」『掲載雑誌名』巻（号）発行所

［引用・参考文献の例］
　白川静（1979）『初期万葉論』中央公論社
　山本幸俊（1983）「近世初期の論所と裁判―会津藩を中心に」北島正元編『近
　　世の支配体制と社会構造』吉川弘文館
　西川経一（1957）「源氏物語の『世』と『物』」『季刊文学・語学』6 号

⑥ 翻訳書の場合には，原著および翻訳書を上記の書式に従って記述する。原
　　著者名のあとの原著公表年代と訳書公表年代は＝で結ぶ。翻訳書は，丸括
　　弧で括る。

［翻訳書の例］
　Shannon, C.E. and Weaver, W.（1949＝1969）*The Mathematical Theory of Communication*, The University Illinois Press.（長谷川淳・井上光洋訳『コ
　　ミュニケーションの数学的理論』明治図書）

(2)　本文・注での引用
　本文・注での引用は，以下の「方式1」「方式2」のいずれかで記載する。

① 「方式1」
ⅰ．引用箇所には，文献の著者と公表年代と必要な場合は引用ページを（氏名

文献発行年：引用ページ）の形式で記入する。

（白川静　1979）（白川静　1979：12-13）
（Shannon and Weaver 1949＝1969：127-28）

ii．複数の引用文献がある場合には，（氏名1　文献発行年：引用ページ；氏
　名2　文献発行年：引用ページ）とする。

iii．同一著者の文献を複数引用するとき，「；」で区切って列記する。

（西川経一　1979：11；1980：9）（Shannon 1949：11；1951：25-26）

iv．同一著者が同一年で複数の公表があるとき，a，b…を付して区別する。

（西川経一　1979a：37）（Shannon 1949a：11）

v．同一文献の複数箇所を引用するとき，「，」で区切って列記する。

（西川経一　1979：11，19）

vi．翻訳書の場合には，原著公表年代と訳書公表年代を＝で結ぶ。

（Shannon 1949＝1969：25）

　※　原著の頁数も入る場合は，（Shannon 1949＝1969：20＝25）

vii．引用文献を本文中の注に入れた場合，引用した文献名を文末の「参考・引
　用文献」欄にかならず記載する。

②　「方式2」
i．引用箇所の最後に通し番号の肩括弧数字を記載する。「方式2」の場合，
　補注も引用と一括して記載する。

「……だ。$^{(1)}$」「……と言える。$^{(12)}$」

ⅱ．論文の末尾に〈注〉と明記のうえ，引用を通し番号順に一括して記載する。なお，〈注〉の中での引用・参考文献の記述の仕方は「5．引用・参考文献，本文および注での引用」に準じて著者名，公刊西暦年，書名・論文名，発行所・雑誌名を記述したあとに，引用ページを付ける。

ⅲ．「方式2」の場合は，〈注〉の中で引用・参考文献を記載しているので，論文の末尾に，引用・参考文献を改めて記載する必要はない。

［注の例］
(1)　山本幸俊 (1983)「近世初期の論所と裁判—会津藩を中心に」北島正元編
　　『近世の支配体制と社会構造』吉川弘文館　22-23
(2)　西川経一 (1957)「源氏物語の『世』と『物』」『季刊文学・語学』6号
　　12-13

6．図・表・写真の取り扱い

　図（写真を含む）・表には，図1，図2，…，表1，表2，…のように通し番号を付け，必要ならば図表の簡潔な説明文（キャプション）を付ける。

［説明文の事例］
　　図1　5年間の報道量の推移　　　表5　インターネットの利用方法

7．ページ番号（ノンブル）の記入

　原稿には必ずページ番号を付ける。

以　上

What is the Regional Video Work?: Contexts and Problems of Television Documentaries Produced by Local Stations

HARADA, Kenichi

The political, social and cultural contexts of television documentaries produced by local stations are multi-layered. The contents are determined by not only regional but also national agencies. This paper will focus on documentaries on the great fire of Itoigawa, geishas in Furumachi and marginal settlements, all of which are produced by one of Niigata's local stations, TeNY. Comparing the original version and a variant broadcast as content for the NNN documentary series on a national network, we will analyse the process through which the contents are reorganized.

Possibilities of Regional Development with Media Content as a Resource

KUNO, Tsutomu

The author is a researcher and a person in charge of content production. In recent years, there has been an increase in content that intentionally serves regional development and an increase in content that contemplates the establishment of local sacred sites. By taking the content that the author was in charge of directly as subjects for fieldwork, the structure and the achievement of the four types of content work are reported, and the merits and demerits of all four are analysed. The four types include the centre-to-region delivery type, the self-help support type established through investment, the region-centre linked type, and the central production plus regional capital type. Moreover, as conclusions are drawn from the field data, the basic model for regional development is presented with the following components: a) tourist attractions to be provided as regional contributions, b) human resources to be supplied regionally (e.g., a creator such as a cartoonist located in a regional area whose talent was discovered through a contest, and the business producer who set up the contest), c) capital to be offered by regional areas, and d) a central area that spreads regional information, using central media and production capabilities as filters (e.g., to produce content such as movies based on regional information, and to incorporate them in central media). As a result, this paper discusses and concludes that the ultimate potential of regional communities lies in their role as 'the place to locate talent and to deliver and supply them to the central community'.

A Consideration of the Manga-Anime Industry in Niigata

SAKATA, Fumihiko

The comics market (fanzine exhibition and sale) known as 'Gataket' that started in Niigata in 1983 can be described as a typical local business. Since 1983, various local manga and anime businesses developed, such as the 'Niigata Manga Competition', which is an innovative local government-led business, and the founding of the 'JAM Nihon Anime Manga Training School'. Gataket has deepened its ties with such businesses every time. In 2011, 'Gatafest', a manga and anime festival held by the Niigata-shi, JAM and 'Gataket' was established and in 2013, the 'Niigata Anime Manga Museum' and 'The Niigata City Manga House' were established. These undergird the changeover of Niigata's manga and anime business, and highlight how the cooperation among the industry, academia, and the government has become the foothold for business expansion. This is the fruit of collaboration and wide connection within the anime and manga industry, which has been fostered through the accumulation of knowledge and skill seen in Gatakketto's 34 years of history and cooperation among local businesses. Therefore, for a business featuring local content originating from regional areas, a steady and persistent effort like that of Gataket can play a significant role.

Local Crisis and Culture

KOGA, Yutaka

This paper pertains to the symposium 'Media culture of Niigata Prefecture: The crisis and potential of local contents' held at the Japan Society for Studies in Journalism and Mass Communication conference in the spring of 2017. Here, the population problem of the region was quantitatively analysed, as it is regarded as a crisis that affects numerous fields, such as politics, the economy, daily living and culture. This was achieved by referring to specific discussions that other academics have developed on the topic of Niigata's media and regional culture.

Firstly, in order to investigate the actual situation of the progressive aging and decreasing population in the region, an age structure index—more specifically, the relationship between the total population and the dependent population (non-working-age) population, and the relationship between the child population index and the aging population index, which are both subdivisions of the dependent population—was analysed.

Secondly, to examine the relationships among each region located in rural and central areas of the metropolitan, the correlation between the outflow and the inflow population was explored, as it is assumed to be plainly reflecting various maldistributions of capital, including cultural capital.

The Present Status and Problems of Deliberative Councils for Broadcast Programmes in Terrestrial Stations: Constituents of Council Members and their Management

OGAWA, Akiko

The aim of this paper is to examine the Deliberative Organ (or Council) for broadcast programmes (Bangumi Shingikai), a statutory advisory body established by each TV and radio station in accordance with Japan's broadcast act. Together with Programme Standards, the Deliberative Council is a significant part of 'Japan's Regulation Model for Broadcasting' that ensures the appropriateness of the broadcast programmes. Designed to be self-regulatory, the council enables broadcasters and audiences with high esteem to discuss the quality of the programmes and consider whether they are appropriate for broadcasting. Despite its importance, little research attention has been given to the practice of this system. In reflecting upon the history of the system and the gender and occupational ratio of committee members, this paper focuses on how terrestrial commercial broadcasting stations have managed the council. Surveys were also conducted among these stations in 2016, and the results indicate that the system is not fully regarded as a system of self-regulation among broadcasters, although it is generally valued from the point of programme improvement.

Social Theory and Media Studies: Reconsidering Luhmann's Mass Media Theory

UMEDA, Takuya

The purpose of this paper is to reconsider the perspective of Niklas Luhmann's mass media theory through interpreting his works. Luhmann constructed a mass media theory which described mass communication as a social system. Some previous studies have paid attention to the significance of his theory and attempted to apply it in different empirical studies while others have criticized his theory because he abstracted and confirmed the practical problems of journalism. However, it has yet to be shown what problem in media studies Luhmann himself attempted to solve. This paper analyses the perspective of Luhmann's theory by focusing on the relationship between his theory and radical constructivism. Radical constructivism is an epistemological media theory that has been popular in German media studies since the 1990s, and Luhmann also frequently referred to it in his works about mass media. As a result, (1) this paper clarifies that the radical constructivism theory criticized journalism practices in terms of epistemological problems, and thereby hindered journalism and its social function. Thus, media theorists who sympathized with radical constructivism attempted to fill this divergence of the radical constructivism theories and practices of journalism. In addition, (2) this paper argues that Luhmann also attempted to solve the problem. He avoided the epistemological and normative discussion of journalism and redefined the function of mass media in the theory of a functionally differentiated society. In conclusion, this paper demonstrates the significance of the social theory in media studies by interpreting the perspective of Luhmann's media theory.

Reconsidering the Theory of Experiences in Digital Games— From 'Fear not to Fade Away' Induced From Playing AVGs and RPGs

KAGIMOTO, Yuu

Digital games occupy a big position in today's media culture. The early Japanese culture of home digital games partly developed with content intended to scare the player. The frightening experiences that are involved in playing such games have been often talked about by the players, even if the games were not necessarily of the horror genre. However, conventional Japanese digital game studies cannot explain these social facts of the frightening experiences sufficiently.

The purpose of this paper is to deal with the theoretical problem mentioned above. By considering the frightening experiences in Japanese games concretely, this paper submits a novel and effective theoretical and cultural interpretation of the experience in digital games as media. It is a 'fear not to fade away' arising from gaming practices that this paper notices in particular.

This paper is written with the following method and procedure. Firstly, this paper checks the framework of the conventional theory of experiences in digital games (Section 1). Secondly, the problem of this framework is examined in detail by way of discussing the frightening experiences (Section 2). Then, in order to manage this problem, this paper considers the concrete cases of playing AVGs (Adventure Games) and RPGs (Role Playing Games) in the Japanese game culture (Section 3). Finally, conclusions are derived from the previous discussion and considerations (Section 4).

The conclusions of this paper are as follows. Firstly, the media theory of experiences in digital games should pay attention to the player's mental, bodily and sensorial self-transfer to the media. Secondly, in Japanese society around 1990, the cultural development of digital games with many narrative elements (in particular in AVGs and RPGs) necessarily produced the possibilities of "being shocked" experience.

'Freedom of Expression' and the Role of Newspaper: In the Publication of a Caricature of Muhammad

In Japan, three of the seven main newspapers did not publish the caricature and one of the four that published it was protested by Islamic groups and published an apology article.

When I analysed the articles of the seven newspapers by using a text-mining approach, I found three problems. Primarily, the contents and attitude of the newspapers did not necessarily emphasize 'freedom of expression'. Secondly, the evaluation process for the caricature and the criteria for publication or nonpublication of the caricature were not shown. Thirdly, the newspaper that apologized for publishing the image did not clarify the reason for the apology, and the other newspapers did not report the news that instigated a discussion over the rightness or wrongness of the publication. For these reasons, it is hard to say that Japanese newspapers played the role.

In addition, it can be pointed out that the three newspapers which did not publish the caricature either do not have a certain criterion or did not apply the criterion. Finally, with respect to the newspaper that published the apology article, the phenomenon known as atrophy of the news was seen.

The Bikini Incident Represented by Archived TV Programmes

In March 1954, when the United States tested a hydrogen bomb over the Bikini Atoll in the Marshall Islands, the Daigo Fukuryu Maru, a Japanese fishing boat, was exposed to the radiation. The crews of the boat suffered from 'acute illness', such as burns or loss of hair, within a short period of time, and one of them died from leukaemia in September same year. This tragedy was widely reported by the radio, the newspapers, the newsreels and the photo journalism magazines, and ever since has been known as 'the Daigo Fukuryu Maru Incident' in Japanese society. Yet, other Japanese fishing boats, the residents of the Marshall Islands and the US soldiers who participated in the 1953 tests were also exposed to 'nuclear fallout' at that time. In such cases, the physical effect of the radiation started to emerge much later, in the form of diseases such as cancer. These effects, unlike the 'acute illness' of the Daigo Fukuryu Maru crews, had been overlooked for decades by most of the media, with the exception of very few TV programmes which documented their suffering. However, these cases came to receive public interest after the Fukushima Daiichi Nuclear Power Station Accident in 2011 and the following radioactive contamination of large areas. It is in this context that the handful of past TV programmes on the subject became important; in hindsight, by confronting the 'delayed effect', they were already describing the wider context of the radiation exposure of the 'the Incident'. In that sense, these TV programmes, stored and now open to the public as part of the archive of television; are important resources not only for the re-examination of the incident; they also provide significant implications for post-2011 Japanese society.

Early Television Reception in Sai Village, Aomori Prefecture, Japan

Oᴛᴀ, Minako

This paper examines the reception of early television in rural Japan through Sai village in the Aomori prefecture. While the first television station in Aomori was founded in 1959, most Aomori residents had previously accessed the television signal from NHK Hakodate (Hokkaido), established in 1957. The small fishing village, Sai village, had the highest television penetration rate in Aomori at that time and was known as a 'TV village'. Why did the people of Sai village want television? What effect did this desire have? This paper aims to answer these questions by tracing the evolution from the first arrival of television in Sai village in 1957 to the wide spread availability of television in Aomori in 1959.

Interviews and archival documents show that educational motivations, and specifically the desire to show the outside world to the children, were fundamental to their choices. Through television education in school, the children's education flourished and developed into television reception that went beyond educational purposes. Matsunoyama village in Niigata prefecture also had a similar television reception as Sai village. Sai village represents a key point of reference for television reception in rural Japan in that its remoteness preserved television's function as an educational visual aid. This paper goes beyond the urban-centred narratives about early television reception by accounting for the fact that villagers saw a potential for television beyond leisure in education, and by exploring how the affirmation of television as leisure also opened up children to outside worlds.

The children's reactions were in line with a McLuhan-esque view of television and what happened in Sai village points to the key potentials of television. This paper shows how rural areas had a rich television reception during the early days of television. In addition, this paper represents the first steps towards understanding an era in which television reception forms were still mixed.

Shooting Range of a Film Critic Intending to Change Society: Iwasaki Akira's View of 'Mass'

HANADA, Fumihiko

Our task here is to analyse the remarks of Iwasaki Akira (1903–81), a film critic, as a case study of the historical investigations into the problem of how the images of 'mass' were formed and what role aspects of media like films played in the course of formation of mass society in Japan.

In Chapter 1, we point out that Iwasaki was a person who had been working on the 'mass' problems throughout his life, who had also been regarded as a man of resistance from wartime to the period of occupation.

In Chapter 2, we analyse Iwasaki's pre-war view of 'mass' and made it clear that he recognized mass as a target capable of enlightenment for social reform.

Chapter 3 throws light on the early post-war views of Iwasaki's 'mass' and made his sense of enlightened obligation clear.

Section 1 of Chapter 4 treats Imamura Taihei's critical comments on the proposals of Iwasaki to enlighten the 'mass', which can be seen as a transitional view to the phrase 'mass as the core' by Tsurumi Shunsuke and Matsumoto Toshio. In Section 2, we compare Tsurumi's thought of the mass (neither passive nor monolithic) with Iwasaki's pre-war sense of obligation towards mass enlightenment. In Section 3, we make a comparison of Iwasaki with Matsumoto, who talked of the possibility of anti-establishment movement among mass society, and pointed out that Iwasaki saw negative inclinations towards Fascism in it.

To conclude: Iwasaki never stopped talking about the 'mass', the images of which were successively questioned and revised by succeeding generations of polemicists like Imamura, Tsurumi, Matsumoto. Iwasaki's works thus performed should be one of the factors in developing the image of the responsible mass at the time of the advent of Japanese mass society.

編集後記

　今号から第36期理事会の編集委員会が編集作業を担当させていただくことになりました。会員の皆様にはいろいろとご協力をお願いすることになると思いますが，どうぞよろしくお願い申し上げます。

　今号の特集は，2017年6月に新潟大学（新潟市）で開催された2017年度春季研究発表会におけるシンポジウム，「新潟のメディア文化―ローカル・コンテンツの危機と可能性―」をもとにしています。ご協力いただいた先生方には，深く感謝申し上げます。

　本号には，24本の投稿論文が寄せられました。投稿してくださった会員の皆様，ありがとうございました。編集委員会で決めた査読者による査読を経て，最終的に編集委員会で審議した結果，7本の論文を掲載することになりました。査読にご協力いただいた会員の皆様には，厚く御礼申し上げます。

（編集委員会委員長　李　光鎬）

『マス・コミュニケーション研究』からの転載についてのお願い

　『マス・コミュニケーション研究』収載論文ないしシンポジウム等の記録を転載等の形で利用する場合には，事前に著作者から著作権利用についての許諾を得ると同時に，日本マス・コミュニケーション学会理事会の了承を得，また転載等の旨を付記し，掲載した刊行物一部を日本マス・コミュニケーション学会事務局宛にお送りくださるようお願いします。

　なお，以上についての連絡は，学会事務局を通じて行ってください。事務局の所在地・メールアドレスは下記の通りです。

〒194-0298　東京都町田市相原町4342

法政大学社会学部内

日本マス・コミュニケーション学会事務局

e-mail：mscom@jmscom.org

◆編集委員（第九二号）

◆・担当理事

　李　光鎬　　　　　　　　小林　直毅

　谷本　奈穂

・編集委員

　井川　充雄　　　石田佐恵子
　石田　英敬　　　遠藤　薫
　北村　智　　　　砂川　浩慶
　瀬川　至朗　　　辻　大介
　土橋　臣吾　　　西山　哲郎
　野上　元　　　　林　香里
　藤田　結子　　　別府三奈子
　丸山　敦裕　　　南田　勝也
　毛利　嘉孝　　　山本　昭宏

（五十音順）

マス・コミュニケーション研究　第92号
（新聞学評論・改題）

2018年1月31日発行

編集・発行

日本マス・コミュニケーション学会
〒194-0298　東京都町田市相原町4342
　　　　　　法政大学社会学部内

日本マス・コミュニケーション学会事務局
E-mail：mscom@jmscom.org／振替00100-7-407058

発　売　学　文　社
〒153-0064　東京都目黒区下目黒3-6-1
　電　話　03-3715-1501／FAX　03-3715-2012

©2018 The Japan Society for Studies in Journalism and Mass Communication Printed in Japan
ISBN 978-4-7620-2770-3
ISSN 1341-1306